中国保险产业发展与演进

——基于产业组织理论的分析框架

何晓夏　安超帆　著

中国金融出版社

责任编辑：吕　楠
责任校对：孙　蕊
责任印制：陈晓川

图书在版编目（CIP）数据

中国保险产业发展与演进：基于产业组织理论的分析框架／何晓夏，
安超帆著 . —北京：中国金融出版社，2021.9
ISBN 978-7-5220-1316-9

Ⅰ.①中…　Ⅱ.①何…　②安…　Ⅲ.①保险业—经济发展—研究—
中国　Ⅳ.①F842

中国版本图书馆 CIP 数据核字（2021）第 183158 号

中国保险产业发展与演进——基于产业组织理论的分析框架
ZHONGGUO BAOXIAN CHANYE FAZHAN YU YANJIN：JIYU CHANYE ZUZHI LILUN
DE FENXI KUANGJIA

出版
发行　中国金融出版社

社址　北京市丰台区益泽路 2 号
市场开发部　（010）66024766，63805472，63439533（传真）
网上书店　www.cfph.cn
　　　　　　（010）66024766，63372837（传真）
读者服务部　（010）66070833，62568380
邮编　100071
经销　新华书店
印刷　北京市松源印刷有限公司
尺寸　169 毫米×239 毫米
印张　16.75
字数　288 千
版次　2021 年 11 月第 1 版
印次　2021 年 11 月第 1 次印刷
定价　89.00 元
ISBN 978-7-5220-1316-9
如出现印装错误本社负责调换　联系电话(010)63263947

本书获得云南省社科规划社会智库项目：双循环背景下滇中城市群人口集聚动力研究（SHZK2021314）；玉溪师范学院横向课题：玉溪市上市公司融资法律问题研究（202004）、玉溪市民营企业融资法律问题研究（2021001）；玉溪师范学院数字普惠金融科研创新团队和国家自然科学基金项目：基于物质生产视角的中国长寿风险管理研究（72064040）的资金资助。特此致谢！

自序

2020 年注定是不平凡的一年，一场席卷全球的新冠肺炎疫情加剧了世界发展的跌宕起伏，引发了全球政治和经济发展格局的深刻变化。在这样的状态下，刚刚开启的 2021 年成为一个重大的历史转折年，既承接 2020 年交付的历史使命，同时也正式开启了后疫情时代。在这样一个特殊时期思考经济发展的新格局和演进趋势是所有学者的责任和良知所在。

在党的十九届五中全会提出的"以推动高质量发展为主题"思想指导下，2020 年 11 月 3 日，《中共中央关于制定国民经济和社会发展第十四个五年规划和二〇三五年远景目标的建议》（以下简称《建议》）进一步确立了"全面深化改革，构建高水平社会主义市场经济体制"。在标志顶层设计的《建议》中，共有 4 处 15 次提及保险，为我国保险产业的高质量发展提供了蓝图，同时也指明了中国保险产业发展的方向和变迁趋势。保险产业如何在后疫情时代充分、有效发展以及如何发展演变成为我国保险产业研究的热点和前沿。

回顾中国保险产业的发展和变迁历程，我们看到：中国保险业自 1980 年恢复业务以来，不断发展壮大，产业发展规模年均增长速度达 30%，截至 2020 年底，全国保费收入达到 45257 亿元，保险总资产达到 23.3 万亿元，保险业已成为我国国民经济中发展最快的行业之一。同时，保险市场得到了快速发展，保险市场结构经历了从封闭走向开放、从垄断走向竞争。截至 2020 年，全国共有保险公司 238 家，其中保险集团（控股）公司 13 家、财产险公司 85 家、人身险公司 89 家、再保险公司 13 家、保险资产管理公司 15 家、保险中介机构 62 家，地方保险协会（含中介协会）45 家，保险相关机构 17 家。此外，众多实力雄厚的外资公司争先恐后地想进入中国保险市场，也从另一个侧面表明了我国保险业的潜力与前景。截至 2020 年末，境外保险机构在华共设立了 66 家外资保险机构、117 家代表处和 17 家保险专业中介机构，外资保险公司总资产 1.71 万亿元。

在中国保险产业取得巨大成就的同时，我们也应看到由于中国保险产业发展的时间短、基础差，目前还处于起步阶段或不成熟阶段，与国际先进水平仍存在较大差距，表现在：第一，保险在国民经济中的比重较低。2020 年，中国的保险深度为 4.5%，保险密度为 3233 元/人，均低于世界平均水平，也低于许多发展中国家的水平。第二，保险的功能尚未得到充分发挥。比如保险企业和保险产品创新不足、产品结构不尽合理、保险服务意识和服务质量不高，不能完全满足不同地区、不同行业和不同阶层对保险的多样化需求。第三，保险业增长方式比较粗放。如经营机制不够完善、管理手段较单一、信息化水平不高。第四，保险公司治理结构不完善。第五，保险风险控制问题仍不容忽视。近年来，中国保险业在快速发展的过程中，也出现了一些新的风险苗头，需要引起高度重视。这些问题说明中国保险产业的改革和发展还存在许多问题，在产业高速发展的背后出现了诸多障碍性矛盾，这些矛盾直接制约保险业的可持续发展。笔者认为，这些矛盾中最核心的问题是我国保险产业的发展效率问题，与中国整个经济体的高速增长一样，保险业的高速增长是一种效益较低、技术进步缓慢的"贫困式增长"，而高消耗、低效率正是这种增长的显著特征。造成这种状况的原因有很多，如果从产业组织理论的角度出发，这种低效率具体反映在市场绩效方面，保险全行业的利润绩效不佳，保险资源配置效率不高，社会福利增进程度不够等；

在市场行为方面，费率市场化进程缓慢，公司法人治理结构不完善，保险生产竞争不规范，保险产业的承保风险和经营风险有增无减，中介代理业务较混乱，营销手段单一、缺乏效率，农业保险市场开拓滞后，投资渠道狭窄，缺乏相关投资人才；在市场结构方面，基本上没有形成规模经济和范围经济，市场集中度高，行政垄断与国有垄断明显，竞争力比较弱，进入和退出市场壁垒过高，产品缺乏创新，差异度过低等。而这些都是保险产业组织理论研究的主要领域和要解决的核心问题。

当我们把经济体看作一个有机的生命体的时候，研究一个产业的发展与演进的过程，就如同研究组成整个经济体的某个功能器官的发展与演进一样，我们可以认为这样一个具有特殊功能意义的器官进化是一个自然选择的过程。产业组织理论在某种程度上正是秉承这样一种理念，它从中观视角出发，主要研究对象是产业内部各企业之间相互作用关系的规律、产业本身的发展规律、产业与产业之间互动联系的规律以及产业在空间区域中的分布规律等。以此来看产业作为一种特殊的功能组织，如何通过自身的结构特征，以及行为模式产生的组织效率提升整个产业在整个经济体运行中的效能。所以，本书在研究我国保险产业的发展与演进的时候，选择了产业组织理论为理论依托和基本研究框架。当然，保险产业是一种非常特殊的产业，因此我们在分析保险产业发展与演进时，要充分体现保险的特殊性，构建保险产业市场结构、保险产业市场行为、保险产业市场绩效、保险产业政策等围绕保险产业组织竞争效率和保险产业组织发展的完整的理论体系。特别是要针对我国保险产业发展的特殊路径和现实环境条件来探讨在中国模式下保险产业的关系结构、保险产业内的企业组织结构变化的规律以及经济发展中内在的各种均衡问题等。通过研究为我国在后疫情时代以及长期发展趋势中的保险产业发展战略提供参考。据此，本书基于产业组织理论的分析框架，结合保险产

业的特殊性质，运用有效竞争的分析逻辑系统全面地研究了保险
产业的发展与演进，并以中国的保险产业为研究案例，重点实证
分析了中国的保险产业相关问题。在保险产业演进的分析中，充
分吸收了我国保险产业理论和实践创新的最新成果，重点推演了
在数字经济时代、金融科技发展背景下，中国保险产业的演进逻
辑。既贴近保险产业组织理论前沿与保险产业发展实践，同时也
契合我国保险产业发展与演进的现实轨迹。在后疫情时代，中国
必将迎来全新的发展机遇与挑战，伟大的"中国梦"必将实现，
作为中国的保险人也必将实现中国保险产业加速高质量发展的
"保险梦"。

　　本书作为研究中国保险产业发展和演进的一个尝试，在许多
方面存在不足，也有许多尚待补充和完善之处，权当抛砖引玉之
作。诚恳希望读者在阅读本专著的过程中指出存在的缺点和错误，
提出宝贵的指导意见，作者将不胜感激。作者邮箱：13700661555
@163.com。

何晓夏　安超帆

2021 年 7 月

目录

第一章 产业发展与演进：产业组织理论的研究框架

当我们把经济体看作一个有机的生命体的时候，研究一个产业的发展与演进的过程，就如同研究组成整个经济体的某个功能器官的发展与演化一样，我们可以认为这样一个具有特殊功能意义的器官进化是一个自然选择的过程。产业组织理论在某种程度上正是秉承这样一种理念，它从中观视角出发，把产业看成是宏观经济有机体上的器官组织，将组成产业的各个企业和机构以及微观行为主体当作构成器官的细胞，从而研究产业的器官组织结构、细胞的活动行为方式以及由此形成的产业器官功能属性和特殊效能。

我们现在对有机体器官发展演进的较主流认识是：这是一个长期自然选择的过程，那么对于产业而言，是不是也存在同样的规律性呢？产业组织理论自身的发展也经历了一个相对漫长的进程，其研究的主要内容为产业内部各企业之间相互作用关系的规律、产业本身的发展规律、产业与产业之间互动联系的规律以及产业在空间区域中的分布规律等。以此来看产业作为一种特殊的功能组织，如何通过自身的结构特征，以及行为模式产生的组织效率从而产生产业在整个经济体运行中的效能。所以，本书在研究我国保险产业的发展与演进的时候，选择了产业组织理论为理论依托和基本研究框架。本章综述产业组织理论的主体研究框架，重点分析产业有效竞争分析范式，最后介绍金融产业组织理论。以此为全书研究奠定理论基础。

第一节 产业组织理论的主要范畴

产业组织理论（Industrial Organization），是应用经济学领域的重要分支，是现代西方经济学中分析现实经济问题的新兴应用经济理论体系。产业组织理论从作为一个有机整体的"产业"出发，探讨在以工业化为中心的经济发展中产业间的关系结构、产业内企业组织结构变化的规律以及研究这些规律的方法。产业组织理论的研究对象是产业内部各企业之间相互作用关系的规律、产业本身的发展规律、产业与产业之间互动联系的规律以及产业在空间区域中的分布规律等。本节介绍产业组织理论的内涵、研究对象及其研究方法。

一、产业组织理论的内涵

（一）产业组织理论的几个经典定义

1. 在《新帕尔格雷夫经济学大辞典》① 中，产业组织理论被定义为与市场联系着的不易以标准教科书上的竞争模型来分析的经济学领域。而在《产业组织学手册》中，产业组织理论被定义为微观经济学中主要关注于企业行为、企业行为与市场结构和市场演变进程的密切关系以及相关公共政策的广泛领域。

2. 主要研究各种不完全竞争模型的实证和规范含义。(Schmalensee)

3. 产业组织是一门经济学专业，它有助于解释为何市场以现有的形式组织起来，以及这种组织又是如何影响市场运行的方式的。(克拉克森，米勒)

（二）产业组织理论与其他经济学理论的关系

1. 产业组织理论（Industrial Organization）和产业结构学（Inter-industry）。产业组织主要关注的是产业内的企业间的关系，而产业结构学则主要关注的是产业间的关系问题，在这种理论处理中，产业分为三次产业，Primary industry，Secondary industry and Tertiary industry。例如，由此导致的二元结构和经济现代化中的产业升级等问题都是经济增长理论的核心。

2. 产业组织理论与企业组织。产业组织理论的研究包括产业内企业间（Inter-firm）、企业内要素间（Intra-firm）。企业组织②的内容进入产业组织研究范围之内，以至于有些人把这些研究称为新产业组织理论③。

3. 产业经济学（Industrial Economics）与产业组织理论。在国际学术界，这两个概念指的是相同的学术领域。产业组织理论这一术语可能在美

---

① 查找文献的另一个办法是找到一篇经典的文章或教材，后面的参考文献可以提供帮助。

② 同样需要注意区分企业组织和企业制度。企业组织有时被认为主要是从管理学的角度来考察，从而重点是观察企业内部经营决策的职能的垂直分布，例如，事业部制度和M形企业等。而企业制度则更多的是从激励和信息的角度来考察，主要说明企业内部的投资和决策的关系，这又被称为公司治理或公司所有权研究。举个典型的例子，母子公司属于企业组织，而母公司和子公司都存在企业制度需要研究的所有权问题，因此，可以这样说，企业组织不涉及企业所有权，而企业制度则主要关注企业所有权（企业所有权的内容参考后面一章的内容）。

③ 需要注意的是，新产业组织学的另外一种更为普遍的理解是运用博弈分析策略性行为，当然，如果后者可以追溯到古诺，那么也新不到哪里去。

国更为流行，而在欧洲，更常见的则是产业经济学。

4. 产业经济学与部门经济学。产业经济学中所指的"产业"不仅仅单指"工业"或"商业"或其他某个行业，而是泛指国民经济中的各行各业。在一般情况下，产业经济学中的"产业"与"市场"是同义语。在国际公认的经济学学科分类中，不存在我国过去的"工业经济学"或"商业经济学"的对应学科。农业经济学是存在的，这提醒我们，产业经济学主要关注的是制造业和与制造业相关的零售业，尤其是金融业曾经被认为由于其特殊性而适合单独的学科考察①。

5. 产业组织理论与微观经济学（价格理论）的关系。产业组织理论等同于应用价格理论（Applied Price Theory），这是 Phlips 提出的观点；Williamson 认为产业经济学等同于应用微观经济学（Applied Microeconomics）；斯蒂格勒认为产业经济学并不是经济学的一个子学科，而是与传统的价格理论相互融合的。但是即便如此，经济学家还是接受了亚当·斯密的教导，分工出效率，产业组织学现在已经成为与价格理论分属不同的经济学科的学科。

我们可以进一步考虑微观经济学和产业组织理论的区别和联系。困惑人们的是微观经济学和产业组织理论在很多研究内容上是相同的。但也应该注意到两个明显的区别。第一，谢勒（1971）指出，纯粹的微观经济理论家主要追求的是理论的简洁，他们致力于将模型建立在尽可能少的基本假设和变量之上。但是，产业组织理论家则倾向于用比较多的独立变量对现实世界做出更加详细的解释。毫无疑问，如果只用少数变量和假设就能合理解释问题，他们都会选择简单模型。但是，当模型的简洁和比较合理的解释力之间存在替代关系时，微观经济学家更偏好于模型本身的简洁和优美而牺牲一定的解释力；产业组织理论家则希望用更多的变量来得到更加令人满意的解释力。第二，微观经济学是产业组织分析的基础，但绝不是唯一的基础。熊彼特（1954）曾说："一门科学即是任何一个知识领域，它已经发展出发现事实并对此进行解释和分析的专门技巧。"在熊彼特看来，要进行科学的经济分析，必须掌握三个主要的技术：历史、统计和理论。产业组织学也不例外。产业组织学者必须熟知纯粹的微观经济理论，以取得从基本假设预测行为结果的能力。他必须运用现代统计方

---

① 在《产业组织》中，贝恩明确指出产业组织学所研究的产业指的是生产具有高度替代性的产品的企业群。同时，产业组织学的研究范围不包括金融企业，也不涉及非金融企业作为生产要素市场上的买者的问题，其理由是"金融企业有着许多与非金融企业不同的特点和所需要研究的问题"。在贝恩之后，现代产业组织理论虽然发生了一系列重大的变化，但是在研究对象和研究范围上却一直秉承了贝恩所开创的这一传统。

法，以便从纷繁复杂的数据中获得产业结构和绩效之间的合理关系，避免掉入各种数量分析的陷阱；他必须从历史中汲取营养，以便能够用更加宽广的眼光看问题，考虑到诸如法律、政治等因素对经济问题的影响，避免自己的分析太过狭窄。由此可见，微观经济学只是推动产业组织理论向前发展的"三驾马车"之一。或者可以说，微观经济学主要是理论实证分析，而产业组织理论则具有更强的经验研究的色彩。

（三）中国的产业组织理论内涵

我国在 20 世纪 50 年代从苏联引进的按工业、农业、商业等产业（或行业）分门别类设立学科的做法，无论是在学术上还是在实践上，都已经被充分证明是极不科学的。1996 年，国务院学位委员会公布了新的研究生专业学科目录，虽然仍存在一些问题，但与过去相比的确有了很大进步。产业经济学成了"经济学"大类中"应用经济学"这个一级学科之下的二级学科。但是，在我们国家，产业经济学①除了包括产业内企业间的关系外，还包括不同产业之间的产业结构理论、产业布局理论以及产业技术进步理论等内容，但后面的这些内容更适合放入发展经济学、区域经济学等学科当中。

综上所述，我们将产业组织理论定义为：产业组织理论以"产业"为研究对象，主要包括产业结构、产业组织、产业发展、产业布局和产业政策等。探讨资本主义经济在以工业化为中心的经济发展中产业之间的关系结构、产业内的企业组织结构变化的规律、经济发展中内在的各种均衡问题等。通过研究为国家制定国民经济发展战略，为制定的产业政策提供经济理论依据。产业经济是居于宏观经济与微观经济之间的中观经济，是连接宏观经济和微观经济的纽带。

二、产业组织理论的研究对象

产业组织理论的研究对象是产业内部各企业之间相互作用关系的规律、产业本身的发展规律、产业与产业之间互动联系的规律以及产业在空间区域中的分布规律等。其中核心的概念是"产业"，下面我们首先简单介绍产业的内涵及其相关的几个重要的理论外延，在此基础上讨论产业组织的研究对象。

---

① 这样的学术氛围的结果是一些接受了现代产业经济学训练的学者在著书或写论文当中还需要详细地加以说明，以免被误解。这使得我们更愿意使用产业组织学的概念。

（一）产业的内涵

简单地说，"产业"是指生产同一类产品和服务的生产者的集合。这里所谓的同一类是指具有可替代性，可替代性的程度的界定是界定市场边界的主要问题所在。有一种方法是通过考察消费者的替代选择来说明：测算一个厂商的商品的交叉弹性，交叉弹性越大，替代性越强，越应划入一个市场。按照这一标准可以划出不同范围的市场。[这种方法实际上是罗宾逊夫人的方法。罗宾逊（1933）提出，先从给定商品开始，然后考察该商品的替代品，再考察这些替代品的替代品，依次类推，直到发现替代品链中的明显差别。她认为，这些差别确定了该商品相关市场的界限。]张伯伦在垄断竞争理论当中提出，经济体可以理解为很多很多的产品组（Group）构成的链条，组与组之间的替代性比较弱，而同一组内的产品具有很强的替代性。

（二）市场的边界

上述对产业的界定有一些缺陷。第一，这种方法的一个直接结果是在以这些理论为基础进行经验分析时比较麻烦，因为需求并不是一个经验存在的现实之物（考虑张五常的说法）。第二，这一定义只考虑了现存的竞争而没有考虑潜在的竞争。第三，这个缺陷则与如何精确定义差别有关，市场边界的界定具有主观随意性。

泰勒尔对如何界定市场进行分析，提出了一个重要的方法问题，即对产业的界定必须能够进行局部均衡分析，而同时又必须能够考虑到实实在在的竞争。下面我们引述他的论述。

"市场绝不是个简单的概念，我们显然不希望将自己局限于同质商品的情况。如果我们假定，当且仅当两种商品是完全可替代品时，它们才属于同一市场，则实际上所有的市场都会由单个厂商提供服务——不同厂商至少要生产略有差别的商品（物理上的、区位上的、可用性上的、消费者信息或其他方面的）。但是，大多数厂商实际上并不拥有绝对的垄断权。一种商品的价格提高会使消费者在少量的可替换商品中寻找替代。所以，市场的定义不应该太窄。

"市场的定义也不应该太宽。任何商品都可能是另一种商品的潜在替代品，即便只是无穷小的替代。但是，一个市场也不应该是整个经济。特别是，它应该允许作局部均衡分析。它也应该允许对厂商间主要的相互作用作单个描述。"

然后，由于泰勒尔的这本经典教科书并没有把重点放在经验分析上，因此，他写道："鉴于本书的目的，定义市场的经验上的困难将不予考虑。我们将假定，市场是被明确定义的，它或者涉及相同的商品，或者涉及一组有差别的产品，而这些产品至少是该组产品中的一种产品的很好的替代品（或互补品），只与经济社会的其他部分发生有限的相互作用。"实际上，注重理论分析的学者必然要做出这种选择。

除了无法考察潜在竞争之外，市场定义的另外一个问题是在处理全国性市场还是地区性市场上的问题，忽略了这个问题往往导致错误的判断，最主要的问题发生在地区垄断的情况下，例如，考察中国电信公司的南北拆分对市场结构的影响。

市场的统计划分①。这是告诉我们如果要进行经验分析，可以获得什么样的数据，以及这些数据的统计口径。联合国综合各国经验，在 1971 年颁布了《全部经济活动的国际标准产业分类索引》（ISIC），把全部经济活动分成十个大项，下面再各自分成若干中、小、细项，各大、中、小、细项都有统一的统计编码。这就是一般所谓的四位数分类法。但有一个问题是，这种是按企业而不是按产品分类的，从而一些进行多样化经营的企业的归类就存在一定的麻烦，尤其是对于分析而言，这意味着统计口径和分析上的口径不一致。

实际上，划入某一行业的企业是以其主营业务来划分的，如果存在多样化经营，可计算专业化率。专业化率＝划入该行业的企业生产该产品的发货额／该行业企业的总发货额；同样可以考察这样的划分是否反映了对这种产品的主要的生产能力，即覆盖率＝划入该行业的企业生产该产品的总额／该产品的总额。

这两个指标的区别在于分母不同，覆盖率在于说明这样的统计是否能够很好地反映这个市场，抽象掉的企业是否指具有微不足道的影响的企业。而专业化率则可以考察现实当中的横向多样化的情况，从而可以用于分析特定的问题。

（三）市场结构

按照哈佛学派的思想，市场结构的重要性在于市场结构决定厂商行为，进而决定市场绩效。就理论研究的角度而言，把不同的市场结构进行分类处理，从而可以说明不同的行为和市场现象发生的条件。按照竞争性强弱，传统上把市场结构分为完全竞争、垄断竞争、寡头市场、完全垄断四种类型。划分的依据主要是厂商的数量和产品的差异。

---

① 我们需要区分开作为政府统计口径的产业（Census Industry）和理论研究当中的产业（Theoretical Industry）。

但是，在经验分析中，我们可以构造市场结构指数来考察市场结构，这里一个重要的变化就是这时的市场结构可以作为计量分析的一个变量了。需要注意的第二个问题是上面的划分方法主要考察在位者，从而忽略了潜在竞争的意义。如果考察进入的难易程度，则可以把市场分成完全可竞争市场、不完全可竞争市场，重要的是，我们可以按照贝恩的思想考察进入壁垒，并区分为进入封锁市场、进入遏制市场和进入容纳市场。

当代经济学家根据竞争的程度把市场分为多种类型。例如，谢泼德（Shepard，1985）[①] 根据市场势力（Market Power）和市场份额（Market Share）把市场结构分为 6 种类型，见表 1-1。

表 1-1　主要的市场结构类型

市场结构	主要条件
完全垄断	一个厂商占有 100% 的市场份额
主导厂商	一个厂商拥有的市场份额在 50%～100% 之间，没有与之相抗衡的厂商
紧密寡头	前 4 位厂商共同占有 60%～100% 的市场份额，它们之间很容易串谋固定价格
松散寡头	前 4 位厂商共同占有最高 40% 的市场份额，它们之间串谋固定价格是不可能的
垄断竞争	存在许多有实力的竞争对手，任一厂商都不能占有 10% 以上的市场份额
完全竞争	至少存在 50 个以上的竞争者，任一厂商的市场占有率均微不足道

（四）产业组织理论的研究对象

从传统意义上看，产业组织理论主要侧重于从供给角度分析单个产业内部的市场结构、厂商行为和经济绩效。贝恩模型以主流微观经济理论的主要推论为基础，更多地重视了实证研究，将产业分解为特定的市场，并开创性地通过结构—行为—绩效（三分法）对市场进行分析。强调了不同的市场结构会导致不同的厂商定价和非价格行为，也会导致不同的经济效率，这一思路与主流的价格理论推论基本一致。在主流的价格理论中，完全竞争、垄断竞争、寡占和垄断市场中的基本假定是不同的。根据这些假定，通过形式化的模型分析演绎出企业不同的定价行为。在完全竞争中，厂商是价格的被动接受者，无论是短期价格还是长期价格都等于边际成本；在垄断竞争中，厂商分为两个部分，具有垄断地位的厂商和众多价格接受者，在定价中有垄断地位的厂商不再是价格接受者，在定价行为上采用了剩余需求的方法；在寡占中，厂商的竞争局限在几个大厂商之

---

① Shepard, William, G., The Economics of Industrial Organization, Second Edition, 1985, Prentice-Hall, Inc., Englewood Cliffs, NJ.

间，其定价行为便是这几个大厂商讨价还价的结果；在垄断产业中，垄断者独占了整个产业，厂商则根据平均成本定价，榨取消费者剩余。从经济效率上看，最高效率到最低效率依次是完全竞争、垄断竞争、寡占和垄断。尽管在贝恩模型中，进一步讨论了市场结构问题，强调了市场结构的决定因素是壁垒，但其结构—行为—绩效的范式与价格理论如出一辙。在新产业组织理论中，尽管不再强调S-C-P的直线关联，但仍然以其为主要分析对象，并深入分析后三种市场结构（垄断竞争、寡占和垄断）的厂商行为，而不孤立地区分市场结构状态。在绩效评价上，也与主流价格理论保持一致，强调边际定价的效率。因此，产业组织理论基本遵循了这一套价格理论的逻辑，但从另一角度，它也强化了主流理论厂商的分析（包括厂商和厂商之间），将厂商视为"组织"形态，讨论不仅仅局限在定价行为上，也包括了非价格竞争（广告、质量、研发、技术进步等）及策略性行为，这是对主流理论的扩展。

本书产业组织理论的研究对象是产业组织，其中的核心概念是产业。产业组织理论主要研究产业内部各企业之间相互作用关系的规律、产业本身的发展规律、产业与产业之间互动联系的规律以及相关产业政策等。

三、产业组织理论的研究方法

（一）产业组织理论的研究假定

产业组织理论保持了主流理论的"理性人"的假定。稳定性偏好、约束和自利性最大化行为体现了"理性"的特征，主流理论强调了"厂商"作为"理性人"的假定，在传统的产业组织理论中，也将这一假定贯穿于厂商之间的经济行为分析中。在厂商理性中，关键的线索是"利润最大化"假定，企业如同"厂商"一样具有"完全"的理性偏好。这是产业组织理论中最有争论的领域之一，大量的分析表明如果仅仅将产业中的企业作为"厂商"是不够的，企业内部的组织结构和权威机制及企业决策的"有限理性"都不能满足"最大化"行为的假定。但新产业组织理论仍然保持着单个人的"理性"假定，在此基础上，对企业组织和企业行为进行进一步的扩展。

（二）产业组织理论的研究方法

边际分析、比较静态分析、局部均衡仍然是产业组织中的主要分析方法。不论是贝恩模型还是新产业组织理论，由于研究对象和范围的限制，在大量地采用主流理论的分析方法时，特别强调了局部均衡。局部分析是在给定条件下，对解释的因素进行一阶条件和二阶条件分析。

这是主流理论常用的分析工具，产业组织理论并没有进行扩展。不同的是在产业组织理论分析中，解释的因素不仅仅是价格，还包括更多的变量（质量、广告、研发等），新产业组织理论则引入了信息。产业组织理论也大量地运用了博弈论分析工具。但博弈论分析方法也是以局部均衡为基础，不论是局中人函数的采用，还是反应函数的对策行为及博弈均衡都反映了局部均衡的逻辑，因此，在研究方法上，产业组织理论基本上都是围绕着主流理论工具，并没有开拓性的发展。

第二节 产业组织理论的演进

产业组织出现在 20 世纪现代制造业企业兴起后，早期学者将"产业"和"制造业"等同，把产业视为生产同一或相似产品的企业集合。马歇尔首先提出了产业组织概念。在他看来，产业和生物组织体一样，是一个伴随着组织体中各部分的机能分化（企业内的分工和社会分工）与组织各部分之间紧密联系和联合（企业的兼并和准兼并）的社会组织体。他以分工和协作作为基础讨论了产业组织中的内部经济和外部经济，工厂规模和经济规模。现代产业组织理论以此为基础构架了整个产业组织的主要问题，更加强调了产业组织中的厂商结构和行为。（罗配罗关于产业组织的定义）马歇尔对微观经济进行了经典的解释后，对市场理论的讨论便一直成为经济理论的重点。在罗宾逊夫妇、张伯伦等早期经济学家开创性的努力下，市场中竞争和垄断问题得以深入研究，人们对经济领域的微观部分的认识大大加深了。产业组织理论正是在不断汲取前人的营养下逐渐从微观经济学分离出来，逐渐形成和发展为一种进一步解释微观市场的主流理论。近一个世纪以来，产业组织理论在研究方法、对象和解释的问题上都发生了很大的变化，这从另一个侧面也反映了市场本身在许多方面已经出现了深刻的变革。本节通过对产业组织理论发展过程的梳理来分析产业组织理论发展的主要趋势和研究方向。产业组织理论发展主要经历了两个阶段：传统的产业组织理论以贝恩为代表，出现在 1960 年，该理论主要涉及厂商之间经济行为和关系，强调市场结构对行为和绩效的影响作用，被视为"结构主义"。新产业组织理论则出现在 1970 年，该理论大量引入了新的分析方法，包括可竞争市场理论、博弈论、新制度理论（产权理论和交易成本理论）、信息理论，通过整合厂商内部组织和外部关系，进一步考察了厂商行为的多重复杂关系。但从研究对象、方法和假定上，无论是传统解释还是现代解释，产业组织理论都与微观经济学有密切的联系，从一般意义上可以将其视为微观经济学进一步的扩展。

一、产业组织理论的理论渊源

（一）故老先贤

所谓产业经济学的起源是什么？在有关该学科历史的讨论中，菲利浦斯和斯蒂文森（Philips and Stevenson，1974）写道："美国经济学会直至1941 年才承认产业组织学是经济学科的一个分支。"格雷瑟（Grether，1970）则把产业组织学在美国的发展追溯至 20 世纪 30 年代在埃德沃德·S. 梅森（Edward S. Mason）教授指导下的一群哈佛大学的学生。

但是，从产业组织学所关注的问题来看，这一领域的演变可追溯至亚当·斯密（劳动分工理论和竞争理论）和阿尔弗雷德·马歇尔。在马歇尔（Alfred Marshall）于 1892 年出版的《产业经济学》（1879 年第 1 版）中，有几章的标题就包含"产业组织"一词。这些内容构成了马歇尔另一更为博大著作——《经济学原理》的重要组成部分。其中一章讨论的是自亚当·斯密（Adam Smith）的《国富论》发表以后广为人知的一个主题，即劳动分工对于生产率的影响。而其他各章则讨论了大规模的经济性、产业的地理分布以及不同企业组织形式（如合伙制、股份有限公司等）的优劣。众所周知，马歇尔在谈到生产要素时，在萨伊的三要素基础上，把组织列为一个独立的生产要素。

（二）不完全竞争：理论与实践

19 世纪末 20 世纪初，现代大型制造业公司在美国的兴起，以及当时美国发生的兼并风潮所导致的数以百计的近乎垄断的产业，使得人们在热衷于讨论公司组织问题的同时，也开始关注垄断问题。实际上，对现实发展的主要影响在于使试图认识世界的经济学家对完全竞争模型的不满①。现实当中的市场存在集中、产品差别等特征。

1933 年，美国哈佛大学教授张伯伦（Chamberlin，Edward H.）和英国剑桥大学教授罗宾逊夫人（Robinson，Joan V.）分别出版了《垄断竞争理论》和《不完全竞争经济学》，不谋而合地提出了所谓垄断竞争理论。这一后来被称作"垄断竞争的革命"（Samuelson，1967）的理论彻底否定了以往要么垄断、要么竞争这样一种极端和互相对立的观点，认为在现实世界

---

① 实际上，我们要注意到，这种不满的另一个发泄的方法是凯恩斯的工作，他建立了总量的分析方法，试图彻底摧毁传统的价格理论。

中，通常是各种形式和不同程度的竞争与垄断交织并存。其中，张伯伦特别注重分析现实的市场关系，其所提出的一些概念和观点成为现代产业组织理论的重要来源。他以垄断因素的强弱程度为依据，对市场形态作了分类，把市场划分为从完全竞争到独家垄断的多种类型，并总结了不同市场形态下价格的形成和作用特点。另外，他还专门分析了垄断竞争、同类产品的生产者集团、企业进入和退出市场、产品差别化、过剩能力下的竞争等一系列问题。

1939 年，克拉克（Clark，John M.）在美国经济协会年会上做了题为"论竞争的概念"的报告，首次提出了可行竞争（Workable Competition）的概念。克拉克列举了 10 个现实存在的不完全竞争因素：（1）标准化与非标准化产品并存；（2）大量的大企业和企业间生产规模的不同；（3）存在着确定价格的不同方法；（4）存在着不同的销售方法；（5）企业间获取市场信息手段的不同；（6）生产和消费在不同地理位置上的分布；（7）企业间生产流程控制水平的不同；（8）企业规模变化所致的成本变化；（9）在产出短期波动时的成本变化；（10）生产能力的弹性差别。

我们可以注意到，有可能孕育着产业组织理论发展的关键是现实市场的不完全竞争性以及由此导致的对完全竞争理论解释力不足的不满。下面我们就专门说明一下完全竞争理论与马歇尔传统，实际上，我们要关注的是：这些传统为我们现在的分析留下了什么。

二、一个讨论题目：完全竞争与马歇尔传统

按照斯蒂格勒的归纳，斯密的自由竞争的观念包含以下五个条件：

（1）竞争者必须是独立行动，而没有事先的约定；（2）现有的竞争者数量足以使利润平均化；（3）经济主体必须具备有关市场状况的足够知识；（4）经济主体必须具有摆脱社会限制的自由；（5）经济主体有足够的时间完成生产要素配置中的必要适应过程。

1921 年，奈特（Knight，Frank H.）在《风险、不确定性和利润》一书中，继承了古诺（Cournot，Antoine A.）、杰文斯（Jevons，William S.）、瓦尔拉斯（Walras，Antoine A.）、帕累托（Pareto，Vilfredo）和马歇尔等人的研究成果，首次就所谓完全竞争的市场状态做了全面阐述。奈特所构建的完全竞争的静态均衡模型建立在两组假定基础上，第一，经济处于静止状态；第二，具备一系列完全竞争的条件。其中，完全竞争的条件包括市场结构和市场行为两方面。在市场结构方面，完全竞争的基本条件是：（1）经济人假定，即生产者和消费者的行为都是理性的，他们都追求收益的最大化；（2）原子型市场结构，即市场上存在着大量的符合经济人假定

的买者和卖者；（3）产品的同质性，即同一产业的产品之间无任何差别，可完全替代；（4）完全的流动性，即生产要素在产业间可自由流动，不存在进入或退出的障碍；（5）信息的完全性，即买者和卖者具有充分掌握市场信息的能力和条件，不存在任何信息的不确定性；（6）私人和社会的成本及收益的统一性，即市场是出清的，不存在外部性。而在市场行为方面，完全竞争的基本条件主要是指供求双方唯有通过改变产量或购买量适应市场变化。包括：①交易者的平等性，即买卖双方都不具有任何影响交易的支配力或特权；②交易者的独立性，即卖者或买者之间不存在共谋、暗中配合等行为。

完全竞争市场构造了价格的接受者模型，从而求得的主要结论有两个方面。从实证来看，这意味着 $p = LAC(q) LMC(q)$；从规范角度来看，这一均衡具有帕累托最优性质（帕累托最优从一般均衡来看意味着三个边际等式的成立，从一个产业、局部均衡来看，意味着价格和边际成本相等）。

对完全竞争模型的批评主要集中在两个方面。

1. 完全竞争是不现实的。这显然没有抓住问题的关键，因为任何理论都不是现实的。

"完全竞争是一种模型，它被作为一种工具来使用，而不是作为一个可供努力追求的对象或目的。把完全竞争作为一种社会政策标准，也许会犯力图使真实世界适应模型，而不是建立一个模型以描述现实的错误。"（克拉克森，米勒）

2. 完全竞争模型缺乏理论预测力。因为现实经济中的企业总是存在各种差异。这引出的方法论问题是理论的预测力和预测误差的可接受性不能脱离理论的目的。完全竞争理论抽象掉企业的差别，从而其理论目的是预测市场的长期均衡状况，而不是个别企业的行为状况。产业组织研究的必要性或者说需求产生于人们认同这样的结论：从实证的和规范的观点来看，基于完全竞争模型所作的分析不能令人满意。实际上，产业组织学家喜欢谈论真实世界的市场这个概念，原因就在于它试图说明完全竞争市场模型无法说明的市场结构和现象。

马歇尔传统指的是把市场结构区分为只有两种：完全竞争和完全垄断。这样的处理源于以下两个方法的考虑：一是以"代表性企业"作为分析的核心，由此，产业分析和企业分析也就相统一。二是排除了少量企业这样的特殊的市场结构，因为除了库尔诺建立在严格假定基础上的分析之外，只有上述两种市场结构才能找到唯一的均衡解。当然，理论发展也必然从引入产品差别和少量企业之间的竞争关系入手。

这种分析方法抽象掉了行业内企业间的差别，也就抽象掉了现实经济当中大量的竞争内容。企业的行为中只有少量内容被重点关注，大量的会影响市场结构的行为被忽略了。这些策略性行为已成了现代产业组织理论的核心内容。

三、产业经济学的奠基：哈佛学派

（一）概述

哈佛学派的代表人物是梅森（Edward Mason）和贝恩（Joe S. Bain, 1959）。1938 年，梅森在哈佛大学建立了第一个产业组织理论研究机构——"梅森联谊会"（Masonic Lodge）。1959 年，梅森的学生贝恩出版了第一部系统论述产业组织理论的教科书《产业组织》，这标志着传统产业组织理论的最终形成。谢勒（Frederic M. Scherer，1970）论述了"基本情况—市场结构—行为—绩效"的体系，最终形成了哈佛学派的方法。

哈佛学派的研究以所谓结构—行为—绩效范式而达到顶峰。这一方法将产业作为一个分析单位，它所利用的是所观察到的产业的诸项特征，并据此对产业中企业的行为做出预计，而其最终目标则是对真实世界中的不完全竞争产业的绩效与微观经济学教科书中所言的完全竞争产业的绩效加以比较。在 20 世纪 70 年代初期的美国和 20 世纪 80 年代初期的欧洲，结构—行为—绩效范式是产业组织理论的分析框架。

（二）简要说明

1. 分析范式

作为产业组织理论的开创性的系统论著，贝恩的《产业组织》的最大贡献，是在明确定义了产业组织理论一系列基本概念的基础上，完整地提出了构成传统产业组织理论核心内容的结构（Structure）—行为（Conduct）—绩效（Performance）分析范式，简称为 SCP 分析范式。其中，市场结构通过对卖方集中度、买方集中度、产品差别化程度和进入的条件等项指标的分析，主要考察卖者之间、买者之间、买者和卖者之间以及现有卖者与潜在进入者之间四种基本的市场关系。市场行为则主要包括四个方面，即卖者的价格和产量决策，卖者的产品和销售费用决策，卖者的掠夺性行为和排他性行为，以及企业作为买者时的市场行为。而作为企业行为的最终结果，对市场绩效的考察主要涉及以下几个方面：受产量、企业规模和过剩生产能力所影响的相对技术效率；相对于长期边际成本和平均成本的价格水平以及价格—成本差额；长期边际成本和价格相等条件下最大可能产出规模与实际产业产出水平的比较；生产成本与促销费用的比较；

生产或产品的特点，如设计、质量和多样性等；产业在产品和生产工艺方面的进步状况，及其与可以达到的最优成本水平的比较。

不过，与最初提出产业组织理论范畴和研究方向的梅森一样，贝恩最终并没有就他所提出的结构—行为—绩效分析范式做出更一般化的完整说明，特别是在对市场行为的决定因素及其对市场绩效的影响，以及结构—行为—绩效分析范式中各环节的所谓反馈效应（Feedback Effects）的分析方面。直到 1970 年谢勒（Scherer，P. M.）的《产业市场结构和经济绩效》发表以后，传统产业组织理论的结构—行为—绩效范式才最终得到了系统完整的阐释。概括来说，谢勒对结构—行为—绩效分析范式的重要贡献有两个。

第一，从供给和需求两个方面系统阐释并强调了所谓产业基本条件（Basic Conditions）对市场结构和市场行为的影响。其中，在供给方面，这些基本条件包括主要原材料供应企业的所有权与分布区域、可利用技术的特点、产品的耐用性、产品价值衡量方面的特征、商业习惯、工会制度及其规章等；在需求方面，这些基本条件则至少包括不同价格区间需求的价格弹性、需求量的增长率、替代产品的可替代程度、买者的购买方式、产品在销售方面的特征以及产品生产和销售的周期性和季节性特点等。

第二，进一步揭示了市场行为对市场结构和产业基本条件以及市场结构对产业基本条件的反馈效应。例如，强有力的研究与开发可能改变一个产业的技术，从而可能改变产品成本状况和产品差别化程度。再如，卖者所采取的协调其价格相互影响的政策可能提高或降低进入壁垒，从而对长期市场结构产生影响。

也正因为如此，迄今为止产业组织学文献中有关结构—行为—绩效分析范式的说明和具体应用，大多是以谢勒所做出的图示（如图 1-1 所示）和相关解释为蓝本的。

2. 经验分析方法

与结构—行为—绩效分析范式相对应，贝恩对于产业组织理论的另一个重要贡献，是成功地开创了持续 20 余年的以跨部门研究为主的经验性产业组织分析的时代。早在《产业组织》出版之前，贝恩在《利润率与产业集中的关系：美国制造业（1936—1940）》和《新竞争的壁垒》这两篇著名论著中，便已显示了运用产业层次的数据进行跨部门统计分析对于产业组织研究的重要意义，从而成功地把产业组织经验性研究的焦点从单个产业的案例研究转移到跨部门研究上。较之采用案例研究方法而言，这一方法无疑能使产业组织理论所旨在揭示的一系列普遍性和各因素之间的一般关系得到更为客观的描述和论证。也正因为如此，在 20 世纪 60—70 年代的各类经济学杂志中，充斥着大量的产业组织跨部门研究文献。采用政府部门提供的数据，并通过回归分析来解释各产业平均利润率的差别，特别是不同的市场结构状态的影响，成为当时这一领域几乎所有研究的共同特征。

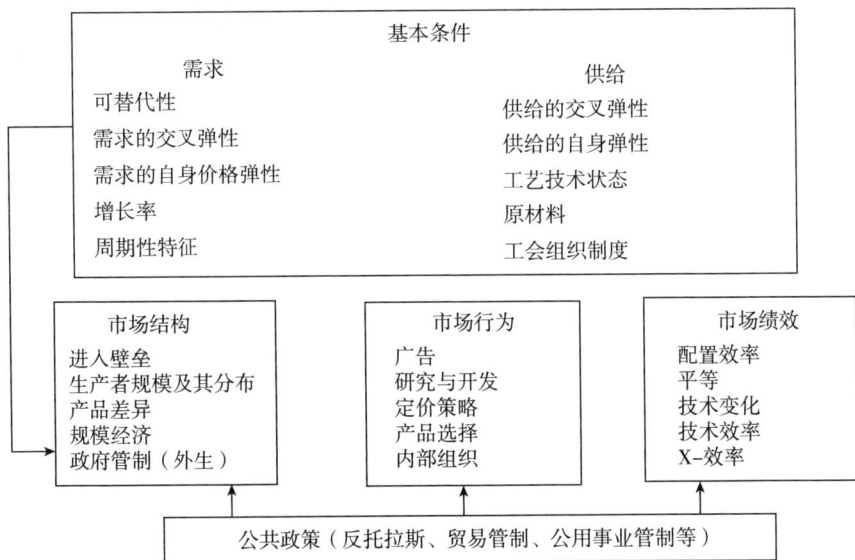

基本条件

需求	供给
可替代性	供给的交叉弹性
需求的交叉弹性	供给的自身弹性
需求的自身价格弹性	工艺技术状态
增长率	原材料
周期性特征	工会组织制度

市场结构	市场行为	市场绩效
进入壁垒	广告	配置效率
生产者规模及其分布	研究与开发	平等
产品差异	定价策略	技术变化
规模经济	产品选择	技术效率
政府管制（外生）	内部组织	X-效率

公共政策（反托拉斯、贸易管制、公用事业管制等）

图 1-1 SCP 分析范式

另外，也正是在运用这一方法进行跨部门经验性分析的过程中，贝恩提出了传统产业组织理论中最著名的"集中度、进入条件与利润率假说"。即在集中度高到使有效的串谋成为可能的条件下，少数大企业之间的串谋会提高产业的平均利润率[①]；不仅如此，如果新企业的进入也变得较为困难，那么产业的平均利润率同样也会保持在较高的水平。这一假说不仅成为 20 世纪 70 年代中期之前经验性产业组织研究所关注的焦点，而且由于其直接揭示了以集中度和进入壁垒为主要衡量指标的市场结构与市场绩效之间的经验性关联，因而也一度成为市场经济国家反垄断政策的一项基本依据。

（三）简要评论

在 SCP 分析范式下进行的产业组织问题研究，具有明显的经验主义的性质，所揭示的经济关系实际上在很大程度上只是一种相关关系，而未必揭示了内在的因果关系。这就是哈佛学派受到的最主要的批评，由于变量之间的回归具有良好的计量统计指标并不意味着存在因果关系，因此理论

---

① 我们将在后面介绍这个假说。

家认为对产业组织学者寻找出的变量之间的回归结果需要进行因果关系的逻辑解释。这种方法的早期研究还有一个不容忽视的特点，那就是人们常常直接从结构推导出绩效结果，对中间的市场行为则很少关心，这可以被称为贝恩传统，以至于这种分析特点被冠以结构主义的名称。"如果必须为研究方法的差异贴上标签以示其特征，则可以说贝恩是一个十足的结构主义者，而本书的作者则是一个行为主义者。"（Scherer，1980）而后期的新产业组织学则更是把重心放在了解释和预测行为上。

四、非主流产业组织学派：芝加哥学派

顾名思义，作为传统产业组织理论的非主流派①，芝加哥学派是指主要以斯蒂格勒（Stinler，George J.）、德姆塞茨（Demsetz，Harold）、布罗曾（Brozen，Yale）、佩尔兹曼（Peltzman，Sam）和波斯纳（Posner，Richard A.）等人为代表的在 20 世纪 60—70 年代形成的有别于哈佛学派的产业组织理论。1968 年斯蒂格勒的《产业组织》一书的问世，标志着芝加哥学派在理论上的成熟。

在对结构—行为—绩效分析范式的早期批判中，传统产业组织理论的芝加哥学派发挥了重要的作用。芝加哥学派在理论上是对反价格理论倾向的反驳，导致了产业组织研究由经验实证向逻辑实证分析的转变，芝加哥传统强调需要严格的理论分析和对竞争中的各种理论的经验证明。经验研究的统计结果需要理论证明，因为事实不能解释事实。芝加哥学派的基石乃是所谓大多数真实世界中的产业可以被当作完全竞争的产业来分析的假说（Reder，1982），这就是主张把价格理论模型作为分析市场的基本工具，并主要基于价格理论模型对企业行为和绩效做出预期，同时借设计检验其理论的经验性分析模型。理论模型的发展对经验研究的意义在于三个方面：一是理论模型给了一些产业组织的非正式的事例形式化。二是理论模型为寻找证据和经验事实提供了指导。三是人们发明了进行控制下的试验的方法。

政策上是对反垄断政策的反驳，提出企业效率才是市场结构的最主要的影响因素。以致从 20 世纪 70 年代初以后的 10～12 年，美国产业经济学特别是产业经济学在反托拉斯分析中的应用，则为芝加哥学派的学说所主宰。例如，按照当时主流的观点，纵向一体化会增大企业垄断力量，但科斯等人则证明了这可以节省交易费用，由此提高效率。斯蒂格勒也说明了

---

① 有意思的是，传统的产业组织理论属于经济学的非主流内容，而芝加哥学派的产业组织研究又是不同于哈佛学派的产业组织研究的非主流。

专业化的好处必须依靠递增的规模报酬，从而给出了企业边界的一个技术解释。

最后，值得说明的是，虽然产业组织学的芝加哥学派的学说在美国以外并没有产生多大的影响，但是，它一直影响着美国的反托拉斯政策。而美国的主流经济学家也一直基本上排斥芝加哥学派的见解，他们已经转向以博弈论作为研究不完全竞争产业的分析框架。博弈论分析扩展了新古典微观理论关于不完备信息市场以及一些或所有企业有可能采取策略性行为的市场的研究。博弈论模型强调企业这一个体的选择，并在此意义上，许多产业组织学的现代经验性研究将企业作为分析的单位，以作为对结构—行为—绩效分析范式关注产业的补充。

五、产业组织理论的新发展（新产业组织理论）

所谓新产业组织理论，是指 20 世纪 70 年代以后出现的以分析企业策略性行为为主旨的与以往有着根本不同的产业组织理论。新产业组织理论区别于传统产业组织理论的首要标志，也是其对产业组织研究的最大贡献，在于理论研究方法的统一。即除了对假定为垄断并且进入也不会发生的产业的研究之外，博弈论已经成为新产业组织理论研究的统一方法，其中非合作博弈理论及其分析方法又无疑居于统治地位。也正因为如此，新产业组织理论得以克服作为传统产业组织理论基础的结构—行为—绩效分析范式的诸多缺陷，其基于正统寡占模型的一系列分析及其成果，使产业组织理论的发展得以成功地实现了向正统经济学的回归。另外，与传统产业组织理论不同的是，在新产业组织理论的大旗下，整个产业组织领域的研究已经不再如前者那样显示出对公共政策的高度关注。尽管 20 世纪 70 年代中期以来，反托拉斯政策和针对少数产业的政府规制政策都发生了同样堪称革命性的变化，但是，公共政策对当代产业组织研究的吸引力和影响力确实已大不如前。正统的经济理论分析，以及对各种假说的验证，则成为新产业组织理论发展的基本景象。

新的方法为产业组织理论添加了新的内容：静态博弈理论，主要回答"古诺—伯特兰悖论"；重复博弈和寡占理论；产品差别化模型；进入壁垒与进入阻止；技术进步与市场结构的动态演变；信息不对称。

但是仍然存在批评的声音。人们认为产业组织学毕竟是一个经验性分析的领域，应用性的优劣也从来就是检验一种产业组织理论价值的首要标准。就此而言，博弈论方法显然并不是完美无缺的，其运用于产业组织研究领域尚有其本身难以克服的若干缺陷。

第一，即使是较为简单的关于不完全信息条件下策略性行为的多阶段博弈的多重均衡（完美贝叶斯—纳什均衡），通常也需要通过深奥的分析才能揭示。虽然这从理论上来看是非常完美、精确的，也充分体现了理论分析所应具备的严密逻辑，但问题是，在现实生活中，有限理性的决策者似乎不太可能从事如此复杂的博弈。也就是说，理论上的演绎推理似乎夸大了现实企业的决策能力和行为能力。用施马兰西所引述的一个著名比方来说："这就如同下国际象棋，尽管在理论上任何棋局都有最优解，但是下棋者似乎永远都不可能具备如此缜密无缺的能力。"

第二，博弈论模型的结论所依赖的一系列假设过于精细，以致其中任何一个细小变化都足以导致有关结论失去赖以立足的基础，甚至出现截然相反的结果。例如，在有关均衡的重要性质方面，几乎所有的研究都关键性地依赖于价格或产量是否为选择变量，依赖于时间是否被假设为连续的或孤立的，依赖于企业行动是同步的还是先后发生的。不仅如此，即使在那些博弈论方法取得重大成就的领域，有关假设本身也是有疑问的。例如，在信息不对称条件下，有关研究所考虑的策略大多依赖于无法观察的信念，甚至一些关键性的参数和概率分布也往往被假设为公共知识。

第三，运用博弈论模型所得出的结论尚难以获得足够的经验性分析的支持。早在20世纪80年代，不少学者就已经指出新产业组织理论中少有可应用现实数据加以验证的模型。虽然近十年来许多新产业组织论者也纷纷致力于可供验证的理论假说的研究，特别是那些与公共政策直接有关的现实问题的研究，但受博弈论方法本身的限制，至今仍难见有显著的成效。

正因为上述博弈论方法运用于策略性行为分析的缺陷，再加上寡占模型本身所固有的极度多样化，致使在博弈论方法一统产业组织理论研究的表象背后，新产业组织学的内部结构却出现了"类似某种由不规则的碎片所组成的几何体"（Fractalization）的格局。产业组织学文献"目前已成为一个由高度精致和特定的模型构成的迷宫，每一模型得出的结论只能应用于满足模型假设的特定场合"。而困难的恰恰正是"只有通过考察各种分析路径，并在各种正统模型的经验性检验结果中寻找规律性的东西，才可能得出一般化的结论"。也就是说，与传统产业组织理论存在多个学派之争不同的是，新产业组织理论貌似正统、严谨，实质上却还是许多个难以一般化的特定模型的堆砌。

第三节　产业有效竞争分析框架

从一般意义上讲，有效竞争理论是产业组织理论的一部分，是随着产业组织理论的发展而形成的，产业的有效竞争一直是产业组织理论研究的核心内容，因此我们研究保险产业组织理论必须以产业有效竞争分析框架为重要的理论基础。

一、有效竞争理论概述

新古典学派的代表人物艾尔弗雷德·马歇尔在《经济学原理》（1890）一书中集众家之成，以完全竞争市场和市场均衡为核心，提出了竞争和垄断的矛盾。在对四大生产要素（土地、劳动、资本和组织）中的组织进行论述时，马歇尔充分肯定了规模经济效益，他指出企业有追求规模扩大的内在动力，而扩大企业规模则会同时增加内部和外部经济，获得规模经济效益，但是在追求规模经济的过程中会出现垄断，从而使市场竞争缺乏活力。由此，规模经济和垄断成为两难选择，这就是所谓的"马歇尔冲突"（Marshall's Dilemma）。之后的很长一段时间里，经济学家就如何克服这一冲突，把规模经济与竞争活力两者有效地协调起来，进行了积极的探索。1933年，张伯伦和琼·罗宾逊提出了垄断竞争理论，其基本思想是在现实世界中，既无完全的竞争也无纯粹的垄断，通常是各种形式的不同程度的垄断和竞争交织并存。

以垄断竞争理论为基础，西方经济学中出现了以竞争、垄断及其规模经济的矛盾关系为研究中心的新领域：产业经济学。有效竞争问题正是产业经济学中产业组织理论研究的核心内容。1940年，克拉克发表了《有效竞争的概念》①，他在文中首先提出了"有效竞争"的概念，但他未能指明有效竞争的条件和标准。1958年，史蒂芬·索思尼克从结构、行为、绩效三个方面规定了可行性竞争市场，为"有效竞争"状态提出了一些明确的条件。他们所做的努力使得有效竞争的概念逐步明确（相关的内容笔者将在下一章详细论述），从而也使得有效竞争的理论框架初步形成。

1959年，哈佛大学的贝恩在导师梅森的指导下完成了其博士学位论文《产业组织》，这是经济学领域第一部全面论述产业组织理论的著作，同时也以其研究内容的系统性和研究方法的创造性标志了产业组织理论体系的形成。在书中，贝恩把构成市场结构的重要因素归纳为：市场集中度、产品差别化、进入障碍、纵向经济一体化等。在分析市场集中度时，贝恩认为企业追求规模经济导致了集中度上升，从而形成垄断，因此，他用了很大篇幅分析了规模经济与市场竞争活力这对基本矛盾。以此论点为基本命题，哈佛大学的其他学者也对此展开了深入研究，由此产生的一系列理论

---

① Clark, J. M., 1940, "Towards a Concept of Workable Competition," American Economic Review, Vol. 30, pp. 241-256.

对美国当时极端反托拉斯的产业政策产生了巨大的影响，这一学派就是著名的产业组织"哈佛学派"。

虽然"哈佛学派"对有效竞争理论的发展作出了很大贡献，但是这并不意味着它的理论不受到批驳，在对"哈佛学派"的批评中产生了一些有代表性的学派，如"芝加哥学派"和"新奥地利学派"以及著名的"可竞争市场理论"。

"芝加哥学派"的代表人物有德姆塞茨、斯蒂格勒、布罗曾、特尔塞等人，他们信奉市场经济中竞争机制的作用，相信市场力量的自我调适能力，认为在对市场的分析中效率是最重要的因素，实现经济活动的效率性最终符合社会福利最大化原则，所以有效竞争应以效率为最终评判因素。在"芝加哥学派"看来，大企业在生产和配置方面所具有的高效率是超额利润的根源，而不是像"哈佛学派"所认为的那样，来自高度集中市场结构条件下的垄断。在实证分析中，"芝加哥学派"以企业的市场行为为中心建立模型，而不是像"哈佛学派"那样以市场结构为中心建立模型，因此，"芝加哥学派"又被称为产业组织理论的"行为学派"和"效率学派"。

"新奥地利学派"是以米塞斯和哈耶克为代表的学派，他们采取了新的方法和研究视角分析产业组织的基本问题。"新奥地利学派"对应用价格理论分析市场竞争效率和企业组织效率持否定态度，他们认为必须对市场的动态过程进行分析，在"过程"中认识竞争和企业家的作用。按照他们的理论，企业追求规模经济导致的市场集中度上升不是形成垄断的直接原因，政府以利用规模经济的名义对产业进入的限制才是垄断的原因所在。在规模经济与市场竞争活力的选择上，"新奥地利学派"认为，破坏市场秩序的不是大企业而是市场上的同业团体和协会，企业家精神是大企业创造超额利润的源泉，为了确保企业家能力的发挥，不应该制定过多的限制企业规模和集中度的政策，而应该确保自由进入市场的条件。①

也是在对传统"哈佛学派"研究范式的批判中，鲍莫尔、帕恩查和韦利格等人在"芝加哥学派"产业组织理论的基础上，于1982年合作出版了《可竞争市场与产业结构理论》，该书系统阐释了"可竞争市场理论"（the Theory of Contestable Market）。该理论认为，良好的生产效率和技术效率等市场绩效在"哈佛学派"理想的市场结构以外仍然是可以实现的，而无须众多竞争企业的存在。它可以是寡头市场甚至是垄断市场。只要保持市场进入的自由，不存在特殊的进入/退出成本，就会给在位企业造成潜在竞争压力，从而促使其提高效率并遵循可维持定价原则。在这样的环境条件

---

① 杨德勇. 金融产业组织理论研究［M］. 北京：中国金融出版社，2004：7-8.

下，包括自然垄断在内的高集中度市场结构是可以和效率并存的。这种状况被称为"可竞争的市场"①。

上述竞争理论不断丰富和发展着有效竞争理论的内容，其中，大多集中在研究产业组织理论的市场结构对竞争效率影响的关系方面，近年来，有效竞争理论得到了进一步的深化，使得其研究视角不仅局限在产业如何寻求有效率的市场竞争结构上，而且研究领域扩展到针对各个产业的特征来研究有效竞争的特殊性及其宏观意义。这些研究成果提出，有效竞争不仅是产业内规模经济与竞争活力的静态均衡，而且应该考虑有效竞争的产业特殊性、动态性、模糊性和可持续性，产业的经济效率应同时兼顾社会、经济和环境的协调发展。笔者认为，这些有效竞争的新思路对于研究中国保险产业的有效竞争是有相当的理论和实际价值的。

二、有效竞争理论的分析框架

到目前为止，已有研究产业有效竞争的分析框架一般是按传统的 SCP 分析范式和现代的或新 SCP 分析范式展开的。

传统的 SCP（结构—行为—绩效）分析范式是上述介绍的"哈佛学派"产业组织理论所创立的，指出判断某个产业是否有竞争性，不能只看市场行为或市场绩效，而应看市场结构，市场结构决定市场行为，进而决定市场绩效。市场结构、市场行为和市场绩效三者之间的关系如图 1-2 所示。

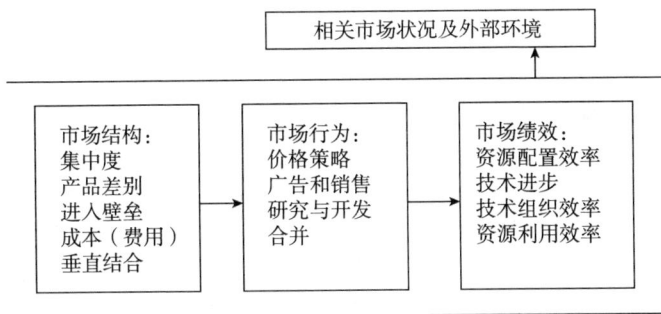

图 1-2　传统产业组织理论的 SCP 分析框架

随着时间的推移，各产业组织论者在不放弃 SCP 分析框架的前提下，对传统产业组织理论进行了修正和补充，并在 20 世纪 80 年代发展成了现代产业组织理论，进而提出了现代产业组织理论的新 SCP 分析范式（见图 1-3），它是在传统 SCP 分析范式基础上补充改进而成，由图 1-2 可

---

① 有些学者针对"可竞争市场理论"的假设条件提出了批评，见王俊豪等著《现代产业组织理论与政策》。

知，从短期（或静态）看，市场结构不会有很大变化。因此，在特定的市场结构下就有特定的市场行为，这种市场行为会产生一定的市场绩效，它们之间存在如图1-3实线所示的因果关系。（这与传统的SCP分析范式相同）但从长期（或动态）看，市场结构、市场行为和市场绩效都会发生变化，而且，市场结构的变化可能主要是由市场行为和市场绩效引起的。这说明市场行为和市场绩效对市场结构会产生如图1-3虚线所示的反作用。新SCP分析范式补充了长期动态的关系，使SCP分析范式更加全面，但无论是短期还是长期，市场结构都处于主要地位。所以本书分析中国保险产业的有效竞争时主要是针对市场结构做研究，但在具体分析中也将涉及市场行为及市场绩效的内容，是三者的有机结合。

图1-3 新SCP分析框架

一般的产业有效竞争分析框架不论是传统的SCP分析范式还是新SCP分析范式，都认为影响产业组织效率的重要因素还是来自其产业的市场结构方面，所以使得现有的产业有效竞争研究多集中在分析产业市场结构的几个因素，如市场集中度、产品差别化和市场壁垒，并严格按照这几个方面的标准来界定产业市场结构是否属于完全竞争、完全垄断、寡头垄断还是垄断竞争。

三、有效竞争理论的新思路

以上笔者大致介绍了产业有效竞争的一般分析框架，基本的依据仍然是传统的产业组织理论的逻辑框架，属于静态或是比较静态的研究方法。本书在导论部分曾提到部分经济学者近年来针对有效竞争的理论体系又有了一些新思路，其中不乏合理性，甚至对一些特色产业的分析研究来说更具实用性，至少笔者认为这些思路是具有一定启发意义和实践价值的。下面结合笔者自身的理解归纳整理这些新命题。

（一）有效竞争的动态性

传统的"有效竞争"概念是针对完全竞争概念的非现实性和解决"马歇尔冲突"提出的，因此打上了明显的传统微观经济学静态分析的烙印。尽管克拉克认为"有效竞争"是一种有利于长期均衡的竞争格局，但是这仅是因为存在规模经济而使得现实经济偏离完全竞争，否则，完全竞争市场仍然是最有效率的。可见，他的有效竞争概念依然没有摆脱完全竞争的静态效率概念，没有涉及增长率这一动态性的关键因素。大量的现代经济学研究成果已然证明，只要存在成本的劣加性，完全竞争的静态效率就不是最佳的，而从动态来看，完全竞争是最不利于创新和人力资本积累的。所以，只是一味注重有效竞争的那种静态效率分析显然是不科学的，而应该把有效竞争看成是静态效率和动态效率的均衡，在静态效率的基础上，更加强调有效竞争的动态效率。而且实践还证明，产业的静态效率和动态效率并不总是一致的，如果只是关注产业当前的微观生产的效率而忽视产业本身的技术进步和人力资本积累，从长期动态来看，产业仍然是低效率的。对于保险产业这种关乎整个国民经济宏观运行效率的经济保障性产业来说，就更应该强调其有效竞争的动态效率。

（二）有效竞争的模糊性

长期以来，有效竞争被界定为一种市场结构，在分析具体产业的竞争类型时，也是必须将其划归为完全竞争、垄断竞争、寡头垄断或是完全垄断中的一种。笔者认为，有效竞争无论是内涵还是外延都不应该仅与市场结构等同，它应该是一种衡量产业整个市场效率的综合状态。退一步说，即使是一种市场结构，有效竞争的边界也是模糊的，是难以精确"一刀切"在某一竞争类型当中的，原因主要有以下几点。

第一，有效竞争的动态性说明决定产业有效竞争的各种因素是不断变化的，随着技术进步和市场环境的变化，会引致垄断程度与竞争效率之间关系的变化。例如，企业最适度规模会随着新技术的发明，新设备和工艺的应用而变化，会改变垄断程度与静态效率之间的关系。又如，产业自组织的变化、某种企业组织的创新等也可能会改变垄断程度与动态效率之间的关系。

第二，经济学中有一些因素之间的关系从来都是无法精确确定的，一般只能通过经验数据来估算，这本身就使得经济学意义上的许多概念必须通过定性和定量相结合来描述。比如，垄断程度与技术进步，人力资本积累和静态效率之间的关系就是如此，而这些关系恰恰是有效竞争必须研究的内容。

第三，每个产业的特色是各不相同的，不同产业有效竞争的状态一定是有差别的，显然任何产业的有效竞争边界都是难以界定的。所以，有效竞争的概念应该是一个区域的概念，我们可以针对不同产业的特性和检验数据来确定产业有效竞争的大致区域。

值得注意的是，有效竞争的模糊性不仅不会降低有效竞争的适应性，而且更有利于其在实践中的应用，只有承认有效竞争的模糊性，我们才能在实践中实事求是地对产业有效竞争做出正确的评价。

（三）有效竞争的可持续性

有效竞争是一个与时俱进的长期发展过程，应该强调各因素的协同性和持续的效益。所以有效竞争和整个经济发展的过程一样，可持续性也是其基本特征之一，任何产业的有效竞争都应该遵循可持续发展的理念。产业效率的最高判别标准应是经济的可持续发展，而不仅仅是产业竞争本身的可持续性，这一点对保险产业尤其重要。保险产业是一种特殊的产业，它的产业效率应包括微观效率、中观效率和宏观效率三个层面。因此，保险产业的有效竞争意义也不应该局限于中观层次的产业自身经济效益的提高，还应该注重其产业可持续发展的重要意义，要强调保险产业有效竞争对于提高整个金融资源的利用效率和对经济社会发展的推动作用，站在整个国民经济宏观调控有效性的高度，注重保险产业发展的可持续性。

第四节　金融产业组织理论研究框架

金融产业是一个在国民经济各产业中地位和作用都很特殊的产业。金融产业在国民经济中的作用可以划分为三个层次，即为媒介资金服务的微观层次，对经济发展起推动或制约作用的中观层次，国家对国民经济进行宏观调控的宏观层次。这三个层面的作用，使得将一般的产业组织理论应用于金融业时，分析问题的对象变得复杂，分析问题的思路和方法也需重新进行调整。保险产业属于金融产业范畴，所以金融产业组织理论是保险产业组织理论的直接理论基础。本节主要概述金融产业组织理论研究的重要意义以及理论演进。

一、金融产业组织理论研究的重要意义

金融业在新旧两个世纪交替之际，正经历着前所未有的市场组织结构变革，这些变革可以概括为以下几点：（1）金融机构大型化。具体表现为银行并购金额不断增加，据统计，1998年上半年仅美国银行业的并购市值就高达2396亿美元；跨行业并购成为新热点，如花旗银行同旅行者集团的并购，新形成的集团业务范围包括了商业银行、投资银行、保险业等几乎所有金融领域，成为全球第一家业务范围涵盖最广的国际金融服务集团；金融业的跨国并购越来越多，如荷兰国际银行收购巴林银行、德意志银行

收购美国信孚银行，等等。(2) 金融业务全能化。1999 年 11 月 4 日，美国参众两院分别以压倒多数通过了《金融服务现代化法案》，该法案的核心内容是废止了 1933 年的《格拉斯—斯蒂格尔法》，预示着美国自 20 世纪 30 年代大危机后实行了 50 年之久的分业经营体制将被全能银行体制取代，全能银行已成为世界现代金融业的发展潮流。(3) 金融经营管理工程化、网络化。金融工程的出现和发展在提高了金融机构经营效率的同时，也提高了金融市场效率和金融宏观调控的效率；金融网络化使金融组织模式需要运用产业经济学、产业组织学、管理行为学的理论加以概括和总结，并从理论和实践两个方面得到系统化、科学化的解释和升华。

中国加入世界贸易组织之后，国内金融市场对外开放的步伐加快，外国金融机构市场进入的速度迅速提升。与此同时，我国金融业在市场结构、组织模式、管理模式上还处在探索和不断调整的阶段，从市场结构来看，国有金融机构不论是在借贷市场，还是在资本市场上，都处于绝对的寡头垄断地位，四大国有商业银行占借贷市场份额的 64%，三大国有保险公司占保险市场份额的 95%。与此同时，投资银行业处在群雄割据的状态，无法形成有效的市场组织形式。从组织模式来看，集团化的控股公司在国内刚刚兴起，但受制于《中华人民共和国商业银行法》《中华人民共和国保险法》，这种组织模式的法律依据和模式创新要解决的问题还非常多。从管理模式来看，我国金融业的公司治理结构在所有行业中，制度供给和需求的失衡表现得最为突出。这一切都使得我国金融业在对外开放的大环境下，宏观金融的稳定、微观金融风险的累积、国家的金融安全受到极大的时间和空间的压迫。运用比较成熟的产业组织理论、管理行为理论对我国金融业组织结构进行宏观和微观两个层面的分析已具有极大的必要性和迫切性。

金融产业在国民经济中的意义包括微观、中观和宏观三个不同的层面，这是与其他产业组织研究相比不同的地方。实际上，一般产业的组织研究只关注该产业组织的微观绩效。因此，只要借助组织结构—行为—绩效的研究框架，就可以达到预期的产业组织研究目的。但金融产业仅满足于对一般产业组织研究的固有框架进行分析是远远不够的，金融产业组织理论研究的难点也许恰恰是金融业微观、中观和宏观三个层面在产业组织理论框架下如何协调的问题。

（一）金融产业组织研究的微观意义

在已有的研究成果中，金融业是最受关注的研究领域之一，但所有这些研究成果却很少把金融业当成一个产业进行最一般意义上的产业分析。其中的原因是多方面的，比如有的学者就明确地将金融业排除出产业组织理论研究范畴①。另一个原因，也许是各国学者更多地将金融业看成是推动经济发展的一种力量和手段，看成是国家进行宏观调控的政策工具，而对其本身作为一个产业的微观经济含义反而重视不够。在西方经济学中，微观分析部分，实际上研究的是除金融产业以外的所有行业，但却唯独把金融业的价格变动分析放在宏观分析里面。随着世界经济全球化浪潮的推进，金融国际化使得金融业已由实质经济的附属品变成了具有独立财富意义的有价值创造功能的独立产业。

1. 金融产业已是各国实现就业的重要服务行业

随着各国经济的发展，进行资金分配和再分配的金融业功能日益丰富，手段更加专业化、复杂化。从机构来看，20世纪70年代以来，金融机构日益多样化，投资银行、投资基金、信用评级机构和专门为金融服务的网络平台是具有代表意义的一批新型金融机构。专门进行短期融资的票券公司，专门进行长期信贷业务的开发银行，其批发业务与咨询业务也由不同的金融机构完成。所有机构都吸引了一大批各种层次的工作人员，成为国民经济中从业人员比重提高速度最快的行业之一。在发达国家和地区，特别是一些国际金融中心，金融业已成为最重要的就业渠道之一，在美国、英国、新加坡和中国香港地区这一现象尤为突出。1978年中国香港地区放松了对外国银行进入的限制，使商业银行从74家增加到1985年的142家、分行1500多家。据估算，在中国香港地区每四个就业岗位中，就有一个是金融从业人员。在美国、瑞士和新加坡，金融从业人员占就业总人数的比重达5%，一些岛国利用其独特的地理位置，甚至将金融业作为其主要产业予以发展，如加勒比海、巴林等金融中心。20世纪90年代以来，很多产业急需升级的国家都把金融产业作为首选产业之一，将金融业作为20世纪国家产业分工的优势产业予以发展。从就业的层次上看，金融业的从业要求也日益分层化。除了一般工作人员和管理人员这些传统就业区别以外，金融从业人员中具有极高数学修养和工程头脑的金融工程人员的需求也大量增加。现代金融工程的出现，使金融业务具有了全新的内涵，很多从事金融产品开发的金融工程师，原来都是从事导弹、航天研究的人员，金融工程使金融业走向高科技化。

就中国的情况而言，自改革开放以来，金融机构及其从业人员明显增加，金融机构数量从1985年的119338个增加到1997年的226353个，金融从业人员从1985年的134.37万人增加到1997年的301.62万人，分别上升

① ［日］植草益. 产业组织论［M］. 北京：中国人民大学出版社，1988：16-17. 植草益认为产业组织理论虽然可以对任何产业进行分析，但金融、证券、保险均有自己的研究理论。因此，产业组织主要是研究第二产业的。

0.90 倍和 1.24 倍。此后各金融机构开始精简，截至 2001 年末，我国金融机构仍高达 218823 个，人数为 272.88 万人。

从 1980—1999 年中国、美国和日本三个国家金融产业就业人数的比较来看，一方面，可以看出中国与美国、日本发达国家在金融产业方面现存的差距。从绝对量上看，中国金融产业就业人数远远低于同期美国和日本的就业人数，如 1980 年和 1999 年中国、美国、日本金融产业的就业人数分别是 136.0 万人、835.1 万人、317.0 万人和 424.0 万人、1605.4 万人、599.0 万人，1980 年，中国金融产业的就业人数还不及美国的六分之一。从相对量上看，差距就更为明显，这是由于中国人口基数远远大于美国和日本。同样以 1980 年和 1999 年为例，中国、美国、日本金融产业就业人数占本国总就业人数的比例分别为 0.321%、8.410%、5.726% 和 0.601%、12.027%、9.270%。就比例而言，1980 年美国是中国的 26 倍多，1999 年是 20 倍多。另一方面，可以看出中国金融产业发展的巨大潜力。由于中国金融产业的发展较美国、日本要晚，差距的存在亦在所难免。也正是由于这些差距，为中国金融产业发展后发优势提供了广阔的空间。1980—1999 年，中国金融产业就业人数从 136.0 万人增加到 424.0 万人，美国从 835.1 万人增加到 1605.4 万人，日本从 317.0 万人增加到 599.0 万人，分别扩大了 2.12 倍、0.92 倍和 0.89 倍，显然，中国扩大的倍数最多，这表明中国金融产业就业增长率较美国和日本有更快的增长速度。[①]

2. 金融产业已成为增加社会财富的重要服务业

金融变革推动了金融发展，确立了金融业在国民经济中的重要地位。金融业创造的附加值占 GDP 的比重不断增加，发达国家平均从 20 世纪 70 年代的 2.5% 增加到 90 年代中期的 6%，美国和瑞士更是高达 7.3% 和 13.3%；在发展中国家（地区）中，中国香港地区和新加坡最为突出，金融业创造的附加值比重分别为 9.4% 和 12%。金融业的重要性还体现在规模不断扩大上。1994 年美国、日本和欧盟的银行资产之和超过了 10 万亿美元。很多国家银行资产在国民经济中占十分重要的位置。一些发展中国家金融市场的规模也超过了 1000 亿美元，如巴西、韩国、墨西哥和泰国。在保险业，1987—1994 年经济合作与发展组织成员国保费收入与 GDP 之比平均为 8%，英国更是高达 11%。

3. 金融产业已成为国际贸易的重要领域之一

（1）金融服务贸易的分类

在业务综合化趋势下，金融业只能根据机构提供的服务来分门别类。

---

① 杨艳琳，陶新桂. 我国金融产业的就业效应分析 [D]. "经济全球化、竞争环境与中国经济增长国际研讨会" 交流论文.

《服务贸易总协定》的金融服务附录中将金融服务分为保险、银行和其他金融服务（不包括保险）两大类共16种（见表1-2）。即便如此，由于不同业务之间不断融合，很难准确地界定某种业务的具体类别，如银行提供的保险业务（Banccassure）。金融创新和金融工程使得新的金融业务层出不穷，因此世界贸易组织金融服务委员会提出要单独设立"新的金融服务"类型。

表1-2 世界贸易组织对金融服务的分类

保险和保险有关的服务：
直接保险（包括共同保险）
再保险和再分保
保险中介，如经纪和代理
保险的辅助服务，如顾问、精算、风险评估和理赔
银行和其他金融服务：
接受存款和其他需偿还的资金
各种类型信贷，包括消费信贷、不动产信贷、商业交易的保理和融资
融资租赁
所有支付和货币交割服务，如信用卡、借记卡、旅行者支票
担保和承诺
场内和场外的自营交易和经纪交易
各种证券承销和销售代理及相关服务
货币经纪
资产管理
金融资产的结算和支付服务
金融信息的提供和转移，金融数据处理和其他金融服务提供者所需的相关软件
与上述活动相关的咨询、中介和其他辅助性金融服务

（2）金融服务贸易的对比分析

金融国际化和国际资本流动极大地推动了金融服务贸易。目前，金融服务贸易的统计资料很少，主要集中在金融服务跨境贸易方面。主要发达国家作为一个整体，1995年金融服务出口达到500亿美元，而在10年前还不到150亿美元。Chang等（1999）根据国际收支统计资料计算1949—1996年世界金融服务贸易量，年均为1580亿美元。1995年在世界金融服务贸易中，主要的出口国有美国、瑞士、英国、比利时、卢森堡、意大利、法国和德国，主要的进口国有意大利、法国、比利时、卢森堡、法国、奥地利和美国。在新兴市场经济国家中，马来西亚、土耳其、波兰、阿根廷、匈牙利、捷克、斯洛伐克和韩国是主要的金融服务出口国和进口国。在保险领域，德国、法国、美国、中国和日本是主要的进口国，许多新兴市场经济国家也积极参与到保险服务跨境贸易之中。因此，金融服务跨境贸易主要是在发达国家之间进行，而且主要出口国同时也是主要的进口国①。

从表1-3中可以看出，在高收入国家中，金融保险业出口份额从1980年的2.6%增至1997年的5.6%，而进口份额从3.2%升至4.2%，出口份额在1997年较进口份额高出1.4%；而中等收入国家在1980年尽管金融保险业出口比例为4.9%，高于进口比例（进口比例为4.4%），但在总额上还是进口大于出口，处于逆差状况，1997年这种状况进一步加剧：总额上处于逆差，比例上出现较大幅度的变化，出口比例下降至2.6%，相反地进口升至6.0%；低收入国家的状况则一直没有得到改变：1980年逆差额为620.647百万美元，1997年逆差额为1033.88百万美元，差额在扩大。

表1-3 服务业进出口的结构比较

项目	服务业出口额（百万美元）		金融保险业出口所占比重（%）		服务业进口额（百万美元）		金融保险业进口所占比重（%）	
年份	1980	1997	1980	1997	1980	1997	1980	1997
中国	2511	24581	8.0	0.8	2024	30306	4.4	4.5
美国	47550	256163	3.2	5.3	40970	166194	2.1	5.5
英国	36452	87239	—	14.4	27933	7232	—	1.2
低收入国家	9757	25593	2.9	2.3	18825	37733	4.8	4.3
中等收入国家	54746	242215	4.9	2.6	109958	2809480	4.4	6.0
高收入国家	327151	1104142	2.6	5.6	318496	1059321	3.2	4.2
全球	392155	1371883	2.9	5.0	445109	1377289	3.6	4.6

美国和英国金融业较为发达，美国1980年金融保险业出口额为1521.6百万美元，进口额为860.37百万美元，顺差为661.23百万美元；1997年出口额、进口额及顺差分别为：13576.639百万美元、9140.67百万美元、4435.969百万美元；英国1997年金融保险业出口额为12562.416百万美元，进口额仅为864.384百万美元，顺差高达11698.032百万美元。可以说，金融服务贸易主要由发达国家主导，发展中国家处于不利地位。就具

① 丁志杰. 发展中国家金融开放——效应与政策研究 [M]. 北京：中国发展出版社，2002：134.

体国家而言，主要由英美这些国家占绝大部分份额，如英国金融服务贸易出口占服务业贸易的 14.4%，究其原因在于发达国家金融保险业的竞争力极强，发达的金融服务业可以在国际竞争中获取更多的市场份额，其出口额较大。相比较而言，进口额较小最终体现为该项目上的顺差，预示着整体处于竞争优势。

伴随着中国经济的发展和体制改革的深化，中国服务贸易不断扩大，从表 1-3 来看，服务贸易总额在不断提高，从 1980 年的 4535 百万美元增加到 1997 年的 54887 百万美元，其中出口额从 2511 百万美元上升为 24581 百万美元，进口额从 2024 百万美元提升到 30306 百万美元。与此相对应，金融服务贸易也急剧提高：进出口额从 290.016 百万美元增至 1560.418 百万美元，增长 4.38 倍，表明中国金融业在积极地参与国际竞争。但进一步对结构进行分析，可以发现在金融服务贸易总额增长过程中，中国金融服务贸易的结构极不协调。

在改革开放初期，中国金融服务贸易整体上处于顺差，出口额较进口额多 111.904 百万美元，但在中国经济高速增长的同时，1997 年中国金融服务贸易却从顺差转变成逆差，其逆差额为 167.122 百万美元，原因在于中国金融服务贸易在出口方面没有根本性的变化，实际上反而下降了，而在进口方面却大幅上升，结果是金融服务贸易出口份额从 8.0% 降到 0.8%，仅为原来的 10%。一般而言，出口意味着对外输出，出口份额越大，对外竞争的实力越强；而进口意味着输入，一方面表明内部有需求，另一方面更客观地说明在满足服务需求中，外部竞争者更具竞争力，因而出口的额度和份额及与进口的差额可视为由竞争能力决定的，这可以在分类别国家的数据中得到验证。

在比较分析中可以看到中国是处于竞争劣势的，出口比重低于全球平均水平，而进口比重却相对较高。就总体结构而言，进口大于出口，从具体数额也可知处于逆差状况，与英美发达国家的差距是显而易见的。就国家类别而言，中国属中低收入国家，但在金融服务贸易上却达不到低收入国家的平均水平。

中国在金融服务贸易上存在着总量低、结构不合理和市场份额低等问题，金融服务贸易是收支不平衡的重要项目，外部竞争能力低，与此相对应的是该项目与中国其他项目相比处于一个相对不重要的地位，这充分反映出我国金融保险业的国际竞争能力较低。

金融业在国际服务贸易中的地位日益突出，实际上还有更深层的含义，那就是金融业日益成为发达国家对发展中国家进行经济控制的重要手段。一方面，金融服务的出口使发达国家获得了丰厚的利润；另一方面，国际资本的流动使发展中国家的经济安全失去了保障。东南亚金融危机以严酷的事实告诉人们，21 世纪金融业将成为一国在国际舞台上与经济地位、政治地位、军事地位同样重要的决定因素。有人甚至预言，一些大国要想推翻哪一个国家的政府，已不再需要发动军事战争，只要策划一场金融危机就可以让一国政府发生更替。

（二）金融产业组织研究的中观意义

与其他产业相比，金融产业之所以受到格外重视，在很大程度上是由于其所具有的中观经济特征。在这里，我们把金融产业在一国经济发展中所发挥的作用称为金融产业的中观作用。金融业对实质经济的影响在理论上一直存在着争论，一些学者认为货币在经济生活中只起中介作用，并不会增加或减少实际社会财富；另一些学者则认为金融在经济中的作用巨大，持这种观点的学者既包括支持货币财富效应的学者，也包括拥护金融发展论的学者，在我国将金融对经济发展的作用论述得最为深刻的学者是著名经济学家白钦先教授。

1. 金融的财富效应

哈伯勒（Haberler，1939）、庇古（Pugiym，1943）和帕廷金（Patinkin，1956）倡导了这样一种思想：货币余额的变化，假如其他条件相同，将会在总消费者开支方面引起变动。这样的财富效应常被称作庇古效应或实际余额效应。这些学者认为，倘若在消费者和实际货币余额之间存在着如此明确的关系，那么，它会深深地影响凯恩斯学说中不充分就业均衡分析。

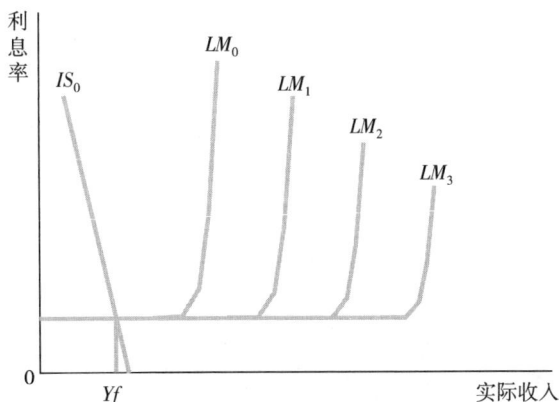

图1-4　非财富效应

按希克斯（Hicks）的说法，要记住假定不充分就业均衡的发生是因为在收入 Y 小于充分就业下的收入 Yf 时，IS（投资—储蓄）曲线与 LM（流动偏好—货币供给）曲线在流动性陷阱区内相交。如图1-4所示，初始 LM 曲

线即 LM_0。假使由于萧条局面，价格下跌的话，将增加实际货币余额，并且把 LM 曲线移动到 LM_1，LM_2，…，但是利率保持在最低比率 $r$min 不变，故而价格降低并不能减缓萧条。

现在设想增加的实际货币余额增加消费，假如其他条件相同，如果价格水平跌落，并且实际货币余额增长，IS 曲线移到 IS_1，IS_2，…，如图 1-5 所示，这样渐次地增加实际收入直至 IS_3 与 LM_3 相交，使 $Y_3 = Yf$。因此，存在着倾向于把实际收入恢复到充分就业水平的市场力量[①]。此外，消除不充分就业更为强大的力量也随即被认识到。

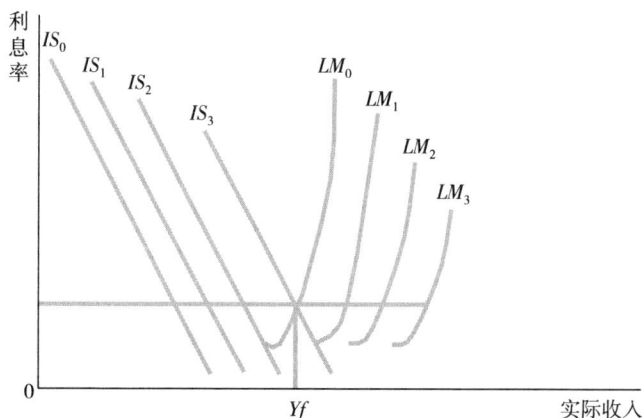

图 1-5　财富效应

2. 金融发展效应

金融发展理论主要研究金融发展与经济发展的因果关系，并说明各种金融变量的变化及金融制度变革对经济发展的长期影响，由此得出发展中国家为促进经济增长所应采取的金融发展政策。金融发展理论按照时间的先后，一般将 20 世纪 70 年代中期以前的金融发展理论称为第一代金融发展理论，而将其后对金融发展理论的新发展称为第二代金融发展理论。

（1）第一代金融发展理论的政策主张

麦金农和肖（McKinnon and Shaw）通过对发展中国家金融与经济特征的分析，认为在发展中国家，金融与经济的关系可以概括为：

第一，金融体系和经济发展之间存在相互促进、相互影响的关系。健全的金融体系可有效地动员社会储蓄，并使其迅速转化为投资从而投入到生产中去，因此对经济发展有促进作用；反过来，随着经济的发展，人们收入增加，对金融服务的需求增长，从而对金融业的发展起着刺激作用。

---

① ［英］约翰·伊特韦尔，等. 新帕尔格雷夫经济学大辞典（第四卷）［M］. 北京：经济科学出版社，1992：955-956.

这种良性循环对经济发展和金融发展都是至关重要的。但是在发展中国家却存在着相反的情况：一方面，金融业的落后和金融市场的不完善，无法促进经济的增长；另一方面，经济发展的停滞又不利于金融业的发展。这就造成了金融欠发展与经济待发展之间的恶性循环。

第二，这种恶性循环的根本原因在于金融压制。制度上的缺陷和政府政策上的失误使发展中国家对经济活动的各个领域都进行过多的行政干预。这种干预在金融领域表现为强制规定与控制利率和汇率，使其低于市场均衡水平。被严格管制的官定利率和汇率既不能真实地反映市场供求，又不能有效地制止通货膨胀，而是导致实际利率变为负数。诸多的金融控制制约了金融业的发展，对经济发展起了反方向的抑制作用。

第三，金融压制为发展中国家的政府提供了积累财政赤字和加剧通货膨胀的机会。这反过来又使政府进一步采取金融压制的办法，形成金融压制与金融停滞的恶性循环。

第四，要使经济得到发展，就要使金融得到发展。要发挥金融对经济增长的作用，必须摒弃"金融压制"政策，推行"金融深化"或"金融自由化"政策。这就是金融深化论的由来。

金融深化的主要内容是，要求政府放弃对金融体系和金融市场的过分干预，放开对利率和汇率的控制，使它们能充分反映资金和外汇的实际供求状况，从而充分发挥市场机制的作用，有效地抑制通货膨胀，使金融发展和经济增长形成良性循环。

在肖看来，金融深化会产生四大效应，即收入效应、储蓄效应、投资效应和就业效应。首先是收入效应。当经济单位所持实际货币余额增加后，投资和市场会扩大，由此引起收入的增长；同时，由于货币体系的发展需要资本和劳动力的投入，又存在实际货币增长的收入效应。其次是储蓄效应。在储蓄倾向和税率一定时，收入的增长意味着储蓄的提高；同时金融深化意味着提高存款利率和降低通货膨胀，这也会促进储蓄。再次是投资效应。当收入和储蓄增加后，投资会相应增加。此外，提高贷款利率可以淘汰低效益的投资项目，从而增加高收益的投资，并提高投资的平均收益率。最后是就业效应。金融深化使资本相对昂贵，劳动力相对便宜，这使人们更多地投资于劳动力密集型企业，从而增加就业。

金融深化可以打破由于金融压制而造成的金融发展与经济发展之间存在的恶性循环局面。麦金农和肖都认为，以金融自由化为特征的金融深化能够增强金融中介的作用，正如实际利率对储蓄和投资有刺激作用一样，存款利率的提高可以增加储蓄者的收入，从而使银行体系的规模得以扩大。银行体系的发展降低了储蓄者与投资者之间的中介费用，使投资者的实际成本降低，从而刺激投资。金融资产作为储蓄或投资对象更具有真正的吸引力。金融体系可以真正发挥中介作用。这种中介作用的加强可以降低对外债和外资的依赖。让汇率由市场决定，也会使外汇黑市消失。此外，由于放松管制，民间金融机构为适应对金融服务需求的增长而发展。这样，随着金融深化，社会收入必会增加，社会储蓄也会增长，投资随之增长，投资效率会提高，经济会发展。经济的发展反过来刺激金融业的发展，金融业的发展又会进一步推动经济的增长，金融体系和经济发展将出现良性循环。

（2）第二代金融发展理论的主要内容

第一，对金融发展和经济增长之间关系的解释。在金融发展和经济增长的关系上，第二代金融发展理论家继承并发展了第一代金融发展理论家的观点。与第一代金融发展理论家一样，他们认为金融发展既对经济增长产生影响又受到经济增长的影响，并且将这种观点更加具体化和规范化。

从经济增长作用于金融发展的角度看，在经济发展的早期，人均收入和人均财富很低，人们无力支付固定的进入费，或者即使有能力支付也因交易量太小，单位交易量所负担的成本过高而得不偿失，从而没有动力去利用金融中介体和金融市场。但是，当经济发展到一定阶段后，自然就产生了充分利用金融中介体和金融市场的需要，且也有能力和动力去支付固定的进入费。因此，金融中介体和金融市场得以建立。随着时间的推移和经济的进一步发展，由于收入和财富达到临界水平的人越来越多，利用金融中介体和金融市场的人也越来越多，这意味着金融中介体和金融市场不断发展。简单的金融体系会随着人均收入和人均财富的增加而演变为复杂的金融体系。

从金融中介机构和金融市场作用于经济增长的机制来看，金融体系（包括金融中介体和金融市场）的第一种重要功能是把储蓄转化为投资。在储蓄转化为投资的过程中，金融体系需要吸收一部分资源，从而1元的储蓄只能带来小于1元（如为Q）的投资。剩下的部分以存贷利差的形式流向银行，以佣金、手续费等形式流向证券经纪人和交易商。金融部门对资源的吸收，一方面反映金融部门因提供服务而获得的报酬，另一方面也反映中介体的活动常常受到税收方面的歧视（如法定准备金、交易税等）和政府的管制。如果金融发展使金融部门所吸收的资源减少，就可以使储蓄更多地转化为投资，从而促进经济增长。

金融体系的第二种重要功能，是把资金配置到资本边际产品最高的项目中。金融体系一般通过三种方式来提高资金配置的效率。第一种方式是收集信息以便对各种可供选择的投资进行评估；第二种方式是通过提供风险分担来促使个人投资于风险更高但更具生产性的技术；第三种方式是促进创新活动。

金融体系的第三种重要功能是通过改变储蓄率来影响经济增长。随着金融市场的发展，家庭能更好地对禀赋冲击（Endowment Shocks）进行保险和对收益率风险进行分散，同时更易于获得消费信贷。金融发展也使厂商所支付的利率和家庭所收取的利率之间差距缩小。这些因素都对储蓄行为产生影响，但在不同情况下，效应是不明确的。

第二，第二代金融发展理论的政策主张。第二代金融发展理论家提出了不少有关金融发展的政策主张。他们共同的观点是，肯定金融在经济发展过程中发挥着不可估量的作用，主张各国（特别是欠发达国家）政府的当务之急是优先发展金融，不能让金融发展滞后于经济增长。其中最具代表性的观点是赫尔曼（Hermann）和斯蒂格利茨（Stiglitz）等人根据发展中国家金融自由化的经验和教训，提出的一种不同于金融自由化也不同于金融抑制的政策主张——"金融约束"论。所谓"金融约束"，是指政府通过制定一系列的金融政策，在金融部门和生产部门创造租金机会。创造租金机会是金融约束论的一个核心观点，它指的是超过竞争性市场所产生的收益，而非经济学通常所说的无供给弹性的生产要素的收入。金融约束论者认为，麦金农和肖的"金融抑制论"的假设前提为瓦尔拉斯均衡的市场条件，但在现实中，这种均衡条件难以普遍成立。况且，由于经济中存在着信息不对称、代理行为、道德风险等，即使在瓦尔拉斯均衡的市场条件下，资金资源也难以被有效配置，所以政府的适当干预是十分必要的。政府进行金融约束给金融部门和生产部门创造了"租金机会"，通过"租金效应"和"激励作用"，可以规避潜在的逆向选择行为和道德风险，鼓励创新，维护金融稳定，从而对经济发展起到正向效应。可见，在政策上，金融约束论更强调政府干预的主要作用，认为选择性的政府干预有助于而不是阻碍了金融发展。

3. 金融资源与金融可持续发展

按照白钦先教授的分析，金融资源可概括和抽象为三个紧密相关的层次[①]：（1）基础性核心金融资源。基础性核心金融资源即广义的货币资本或资金，是金融资源的最基本层次，资金有余者贷出资金给资金不足者是这一层次金融资源所包括的核心内容，是金融资源的微观层次和基础层次，金融的可持续发展问题首先是核心金融资源——货币资本或资金的合理利用。（2）实体性中间金融资源，包括金融组织体系和金融工具体系两大

---

① 白钦先. 金融可持续发展研究导论 [M]. 北京：中国金融出版社，2002：72-74.

类。金融组织体系包括各种银行机构和非银行金融机构以及各种金融市场；金融工具体系包括所有传统和创新金融工具。发挥对经济发展的积极推动作用，要求实体性中间金融资源保持一个合理的结构。实体性中间金融资源的开发利用必须符合经济发展的需要，不符合经济发展需要的金融机构、金融市场和金融工具的量的扩张，只能危害金融组织体系和金融工具体系的功能健全和肌体健康，造成实体性中间金融资源的只增长不发展。(3) 整体功能性高层次金融资源。金融资源的最高层次，是货币资金运动与金融体系，金融体系各组成部分之间相互作用、相互影响的结果。笔者认为，金融整体功能性高层次金融资源是前两种资源的最终运行结果，是有形资源与无形资源共同作用的反映，是一国金融整体功能的效率评估。金融整体功能的效率由多元多层次大范围的综合系统所决定，即包括金融组织、金融工具，金融市场这些可以改变的有形内容，也包括一国的法律体系、执法环境、公民的法律意识、微观经济主体的信用理念等无形的短期内无法改变和完善的内容。

白钦先教授认为，金融资源在经济中的战略性作用是通过其对经济增长的制约作用来体现的。主要表现在正反两个方面：正面作用是金融资源的规模和质量决定经济的资源配置能力和资源配置效率，反面作用是金融资源的规模和质量决定经济的系统金融风险程度。金融发展过程也是经济金融化的过程，经济金融化的过程，也是金融资源配置效率提高的过程；相反，这一过程也是经济的金融风险程度加大的过程。

白钦先教授还认为，经济关系金融化使得一个经济体系的内在安全性变得相对脆弱，在现代经济条件下，金融安全与军事安全、领土安全具有同样重要的意义。

(三) 金融产业组织的宏观意义

金融产业组织的宏观经济意义表现为金融产业是国家宏观经济调控政策实施的重要载体。在现代经济条件下，国家对经济进行宏观调控的政策手段主要是财政政策和货币政策。财政政策由于其政策实施的强制性、政策制定的程序性和政策作用的挤出效应而在具体实践和应用中受到很大的局限，一国政府使用最多、运用最为便利的实际上是货币政策。

1. 货币政策实施的动态过程

在 *LM* 曲线形状基本不变时，*IS* 曲线越平坦，*LM* 曲线移动（由于实行变动货币供给量的货币政策）对国民收入变动的影响就越大；反之，*IS* 曲线越陡峭，*LM* 曲线移动对国民收入变动的影响就越小，如图 1-6 所示。

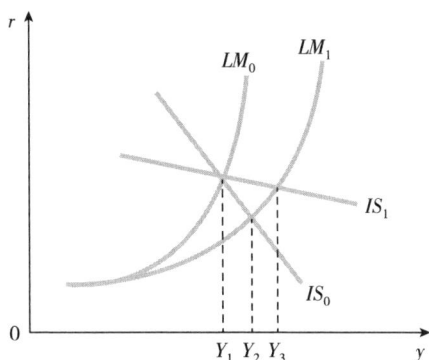

图 1-6 货币政策效果因 IS 斜率而异

图 1-6 中有两条 IS 曲线，IS_0 较陡峭，IS_1 较平坦，当货币供给增加使 LM 从 LM_0 右移到 LM_1 时，IS 较陡时，国民收入增加较少，即货币政策效果较弱；而 IS 较平坦时，国民收入增加较多，即货币政策效果较强。这是因为，IS 较陡，表示投资的利率 r 系数较小（当然，支出乘数较小时也会使 IS 较陡，但 IS 斜率主要决定于投资的利率系数），即投资对利率变动的敏感程度较差。因此，LM 曲线由于货币供给增加而向右移动使利率下降时，投资不会增加很多，从而国民收入也不会有较大增加；反之，IS 较平坦时，表示投资利率系数较大。因此，货币供给增加使利率下降时，投资和收入会增加较多。

当 IS 曲线斜率不变时，LM 曲线越平坦，货币政策效果就越弱；反之则货币政策效果就越强，如图 1-7 所示。

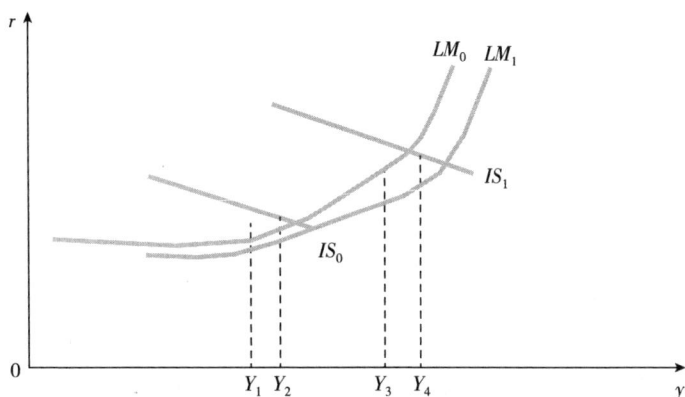

图 1-7 货币政策效果因 LM 斜率而异

在图 1-7 中，IS_0 和 IS_1 的斜率相同，货币供给增加使 LM 从 LM_0 右移到 LM_1 时，LM 曲线较平坦时，收入增加甚少；而 LM 较陡峭时，收入增加较多。

为什么会如此？这是因为 *LM* 较平坦，表示货币需求受利率的影响较大，即利率稍有变动就会使货币需求变动很多，因而货币供给量变动对利率变动的作用较小，从而增加货币供给量的货币政策就不会对投资和国民收入有较大影响。反之，若 *LM* 曲线较陡峭，表示货币需求受利率的影响较小，即货币供给量稍有增加就会使利率下降较多，因而对投资和国民收入有较多增加，即货币政策的效果较强。

总之，一项扩张的货币政策如果能使利率下降较多（*LM* 较陡时就会这样），并且利率的下降能对投资有较大刺激作用（*IS* 较平坦时就会这样），则这项货币政策的效果就较强。反之，货币政策的效果就较弱。

2. 金融产业组织与货币政策

在市场经济条件下，使用最多、效果更为灵活的经济政策主要是金融政策。金融政策从本质上讲主要是货币政策，货币政策的核心目标是货币和金融的稳定。除此之外，货币政策一般还要兼顾经济增长、充分就业和国际收支平衡。货币政策效率的高低主要看货币政策实现的程度和实现的代价。因此，货币政策目标是可以细化并进行效率分析的。

中央银行货币政策效率可以从以下四个方面进行考察：第一，中央银行货币政策保证一国金融物价稳定的能力；第二，经济增长应是稳定、持续的增长；第三，该国的经济增长应是低成本、高效率的；第四，中央银行的货币调控机制与一国经济环境及其变化有较强的适应能力。

决定中央银行货币政策效率的因素是多方面的，如政府与企业的关系、中央银行与政府的关系、金融体系的合理程度与运行状态、金融市场的运行机制、货币调控的模式等[①]。其中金融体系的合理程度与运行状态在很大程度上是由金融产业组织结构决定的。综合以上分析，笔者认为金融产业组织宏观政策目标实际上就是货币政策目标，而货币政策的最主要目标就是金融稳定。因此，金融产业组织政策的宏观目标实际上就是什么样的金融产业组织结构有利于宏观金融稳定。

为了实现这一宏观政策目标，金融产业组织除了应具备微观政策目标所要求的"有效竞争"和"组织的经济性"及中观政策目标所要求的"完整性"和"稳定性"以外，还要具备实现宏观政策目标所要求的宏观金融政策实施的"顺畅性和灵敏性"。金融产业组织结构应满足宏观金融政策实施的需要，为此金融产业组织还应具备以下条件：

（1）金融业的市场集中度除了考虑竞争和经济发展以外，还要看是否

---

① 杨德勇. 金融效率论［M］. 北京：中国金融出版社，1999：44.

有利于一国政府货币政策的制定和实施。比如，我国四大国有商业银行占据了整个借贷市场的绝大部分份额，当中央银行实施宽松的货币政策，以推动经济摆脱通货紧缩的运行状态时，四大国有商业银行却正在加强信贷的风险管理，四大国有商业银行对国民经济运行的巨大影响，会使得中央银行所推行的放松银根的货币政策无法顺利实施。

货币政策传导顺畅的微观基础在于：金融市场上的金融机构为盈利而竞争，金融产业市场集中不至于影响金融机构之间的竞争。

（2）金融业的组织结构应具有多样性特征。金融业是由银行业、证券业、保险业组成的，在市场经济条件下，它们各自完成不同的融资任务，各自以不同的方式和渠道传递货币政策。在中国，主要融资渠道是通过银行借贷市场进行的，中央银行在实施货币政策时，也主要依赖于商业银行这一渠道，这一状况使中国货币政策实施的渠道变窄，一旦这一渠道受阻，则货币政策的效果就大受影响。因此，为了拓宽货币政策传导路径，使货币政策顺畅实施，就需要金融产业组织结构具有多样性的特征，如大力发展证券市场、培育货币市场等。

二、金融产业组织理论演进

（一）国外金融产业组织理论研究现状①

从总体上看，国外金融产业组织理论研究要远远落后于制造业产业组织理论的研究。将产业组织运用于金融行业是 20 世纪 80 年代以后的事，而且这些研究很少对金融产业的整体市场结构—行为—绩效进行全面分析，而是更多地倾向于研究金融业务细分市场的动态均衡。

1. 银行业的完全竞争模型

谢利（Sealey）和林德·利（Lindlley）最早运用厂商的微观经济学理论建立银行生产函数模型。在他们的方法中，银行被界定为一个多部门厂商，其使用劳动力和实物资本为存款人和借款人提供各种金融服务。相对于工业厂商，银行的主要特点是它们的产出（即各种金融服务）仅能通过它们创造的存款 D 和贷款 L 的规模间接地测度。银行技术由成本函数 $C(D, L)$ 给出，即管理一定数量存款和贷款的成本。

在竞争模型中，假定银行是价格的接受者，它们在既定的贷款利率、存款利率和银行同业市场利率下开展业务。考虑到管理成本，银行的利

---

① 本部分内容参考了哈维尔·弗雷兜、让·夏尔罗歇《微观银行学》（刘锡良主译，西南财经大学出版社 2000 年版）第 3 章的部分内容。

率为：

$$\pi = rLL + rM - rDD - C\ (D,\ L) \tag{1.1}$$

其中，rL 是贷款利率，rD 是存款利率，M 是一家银行在同业市场上的净头寸，则：

$$M = (1 - a)\ D - L$$

a 是法定存款准备率。π 可以用公式（1.2）表示：

$$\pi\ (D,\ L) = (rL - r)\ L + [r\ (1+a) - rD]\ D - C\ (D,\ L) \tag{1.2}$$

这样银行利润是贷款与存款和净管理成本差额的总和。因为已经假定了成本函数 C，通过一阶微分得到利润最大化行为是：

$$\frac{\partial \pi}{\partial L}(rL - r)\ \frac{\partial C}{\partial L}(D,\ L) = 0$$

$$\frac{\partial \pi}{\partial D} = [r(1 - a) - rD] - \frac{\partial C}{\partial D}(D,\ L) = 0 \tag{1.3}$$

结论：

（1）一家竞争的银行将以这样的一种方式调整它的存贷款数量，即相应的存贷款利率的差额 $rL - r$ 和 $r\ (1+a) - rD$ 等于它的边际管理成本。

（2）rD 的增加将使银行的需求下降。相应地，rL 的增长将使银行的贷款供给增加。这种相互的影响依赖于 $\frac{\partial^2 C}{\partial D \partial L}$ 的符号：当 $\frac{\partial^2 C}{\partial D \partial L} > 0$（$< 0$）时，$rL$ 的增长会使 D 下降（增加），rD 的增长会使 L 下降（增加）。当 $\frac{\partial^2 C}{\partial D \partial L} = 0$ 时，相互影响为零。

对 $\frac{\partial^2 C}{\partial D \partial L}$ 这种条件的经济学解释与范围经济的概念相关。当 $\frac{\partial^2 C}{\partial D \partial L} < 0$ 时，L 的增长会使存款的边际成本减少。这是范围经济的一种特定形式，它可用来解释存款和贷款业务相结合的"全能"银行比单独提供存款和贷款业务的两家分离的银行更有效。另外，当 $\frac{\partial^2 C}{\partial D \partial L} > 0$ 时，就存在范围不经济。

2. 垄断银行的 Monti-Klein 模型

银行业一般具有较强的准入障碍，因而完全竞争假设并不与实际相符，一种不完全竞争模型可能会更好地反映实际情况。出于上述原因，我们首先来研究 Monti-Klein 模型，由于它考虑了垄断银行，因而它是以脱离完全竞争模型为目标的。

Monti-Klein 模型考察了具有向下倾斜的贷款需求曲线和向上倾斜的存款供给曲线的垄断银行。事实上，解出它们的反函数更为适宜，即 $rL\ (L)$ 和 $rD\ (O)$，由于银行的资本规模是既定的，它的决策变量是 L（贷款数量）

和 D（存款数量）。使用与前面相同的假设和符号，银行的利润仍可使用公式（1.2），唯一的差别是现在银行要考虑 L 对 rL 的影响。假定银行接受既定的 r，因为它既可由中央银行制定，也可由国际资本市场的均衡利率决定，则：

$$\pi = \pi（L, D）= \left[rL（L）- r \right] L + \left[r（1-a）- rD（D）\right] D - C（D, L）\tag{1.4}$$

同前面一样，银行的利润是存贷款的中间利差减去管理成本的总和。

在一阶条件下，为了得到 π 的最大值，假设 π 是凸的。一阶条件是：

$$\frac{\partial \pi}{\partial L} = r'L（L）L + rL - r - C'L（D, L）= 0 \tag{1.5}$$

$$\frac{\partial \pi}{\partial L} = -r'D（D）D + r（1-a）- rD - C'D（D, L）= 0 \tag{1.6}$$

这时我们引入贷款需求和存款供给弹性的概念：

$$\varepsilon L = \frac{rLL'（rL）}{L（r_L）} > 0 \quad 和 \quad \varepsilon D = \frac{rDD'（rD）}{D（r_D）} > 0 \text{①}$$

然后可由下式得到公式（1.5）和公式（1.6）的解（r_L^*, r_D^*）。

$$\frac{r_L^* - （r + C'_L）}{r^*} = \frac{1}{\varepsilon_D（r_L^*）} \tag{1.7}$$

$$\frac{r（1-d）- C'_D - r_D}{r_D^*} = \frac{1}{\varepsilon_D r_D^*} \tag{1.8}$$

这些公式是对银行部门勒奈指数（价格减去用价格平均后的成本）和反向弹性等式的简单运用。银行对存款（或贷款）的市场控制力量越大，弹性就越小，勒奈指数就越高。如公式（1.3），竞争模型是充分弹性的一种极端例子。因此，直观的结论是银行越具有市场控制力，那么其存贷款的中间差额就越大。

结论：垄断银行将在勒奈指数等于反向弹性时设定其存贷款规模。这个结论所导致的直接后果是：如果银行产品的替代品在金融市场上出现（例如，家庭部门直接为货币市场提供资金，而不到银行存款，厂商在金融市场上发行债券而不从银行取得贷款），那么中间差额将会呈现反方向变化。

下面还有另外两个相关结论：

（1）如果管理成本是附加的，银行的决策问题就相互独立：最优存款利率独立于贷款市场，而最优贷款利率独立于存款市场。

（2）在同样的假设条件下，如果货币市场的利率上升，r_L^* 和 r_D^* 将都会

---

① 这里减号仅是使弹性 EL 为负，是一种更通常、更符合惯例的用法。

提高。

这一部分的结论应归功于德·帕尔默（De Palma）和加利·鲍博（Gary Bob，1996），他们在贷款市场的 Cournot 模型中引入了清算成本，在这个市场上的银行可以有不同的资本水平。纽佰格（Neuberger）和季默曼（Zimmennan，1990）为了检测模型的有效性也进行了一些研究，他们使用1984—1987 年 430 家银行的案例来说明加利福尼亚州为何保持了长时间的低存款利率，原因是加利福尼亚州的银行比其他州的银行更集中。

3. 垄断竞争模型

首先由张伯伦（Chamberlin）提出的垄断竞争概念主要运用于工业组织中。它被概括如下：只要相互竞争的厂商所出售的产品之间存在某种程度的差异，价格竞争将会导致比纯粹的 Bertrand 模型更极端的结果。垄断竞争最流行的模型是萨洛普（Salop，1979）的地域模型，在这种模型中产品差异是由运输成本造成的。Salop 模型在银行部门的三种应用，主要是阐明三个不同的问题：（1）自由竞争是否导致最优的银行数量？（2）存款利率监管对贷款利率有什么样的影响？（3）自由竞争在 ATM 网络上是否形成了银行间合作的适当水平？

此外，马特茨（Matutes）和帕第拉（Padilla，1994）对银行网络的兼容性进行了研究；谢尔普利（Chiappori）、帕瑞茨·卡斯特罗（Perez Castedlo）和凡第亚（Verdier，1995）就存款利率监管对贷款利率的影响进行了分析；加利（Gary，1993）对银行分支机构与转换成本问题进行了分析。

（二）中国金融产业组织理论研究评介

1. 中国金融产业组织理论研究现状

中国理论界将金融作为一种产业进行研究大约开始于 20 世纪 90 年代中期，从资料检索上看，我国最早提出重视金融产业研究的是秦池江教授，其后部分学者运用产业组织理论的结构—行为—绩效分析范式对银行业、保险业分别进行了研究。关于银行业组织结构分析的研究成果包括：于良春和鞠源《垄断与竞争：中国银行业的改革与发展》、张磊《银行的产业结构、行为与绩效》、袁鹰《我国银行业的市场结构及效应分析》、王国红《论中国银行业的市场结构》、赵滨《我国银行业组织结构的优化与发展》、安俊和陈志祥《中国银行业的有效竞争研究》、杜莉和姚鑫《论我国银行业产业组织结构再造》、诸伟《垄断结构：国有银行的改革研究》等，在这些成果中，作者基本上都利用 SCP 分析范式对中国银行业的市场集中情况进行了分析，有的学者还试图解释形成银行垄断的经济和社会原因。关于保险业组织结构的研究成果主要有：高培明《中国商业保险市场结构问题探析》、姚海明《论中国保险业的市场结构》、郭杨等《论中国保险市场的结构调整》、王文英和梁国垄《论我国的保险市场结构》、孙刚《中国保险市场结构合理化研究》、李光勇等《我国保险业的产业组织学分析》、彭雪梅《中国保险业的市场结构及企业行为分析》、王斌《中国保险业市场结构与绩效关系分析》等。关于证券业市场组织结构的研究成果较少，主要有：杜煊君《竞争市场中的垄断利润：中国证券业的产业组织与价格规制分析》、王宝安等《中国证券业集中度分析》、陶虎《中国证券市场结构与规则制度分析》、姚秦《中国证券业的集中度：现状、成因及趋势》等。有些学者还利用产业组织理论中的规模经济、范围经济、产品差别化等原理对我国金融业进行了初步分析，这些成果有：陈国进等《规模经济、范围经济和银行业重组》等。由于这几年中国金融风险问题比较突出，专门讨论金融机构市场退出的研究成果较多，其中主要有：丁俊《我国金融机构市场退出制度的内在缺陷及对策》、贺振球《国有商业银行市场退出和市场进入问题》，徐东风等《高风险金融机构市场退出问题探讨》、张光森《中小金融机构退出机制探讨》、人民银行广州分行课题组《金融机构市场退出的法律比较》、余丽萍《美国金融监管当局如何处理有问题银行》等。近几年这方面的学术专著有：孙天琦《金融组织结构研究》，但作者只是分析了"大中小共存的金融组织结构"，并没有对金融产业组织结构—行为—绩效进行全面分析。

2. 中国金融产业组织理论研究评价

综合我国金融产业组织理论研究的现状，我们可以得出以下初步结论：产业组织理论在我国金融业的应用还是初步的，主要表现在以下几个方面：（1）学术成果多以研究内容、分析思路相近的论文形式出现，全面系统的分析尚没有见到。（2）研究内容还有待深入。简单市场集中分析是目前普遍使用的手段，但更深入的实证研究如金融产业的组织结构与创新行为、价格行为、企业重组行为等之间的关系尚无人涉足。（3）简单的现象描述较多，深入的理性思考较少。实际上这种现象不仅限于金融产业组织研究方面，金融理论研究中这一问题也一直存在。（4）对中国金融产业组织结构形成的历史原因及改革前景方面表面分析较多，在制度层面的分析还远不深入。（5）中国金融业组织结构与制度性变革的关系缺少有机的结合，有的学者甚至认为既然产权改革是第一位的，组织结构分析就可以无足轻重了[①]。实际上，产业组织结构与产权结构的关系十分密切。

---

① 刘伟、黄桂田. 中国银行业改革的侧重点：产权结构还是市场结构［J］. 经济研究，2002（8）.

第二章 保险产业发展与演进的分析范式

第一章我们为本书中国保险产业发展与演进的研究选择了产业组织理论的总体理论基础，并专门分析了金融产业的组织理论分析框架。而保险产业是一种非常特殊的产业，因此我们在分析保险产业发展与演进时，要充分体现保险的特殊性，构建保险产业市场结构、保险产业市场行为、保险产业市场绩效、保险产业政策等围绕保险产业组织竞争效率和保险产业组织发展及演进的完整的理论体系。

本章首先对保险产业做了界定；其次从保险产品及其保险企业的特殊性出发，对保险产业的特征进行了概括；最后结合产业组织理论及其金融产业组织理论的研究前沿，分析了保险产业有效竞争分析框架。本章的主旨是为本书研究构建一个逻辑起点。

第一节 保险产业范畴

一、保险产业界定

保险产业是指将通过契约形式集中起来的资金，用于补偿被保险人的经济利益的产业。保险市场是买卖保险即双方签订保险合同的场所。它可以是集中的有形市场，也可以是分散的无形市场。

二、保险产品及保险企业的特殊性

保险产业如同其他产业一样是由很多生产产品的企业构成的，因此保险产品及保险企业经营的特殊性是分析保险产业有效竞争的逻辑起点。

（一）保险产品的特征

客观世界的不确定性，导致了各种风险的存在，风险将导致人身伤亡或财产损失等意外事故，人们为了在事故发生后得到某种补偿，因而需要一种特殊的商品来满足这种效用，这就产生了对保险产品的需求。由于这种需求的特殊性，使得保险产品的生产过程也有别于一般产品，它不是由厂商购买各种生产要素，使用机器设备进行生产，而是以一定的知识储备（如概率论、"大数法则"等），集合大量同质且损失可以确定的风险，根据大量的统计数据计算损失概率从而确定单位产品价格（费率），通过各种销售渠道，收取保险费，以形成保险保障基金，在出险时对保险责任范围内的损失进行赔付，从而完成整个生产过程。

由于保险产品需求与供给的特殊性，使得保险产品具有显著特征。保险产品是一种无形商品，它不是以物质形态存在，而是以一种契约关系的形式存在，和一般商品不同，它是一种要约后的承诺，被保险人是否在购买这种产品后获得补偿，要看风险事故是否发生且是否在保险责任范围之内，所以是否能真正"拥有"这种产品在人们看来具有很大的不确定性。而保险产品的特殊效应就在于它的保障性，它能使人们获得一种心理安全。

（二）保险企业的特征

保险产品的特殊性决定了保险企业也具有一些特征。

第一，保险企业具有公共产品性质。保险业不仅以其特殊的保障功能成为整个社会保障体系的一部分，同时它的公共产品属性还体现在其金融功能上，它的这种金融性涉及国家的经济安全，会对整个社会的稳定产生很大的影响。因此在保险企业的经营中，保证财务稳定性具有特别重要的意义。这就要求保险监管部门必须严格地履行其监管职能，同时，保险业的稳定性也要求保险企业必须高度重视自身的风险管理，完善其组织要素。

第二，保险企业是服务性企业。由于保险产品是一种无形的契约性产品，使得保险企业的服务性显得尤为重要。在分析保险企业的经济效率时，我们不仅要按照传统的经济核算理论，还应强调其服务效率及服务的多样化和创新。根据服务利润链理论，对于服务行业，顾客的满意度决定着企业的利润。而保险企业顾客的满意度取决于顾客购买保险产品所获得的总价值与支付的总成本的比较。总价值包括保险产品价值、服务价值、人员价值和形象价值。所以，提升保险业的服务价值是目前保险企业改善效率的中心环节。

第三，保险企业是人力密集型企业。保险产品的特殊生产过程决定保险企业的经营无须太多的运行资本，除了保障其偿付能力的保险准备金外，保险产品的生产多由人力完成。保险费率厘定和条款设计由风险管理专家、精算师及法律专家来完成；承保由专门的风险评估专家来进行；理赔则交给熟识各种损失原理的理赔员来操控；保险资金的运作则由精通保险产品特性又熟悉资本投资技术的专业人士完成；特别是产品的营销更是需要庞大的保险代理人、经纪人及公估人队伍来经营。所以，保险企业对于人力的素质和数量要求是极高的，属于人力密集型企业。

第四，保险企业是科技密集型企业。由于保险产品及经营的特殊性，使得保险企业从产品设计、承保、理赔到资产负债管理等一系列生产过程都包含科技成分，特别是产品的创新更需要很高的科技因素。在保险企业管理和营销中，随着现代信息技术的引入，使整个保险企业的生产效率发生了"革命性"的变化。所有这一切都证明保险企业是科技密集型企业。我们要提高保险产业组织要素的质量和利用效率，必须高度重视科学技术的创新。

第五，保险企业是国际竞争性企业。保险业的特殊性要求保险经营集中大量的同质风险进行产品生产，即保险经营是建立在"大数法则"基础上的，这使得保险企业在追求规模经济和范围经济时有更强烈的内在冲动，地域的限制无法遏制其资本的扩张。另外，经济的全球化也加速了金融服务的一体化进程，我国加入世界贸易组织（WTO）后，进一步开放保险市场，提高我国保险企业的国际竞争力，使开辟国际保险市场也成为我们必须也应该去做的大事情。

第二节　保险产业有效竞争的分析框架

一、保险产业有效竞争研究

对保险的研究，西方经济理论主要是以不确定性经济学为理论基点，用意外损失补偿的各种市场来具体解释一般均衡的抽象模型①，侧重的是保险技术问题。在专门的保险学中，集中研究保险概念、制度、方法、原则，即主要限于风险理论研究、保险公司的运作以及保险实务研究等。而在产业经济学理论研究中几乎没有专门论述保险产业及保险产业发展的成果和文献，即使涉及保险产业方面，也更多限于保险业历史发展的研究。

国内保险理论研究的重点多在宏观和微观领域，如宏观上研究保险总量的增长、对财政分配的调节、对国民经济的保障程度以及保险监管的有效性等，在微观上研究保险公司的运作以及保险实务等。而我国保险产业现已形成一个独立的产业，客观上要求从中观产业的角度来进行保险理论研究，但这一点却被大多数学者忽略了。另外，根据经济学理论，生产要素包括资本、劳动力、组织等，其中组织要素是不可忽视的因素。而以往

---

① 见卡尔·H. 博尔奇在《斯堪的纳维亚精算师》（1960）和《计量经济学》（1962）上发表的论文。

保险理论从生产角度研究保险产业增长大多限于国民经济增长与保险产业增长的相关分析，停留在市场扩张、企业扩张等资本、劳动力等要素对保险产业增长贡献的分析上，而忽视产业组织对保险产业增长贡献的研究。所以，国内的保险理论研究从总体上看也是偏重于保险市场建设研究，并且对于现阶段我国保险业的发展问题，国内学者多是从宏观和微观的角度出发而很少论及中观的产业角度，即使提及也是把保险产业列为整个金融产业的一部分加以分析，直到提出保险理论研究视角应该转换后，一些学者才开始对保险产业进行独立研究，这方面的研究成果大致分为两类：一类是关于保险业产业组织方面的。如江生忠的《中国保险产业组织优化研究》首次提出了应从保险中观产业的角度研究保险产业的组织结构，分析了中国保险产业组织优化的路径。高培明在《中国商业保险市场结构问题探析》中通过对不同类型的市场结构及中国保险国情的分析，提出最适合中国保险国情的市场结构模式是寡头垄断市场结构的观点。姚海明的《论中国保险业的市场结构》对我国保险业市场结构进行了实证分析，认为目前中国保险业市场结构属寡头垄断型，市场集中度极高，但高集中度与理论界的共谋假说和有效结构假说不相符。文章最后阐述了中国保险业市场结构的发展趋势及促进我国保险业发展的若干对策建议。郭杨等在《论中国保险市场的结构调整》中指出，为增强保险业的竞争能力，我国应该对现有保险市场结构进行调整，包括调整现有保险市场的主体格局，增加内资保险公司的数量，放宽内资保险公司组织形式的限制，改革现有内资保险公司的体制。发展保险中介市场，主要是保险代理人、经纪人、公估人市场以及试办专属自保公司。王文英和梁国龙的《论我国的保险市场结构》主要论证了保险市场的基本类型结构是构成一定系统的要素之间的关系和组织。根据产业组织理论，保险市场结构指的是产业内保险公司与市场之间关系的特征和形式。它反映的是市场竞争和垄断的程度。李光勇等在《我国保险业的产业组织学分析》中说明研究市场结构和企业行为的目的是企图通过实施有效的产业组织政策，促进企业行为的相对优化，实现较好的市场绩效。根据西方产业组织理论，分析了我国保险产业的组织关系。而王斌的《中国保险业市场结构与绩效关系分析》在分析现代市场结构学说的基础上，研究我国保险业市场结构与保险公司绩效之间的关系。结果表明，市场份额占有绝对优势的中国人民保险公司，市场份额与绩效正相关，市场集中度与绩效负相关；对占有一定市场份额的中国平安保险公司和中国太平洋保险公司而言，市场份额与企业绩效负相关，市场集中度与企业绩效相关性统计上不显著；对市场份额较小的其他保险公司而言，市场份额和市场集中度与企业绩效的相关关系由于情况不同而各异等。这些学术成果多以研究内容、分析思路相近的论文形式出现，全面系统的分析不够。而且，在对现阶段保险市场结构模式的选择上多是按传统的划分市场结构的方法，将我国保险产业市场结构限制在垄断竞争的模式下。在结论分析方面，简单的现象描述较多，深入的理性思考较少。这些情况均说明现阶段产业组织理论在我国保险产业的应用还是初步的。另一类是运用经济学中的竞争理论研究中国保险市场竞争模式的选择：部分学者针对国内垄断保险市场低效率的现状，提出应积极引入竞争机制（李纲、胡坤，2000；彭雪梅，2002）[①]；另外一些学者则强调保险产业的特殊性质，力主做大做强保险企业，积极打造"保险航母"，促进保险市场资本的积聚与集中，从而形成规模经济效应，加强入世后的国际竞争力（孙刚，2000）[②]。

综述以上保险产业有效竞争研究，虽然在发展趋势上不断深入，但总的来看这方面的研究仍然是不够的。特别是涉及保险产业组织要素的分析，往往只从传统 SCP 分析范式定义的市场结构的几个因素进行分析，忽视了有效竞争所强调的产业内企业规模经济效应的分析，更没有从保险产品和保险企业的特殊性出发来分析其组织结构的有效性，因而笔者认为，这种分析思路的针对性及提出的实际政策含义的有用性是令人质疑的。所以本书试图从产业组织理论结构效率和我国保险产业特殊的组织结构的角度，建立保险产业有效竞争的分析框架及中国保险产业现阶段较适宜的有效竞争模式。

二、保险产业有效竞争的分析框架

保险产业自身的特性以及在国民经济中特殊的地位和作用，使得将一般的产业有效竞争分析框架应用于保险产业时，分析问题的对象变得复杂，研究问题的思路和方法也需要重新进行调整。本部分在产业有效竞争一般分析框架和有效竞争新思路的基础上，从保险产品与保险企业经营的特殊性出发，提出本书保险产业有效竞争的分析框架，以求使本书的论证走在该研究领域的前沿并更具现实性。在上述产业有效竞争一般分析框架及有效竞争新思路的基础上，本节将针对保险产业具体的产业特征，从分析保险产品和保险企业的特殊性出发，建立本书特有的保险产业有效竞争分析框架。

从保险产品及保险企业的特殊性来看，保险产业既具有一般产业的共

---

① 彭雪梅．中国保险业的市场结构及企业行为分析［J］．华南金融研究，2002（1）．
② 孙刚．中国保险市场结构合理化研究［J］．保险研究，2000（8）．

性又具有自身的个性，笔者认为，研究保险产业的有效竞争，既要依据一般的理论范式又应该针对其产业特性，尤其是对中国保险产业这样一个有着特殊产业成长环境和历史沿革的产业来说，其有效竞争分析就更应该突出其特色，才能使论述具有研究价值。在这样的思路下，本书建立了如图2-1所示的保险产业有效竞争分析框架。

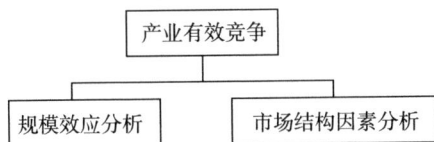

图2-1　保险产业有效竞争分析框架

第三章　中国保险产业发展：
规模经济与范围经济

规模经济与范围经济是产业组织理论中市场结构理论的重要内容之一，规模经济与范围经济是形成保险产业市场组织结构的重要影响因素之一，对于说明一国保险产业的组织结构特征和演进路径有极大的解释意义。不仅如此，保险产业的规模经济和范围经济本身也是保险微观主体进行经营决策和制定发展战略的重要内容，是影响保险企业微观效率的决定因素之一。本章首先对保险产业的规模经济、规模不经济、适度规模经济、范围经济进行了理论内涵的解释；重点研究了保险产业规模经济和范围经济的成因；介绍了保险产业适度规模理论。本章最后一节是实证分析部分，着重研究中国保险产业的规模经济和范围经济效应。

第一节　保险产业规模经济与范围经济的理论内涵

规模经济理论是经济学的基本理论之一，也是现代企业理论研究的重要范畴。规模经济理论是指在一特定时期内，企业产品绝对量增加时，其单位成本下降，即扩大经营规模可以降低平均成本，从而提高利润水平。亚当·斯密是规模经济理论的创始人，其在《国富论》中指出"劳动生产上最大的增进，以及运用劳动时所表现的更大的熟练、技巧和判断力，似乎都是分工的结果。"斯密以制针工场为例，从劳动分工和专业化的角度揭示了制针工序细化之所以能提高生产率的原因在于：分工提高了每个工人的劳动技巧和熟练程度，节约了由变换工作而浪费的时间，并且有利于机器的发明和应用。由于劳动分工的基础是一定规模的批量生产，因此，斯密的理论可以说是规模经济的一种古典解释。从真正意义上来看，规模经济起源于美国，揭示的是大批量生产的经济性规模，典型代表人物有阿尔弗雷德·马歇尔，马歇尔在《经济学原理》一书中提出："大规模生产的利益在工业上表现得最为清楚。大工厂的利益在于：专门机构的使用与改革、采购与销售、专门技术和经营管理工作的进一步划分。"除此之外，马歇尔发现了企业的"大规模"效应所带来的垄断问题，以及垄断对市场价格机制的影响，又称为"马歇尔冲突"，随后有学者提出垄断竞争的理论主张，使传统规模经济理论得到补充。传统规模经济理论的另一个分支是马克思的规模经济理论，马克思在《资本论》第一卷中，详细分析了社会劳动生产力的发展必须以大规模的生产与协作为前提的主张。他认为，大规模生产是提高劳动生产率的有效途径，是近代工业发展的必由之路，在此基础上，"才能组织劳动的分工和结合，才能使生产资料由于大规模积聚而得到节约，才能产生那些按其物质属性来说适于共同使用的劳动资料，如机器体系等，才能使巨大的自然力为生产服务，才能使生产过程变为科学在工艺上的应用"（见图3-1）。

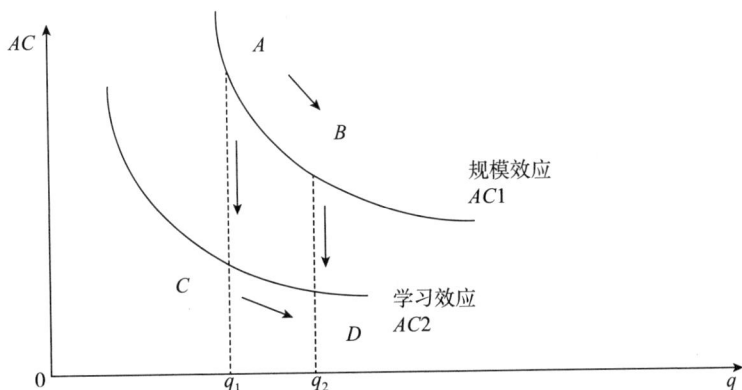

图3-1　规模经济理论

建立在多样化经营基础上的规模经济，我们称为范围经济。企业生产所面临的最大制约就是市场容量不足，生产极易出现过剩。产业内的激烈竞争对企业形成一种强大的外在压力，迫使企业千方百计地去寻求新的花色品种、新的使用功能、新的制造工艺。企业的这种追求竞争优势的行为是通过开展R&D（研究与开发）活动来实现的，其最终结果则是形成了企业多元化经营和企业规模的扩张。范围经济指由厂商的范围而非规模带来的经济，也即是当同时生产两种产品的费用低于分别生产每种产品所需成本的总和时，所存在的状况就被称为范围经济。只要把两种或更多的产品合并在一起生产比分开来生产的成本要低，就会存在范围经济。范围经济的产生需具备投入要素、管理者的充分发挥、经济学探讨范围与探讨的合理性。

当同时生产两种产品的费用低于分别生产每种产品时，所存在的状况就被称为范围经济，其表达公式为：范围经济是一个企业同时生产多种产品形成的经济性。$TC(Qx, Qy) < TC(Qx) + TC(Qy)$，其中$TC(Qx)$为企业生产 x 产品的成本（见图3-2）。

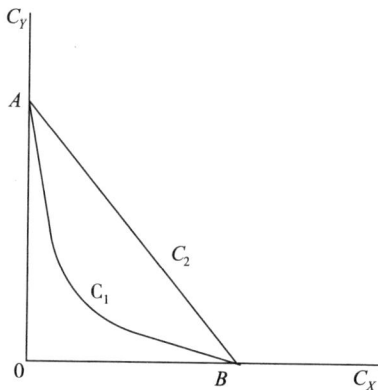

图 3-2 范围经济成本分析

一、保险产业规模经济的含义

一般认为，保险产业规模经济是指生产或经销保险产品的单一经营单位因规模扩大而减少生产或经销的单位成本而导致的经济。规模经济是描述保险企业在经营过程中平均成本下降特征的一个指标。

根据微观经济学原理，如果保险企业的平均成本（Average Cost）随承保量的增加而下降时，边际成本（Marginal Cost）一定小于平均成本。此时，我们称保险企业实现了规模经济。如果保险企业的平均成本随承保量增加不发生变化，即平均成本为一固定值，边际成本一定等于平均成本。这时，我们称保险企业实现了不变的规模报酬（Constant Returns to Scale）。如果保险企业的平均成本随承保量增加而增大，边际成本一定大于平均成本，我们称保险企业的生产规模不经济（Diseconomies of Scale）。

下面，我们借助图 3-3 来描述保险产业的规模经济与平均成本、边际成本三者之间的关系。

在图 3-3 中，根据不同保险企业承保量不同的特征，可以依据承保量划分为三个区域：规模经济区域 OQ_1，不变报酬区域 Q_1Q_2，规模不经济区域 Q_2Q。当保险企业承保量低于 Q_1 时，边际成本线 MC 在平均成本线 AC 的下方，这意味着当承保量增加时，平均成本会随之递减，保险企业实现了规模经济。当承保量处于 Q_1Q_2 之间时，平均成本线与边际成本线重合，这时保险企业多承保一份保单的边际成本和平均成本相等，因此企业的规模报酬不变。当承保量大于 Q_2 时，边际成本线在平均成本线的上方，当承保量增加时，企业的平均成本也会随之递增，这体现了规模不经济的特征。

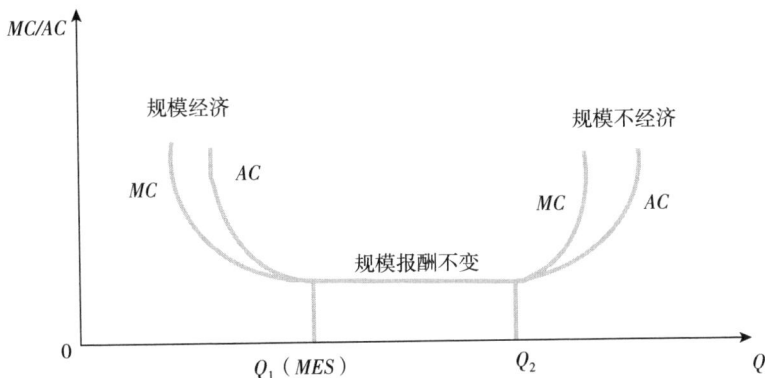

图 3-3　规模经济与规模不经济

二、保险产业范围经济的含义

保险产业范围经济是与规模经济既相互联系又相互区别的一个概念。范围经济是指利用单一经营单位内原有的开发或销售渠道来销售多种保险产品而产生的经济。简单地讲，如果随着承保量的增加，企业能够降低单位成本，则存在着规模经济；如果随着保险企业经营的险种种类和服务的多样化，企业能够降低成本，则存在着范围经济。

一般地，我们用平均成本函数的下降来定义规模经济，而用相对总成本的节约来定义范围经济。也就是说，如果某一保险企业作为一个整体来经营多种保险产品的总成本低于分离成两个或更多的企业经营的总成本，则存在范围经济。

令 $TC(Q_x, Q_y)$ 为保险企业经营 Q_x 单位的 X 产品和 Q_y 单位的 Y 产品的总成本，$TC(Q_x, 0)$ 为企业仅经营 Q_x 单位的 X 产品的总成本，$TC(0, Q_y)$ 为仅经营 Q_y 单位的 Y 产品的总成本。根据定义，范围经济可表示为：

$$TC(Q_x, Q_y) < TC(Q_x, 0) + TC(0, Q_y) \qquad (3.1)$$

该式的含义：保险企业同时经营产品 X 和产品 Y 比分别由两个企业经营产品 X 和产品 Y 的总成本要小。更进一步地，如果保险企业经营 0 单位的 X 产品和 0 单位的 Y 产品的成本为零，即 $TC(0, 0) = 0$，则公式（3.1）可以改写成：

$$TC(Q_x, Q_y) - TC(0, Q_y) < TC(Q_x, 0) - TC(0, 0) \qquad (3.2)$$

公式（3.2）的含义：当保险企业经营 Q_y 单位的 Y 产品的同时再经营 Q_x 单位的 X 产品比只经营 X 产品而不经营 Y 产品时所发生的增量成本要小。

当企业经营 Q_x 单位的 X 产品和 Q_y 单位的 Y 产品时，其范围经济可以这样来衡量：

$$SC = \frac{C\ (Qx,\ 0) + C\ (0,\ Qy) - C\ (Qx + Qy)}{C\ (Qx,\ Qy)} \qquad (3.3)$$

其中，SC 衡量企业联合经营 X 和 Y 比分开经营时所导致的成本的相对减少。如果 SC 为正数，则存在范围经济。否则，分开经营就更有利。

三、保险产业规模效应分析

规模效应是衡量产业有效竞争的重要标准之一，既包括一般意义上的规模经济概念也包含范围经济的效果。一般的规模经济概念是指当生产或经销单一产品的经营单位因规模扩大而减少了生产或销售的单位成本时导致的经济。范围经济是指当以同一种资源（或同样的资源量）生产一种以上的产品时，由于生产活动维度的增加（即生产范围在横向上的扩展）所带来的效益增进（或利润上升，或成本节省)①。

这样的规模经济和范围经济的概念主要是针对工业特别是制造业而言的，笔者认为，从保险业特点出发，保险产业的规模经济是指在经营范围既定的条件下，保险产业由于规模的扩大、单位保险产品成本下降而产生的经济。保险产业由于其经营风险的特殊性特别强调"大数法则"的经营基础，因此，规模经济对其有着又一种特别重要的意义。

按照层次的不同，保险产业规模经济又可以分为保险产品规模经济、分支机构规模经济、保险企业规模经济和保险产业规模经济。保险产品规模经济是指保险产品生产专业化的经济性，由于保险产品生产的分工和专业化，可以减少单位产品或劳动和物化劳动的消耗从而提高保险产业的经济效益，这是保险业最基本的规模经济形态。分支机构规模经济是由保险业采用的分支公司制度所带来的经济效益。保险企业规模经济则是指若干经营同类保险业务的分支机构通过水平联合成一个保险企业产生比分散经营更高的经济效益。保险产业规模经济是从整个中观保险产业整体来衡量的实现经济规模的水平。本书认为研究保险企业的规模经济性更具综合性，因此，本书中的保险产业规模经济一般指第三层次的企业规模经济概念，同时兼顾分析保险产业整体的规模经济。

保险产业的范围经济是指如果保险企业增加保险产品的种类或拓宽业务经营的范围从而节约成本产生的经济。规模经济一般按照不断下降的平均成本函数来定义，而范围经济通常是以一个保险企业经营多个险种和多

---

① ［美］小艾尔佛雷德·D. 钱德勒. 企业规模经济与范围经济［M］. 北京：中国社会科学出版社，1999：18.

个保险企业分别提供一种或少数几种保险产品的相对总成本来定义的。在相同的条件下，如果前者的成本小于后者则存在范围经济。在保险产业经营实践中，范围经济是普遍存在的，很难想象一家保险公司只经营一个险种，虽然我国目前由于一些条件的限制还必须实行保险的分业经营，但随着条件的成熟以及国际的大趋势，保险业乃至整个金融业的融合将逐步形成。

在规模经济的理论背景及实践需求下，从 20 世纪 90 年代直到现在，国际保险业的并购浪潮风起云涌，产生了很多大型保险集团公司及跨国公司。然而，是否保险产业的经济效率与其规模一定成正比呢？回答是否定的，在有些情况下，过大的规模不仅不能产生规模经济效应反而会产生规模不经济并且形成垄断。所以，长期以来，人们一直在寻找一种适度的规模以保证产业的规模经济与竞争活力的协调，这也正是本书寻求的中国保险产业有效竞争的适度规模状态。现有的研究成果认为这样的适度规模状态称为最小规模经济（MES）。

决定企业最小规模经济的因素很多，因不同产业的特点而变得更加复杂。所以确定产业适度规模的方法也有很多种，现在比较流行而且实用的方法主要有量本利比较法和适者生存法。下面笔者将针对保险产业的特点重点介绍本书将要用到的适者生存法，该方法是由美国经济学家 G. J. 斯蒂格勒首创的，这是一种根据竞争的优胜劣汰规律，认为不同规模的企业竞争会筛选出效率较高的企业，从而可通过纵向对比确定企业适度规模的方法。具体过程是：首先将待评估产业各企业按规模分类，然后计算各时期各规模等级的企业在产业中的比重。如果某一等级的企业所占的市场份额下降了，说明该规模效率较低，一般来说，份额下降越快，则效率越低；反之，市场份额上升，则说明该规模的效率较高，上升最快的规模等级可作为该产业的最适度规模。斯蒂格勒还指出："只有当所有厂商拥有完全相同的资源时，一个产业才会只有一个厂商最佳规模。既然各厂商使用种类不同、质量不同的资源，最佳厂商规模必有多个，呈现某种频率分布。"① 这种方法比较适合金融产业的实证分析，因此，本书后面在估计中国保险产业最适度规模时，将选用这一方法，也是仅限于估计最佳规模的范围。

第二节　保险产业规模经济与范围经济的成因

在保险产业迅猛发展的今天，规模经济与范围经济产生的效益不容忽

---

① ［美］乔治·J. 斯蒂格勒. 产业组织和政府管制［M］. 上海：上海三联书店，1989：41-42.

视，因此，对规模经济与范围经济的成因分析显得尤为重要。如果能够清晰准确地把握规模经济与范围经济的成因，我们就可以充分利用规模经济与范围经济进一步提高保险产业资源配置效率，减少或避免规模不经济或范围不经济产生的负面影响。

一、规模经济的成因

（一）固定成本的有效分摊

在保险公司运营成本中，有一部分成本额在一定时期和一定业务量范围内是固定的，不随承保量的增加而变化，这部分成本为公司的固定成本。即使公司没有承保业务或承保业务量很少，也需要付出固定的成本支出，所以在公司经营许可的范围内，增加承保业务量，将会使得固定成本在越来越多的承保业务中得到有效分摊，从而产生规模经济效益。例如，一家保险公司在开拓市场的过程中不可避免地需要建设分支机构，分支机构办公用地的购买或租赁费用以及日常管理费用都属于固定成本，假设此分支机构一天的固定支出是 500 元，如果一天只能销售 1 份保单，那 500 元的固定成本只能由这一份保单产生的利润来负担；但是，如果一天能销售 10 份保单，每份保单所负担的固定成本就只有 50 元。所以说承保业务量在一定范围内的增加能够对固定成本进行有效分摊，从而产生规模经济效益。

（二）明确分工和专业化经营

随着保险产业的发展壮大，许多大型保险公司的公司结构和部门设置日趋完善，部门的细致划分可以明确其职责，有利于进行更专业化的培训，提高部门工作效率。目前，保险公司的部门大致可分为两类，一类是业务部门，另一类是非业务部门。以寿险公司为例，其业务部门是依据销售渠道的不同来进行划分的，主要包括个险营销部、团险营销部、中介业务部、银保业务部、电话销售部，部门细分之后就会使得员工更专注于本部门的渠道维护以及销售经验总结，促使本部门走上专业化的管理和营销之路。在部门各司其职的长期影响下，员工会对本部门的工作更为熟练和精通，从而提高工作效率，产生规模经济效益。

（三）利用中介机构进行营销

保险业发展初期只是依靠代理人进行扫街式的营销，保单促成时间长，销售总量较低，从 1949 年开始，专业化的保险代理机构兴起，增加了保险公司的承保业务量，推动了保险业的发展。直到 1995 年，我国的银行保险业兴起，通过这个客流量大、信誉较高的中介机构，保费收入大幅攀升。与代理人销售模式相比，中介机构拥有更多的客户群体，专业化程度和从业人员素质较高，可降低促单时间成本，从而形成规模经济效益。

（四）规模营销和规模购买的经济性

保险公司规模营销的经济效果来源于广告费用的分摊和声誉效应。例如，同样的一则广告，需要花费20万元，对于保费收入仅有100万元的保险公司来说，广告费用占收入的1/5，然而对于保费收入在400万元的公司，其广告费用仅占收入的1/20，广告收入得到有效分摊从而降低公司运营成本，产生规模经济效益。规模购买的经济效果来源于交易费用的节约，大型的保险公司对于日常办公用品需求量大，可以形成批量购买，享受折价优惠，节省采购成本，从而产生规模经济效益。

二、范围经济的成因

（一）保险产品种类丰富

目前保险公司经营的产品种类繁多，以寿险公司为例，经营险种包括普通寿险、分红寿险、投资连结保险、万能保险，在这其中又有期交险种和趸交险种之分。险种类别丰富有利于保险公司扩大其客户群体规模，分摊经营成本，获得范围经济效益。

（二）利用高科技展业平台

目前，我国一些大型的保险公司在个别区域已经实现了平板电脑联网展业。一台平板电脑汇集了公司各类险种的展业宣传资料，可以很便捷地筛选出适合客户的险种，并为客户做出收益测算及演示。一旦客户做出购买产品的决定，电脑就可以立即联网，向公司提交客户信息，申请核保。平板电脑现已成为公司通用的展业工具，收录的险种资料较全，操作快捷，大大降低了手工单的印制成本，提高了客户信息提交效率，产生了范围经济效益。

（三）品牌声誉效应

大型保险公司已经通过前期的广告宣传和优质的服务打造了良好的品牌形象，提高了品牌信誉度，使公司品牌深入人心。在此良好声誉的基础上，公司对其新产品或其他保险产品的广告宣传和销售成本也会相对下降。例如，中国平安保险（集团）股份有限公司成立于1988年，在短短的25

年间，凭借其强大的广告宣传力度和优质专业的保险服务技术，不仅占据保险市场的半壁江山，还形成了中国第一家以保险为核心的，融证券、信托、银行、资产管理、企业年金等多元金融业务为一体的紧密、高效、多元的综合金融服务集团。凭借强大的集团背景，使"平安保险"深入人心，产生品牌声誉效应，大大降低了各类保险产品的营销成本，形成营销的范围经济。

第三节　保险产业适度规模理论

随着保险业的快速发展，众多保险公司如雨后春笋般出现在市场上，虽然经营保险业务的公司众多，但中国保险产业的规模经济并不明显。事实上从规模本身来看，并不是越大越好，当规模超过一定限度会产生规模不经济。因此，在一定的时空背景和资源约束的条件下，产业的适度规模对其存在和发展具有特别重要的意义。

保险产业适度规模同样可以分为保险产品适度规模、分支机构适度规模、保险企业适度规模与保险产业适度规模。本书认为研究保险企业的适度规模更具综合性，因此，本书中的保险产业适度规模一般指第三层次的企业适度规模概念，同时兼顾分析保险产业整体的适度规模。

一、适度规模的含义

相对于规模经济和规模不经济来说，保险企业的适度规模（最有效规模）是指企业处于规模经济与规模不经济之间的一种中间状态。理论上，我们可以依靠平均成本曲线来确定企业的适度规模。

我们知道，平均成本有长、短期之分。其中，短期平均成本反映在一定时期和保险企业总的承保能力不变时，平均成本如何随承保量的变化而变化；长期平均成本则反映保险企业的平均成本在承保能力变动过程中的变化规律。如图 3-4 所示，SAC_1、SAC_2、SAC_3、SAC_4 分别代表不同规模的短期平均成本曲线，LAC 代表长期平均成本曲线，它是无数条形如 SAC_1、SAC_2、SAC_3、SAC_4 的短期平均成本曲线的包络线。图中的 A、B、C、D 四点是长、短期平均成本曲线的相切点。

在图 3-4 中，长期平均成本曲线 LAC 从 A 点到 B 点是逐渐下降的，而平均成本在 B 点至 C 点之间变动的幅度很小，从 C 点到 D 点平均成本逐渐上升。B 点所对应的承保量水平 Q_B 就是企业的最小有效规模，C 点所对应的产量水平 Q_C 就是保险企业的最大有效规模，BC 所对应的承保量区间 $[Q_B, Q_C]$ 就是企业的适度规模。当企业承保量处于 $[Q_B, Q_C]$ 区间的任何水平时，都可以称为适度规模。

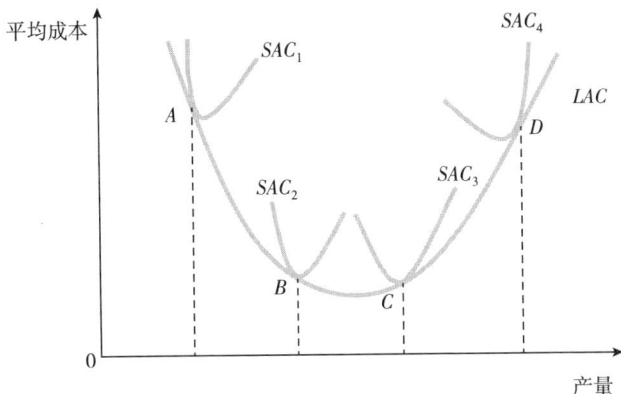

图 3-4　短期和长期平均成本曲线

事实上，在长时段内，保险企业的承保能力的扩大总是以一定的技术进步为依托的。当承保量伴随着技术进步而增加时，企业的长期成本可能呈现出不断下降的趋势。此外，保险企业的适度规模也与现有的需求相关。

二、影响保险产业适度规模的因素

保险产业的适度规模，主要取决于保险企业的产品结构、风险管理技术和市场结构。

保险企业的产品结构直接影响着企业的经营主体，联合经营多种产品的成本比分开经营的成本要低，所以险种结构对企业的适度规模将会产生重要影响。企业要达到适度规模，首先要使得险种结构合理、服务多元化。

风险管理技术影响着企业的赔付支出，从而很大程度上决定了保险企业的成本。美国企业史学家钱德勒认为："不同的生产技术有不同的规模或范围经济。"对于保险企业来说，风险管理技术等同于其他企业的生产技术，对规模经济和范围经济产生重要影响。如果某一保险企业拥有先进的风险监测和管理方法，就能够帮助企业有效控制成本，降低平均成本，提高能够实现规模经济的最大承保量，从而扩大企业的适度规模。

此外，市场需求及市场结构也影响着企业的适度规模。在一个国家范围内，不同地区的人口数量、经济发展水平、需求偏好和消费偏好不同，这也会使得保险企业的适度规模大不相同。

第四节　中国保险产业发展：规模经济和范围经济效应

一、中国保险产业规模经济效应分析

从整个产业市场规模来看，中国保险产业的规模发展极为迅速，但是从衡量其规模效益来看，产业的规模经济并不明显；在企业的组织形式方面，现阶段的分业经营也成为影响保险产业实现范围经济的重要原因。

（一）中国保险产业规模经济效应分析

中国国内保险业务得以恢复以来，保险市场规模得到了迅速扩张，从1980年的4.6亿元发展到2020年的4.53万亿元，40年间达到了年均25%的增幅，前10年（1981—1990年）的年均增幅为41.55%，后10年（1991—2000年）的年均增幅为27.80%。近20年的增幅也达到了年均20%，图3-5是利用2003—2020年保费收入数据绘制的条形图，反映了这一快速扩张的趋势。

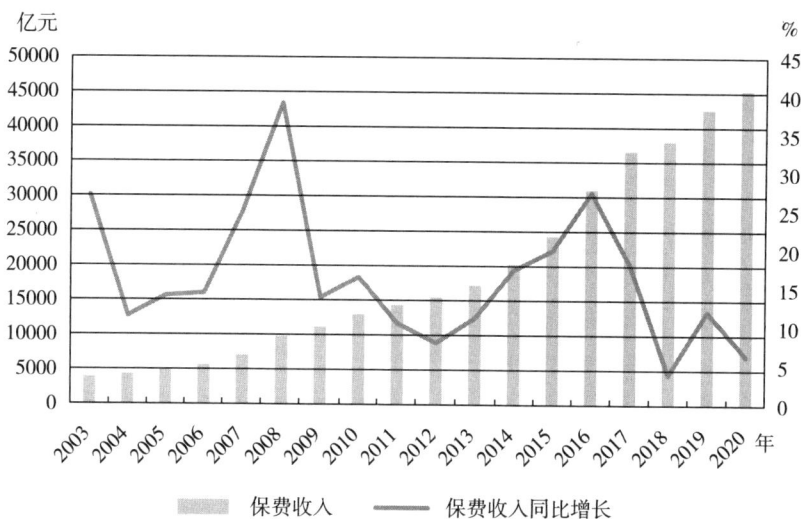

图3-5　2003—2020年中国保险产业规模增长条形图①

这样的大规模是否意味着相应的规模经济？下面我们来做具体分析。

---

① 此图数据来源：根据《中国保险年鉴》相关数据整理计算。

（二）中国保险产业的平均成本分析

规模经济评价体系中最主要的是平均成本曲线指标。下面我们用保费收入来作产量指标，用保险赔付与营业费用之和作总成本指标，利用1999—2017 年的有关数据（见表3-1），绘制出中国保险产业平均成本条形图（见图3-6）。

表 3-1　1999—2017 年中国保险产业保费收入、营业费用、保险赔付[①]

单位：亿元

年份	保费收入	营业费用	保险赔付	总成本
1999	1393.2	182.73	510.2	692.93
2000	1595.5	216.6	527.35	743.95
2001	2109	298.36	598.25	887.61
2002	3053.1	311.39	706.73	1018.12
2003	3880.4	361.22	841.01	1202.23
2004	4318.1	454.27	1004.4	1458.67
2005	4932	532.27	1137	1669.27
2006	5640	652.79	1438.29	2091.08
2007	7036.21	961.24	2265.22	3226.46
2008	9784.24	1079.52	2971.17	4050.69
2009	11137.3	1234.06	3125.5	4359.56
2010	14528	1543.15	3200.4	4743.55
2011	14339.25	1882.38	3929.37	5811.75
2012	15488	2171.46	4716.32	6887.78
2013	17222	2459.59	6212.9	8672.49
2014	20235	2795.79	7216.21	10012
2015	24282	3336.72	8674.14	12010.86
2016	30959	3895.52	10512.89	14408.41
2017	36581	4288.06	11180	5406.14

从图 3-6 中我们看到，现阶段的中国保险产业规模经济并不明显，产业规模处于长期平均成本曲线的上升部分，主要原因是各年的费用率均大大高于利润率。另外，从各个不同规模之间的公司比较来看，处于最大规模的人保公司的平均成本也没有形成规模经济，这一点在下面选择中国保

---

① 数据来源：根据历年《中国保险年鉴》整理计算。

险产业的最适度经济规模时我们将采用生存检验法来详细论述。

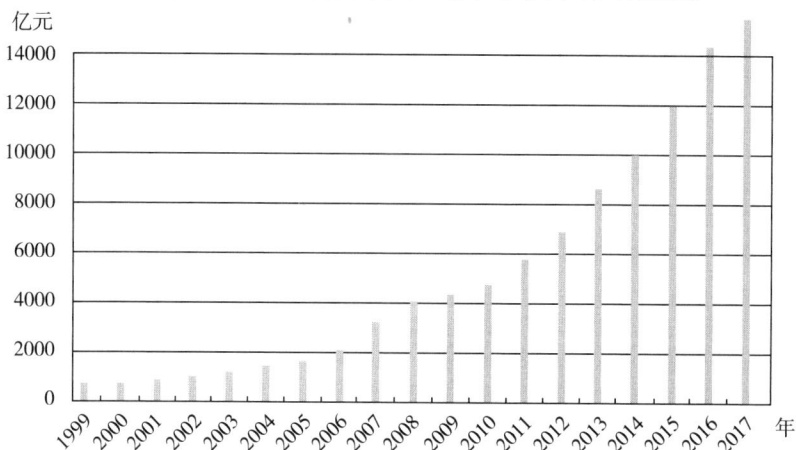

图 3-6　中国保险产业平均成本条形图（1999—2017 年）

（三）中国保险产业的规模收益分析

规模收益是衡量产业规模经济的又一重要指标，衡量规模收益的基本方法一般是计算产出弹性。产出弹性是指由投入要素变动所引起的产出变动百分比与投入要素变动百分比的比值。如果产出弹性大于 1，表明规模收益递增，产业存在规模经济；如果产出弹性小于 1，表明规模收益递减，产业存在规模不经济；如果产出弹性等于 1，表明规模收益不变。

虽然无法准确建立中国保险产业的生产函数，但是我们可以用保费收入代替产出，保险经营费用代替投入作近似的估计（这里保费收入变动不只是由营业费用投入引起的，所以以下计算的产出弹性必然大于实际的产出弹性）。通过计算 1999—2017 年的保险产业产出弹性（见表 3-2），可以看到 2013 年及以前只有个别年份的产出弹性大于 1，2013 年以后产出弹性均大于 1，这说明了中国保险产业的整体产业规模经济效益逐渐凸显，产业规模经济效益逐渐增大。

表 3-2　1999—2017 年中国保险产业产出弹性①

年份	保费收入 （亿元）	变动百分比 （%）	营业费用 （亿元）	变动百分比 （%）	产出弹性
1999	1393.22	—	182.73	—	—
2000	1595.9	14.54	216.6	18.54	0.78

——————————

①　数据来源：根据《中国保险年鉴》及相关网络数据整理计算。

续表

年份	保费收入（亿元）	变动百分比（%）	营业费用（亿元）	变动百分比（%）	产出弹性
2001	2109	32.15	298.36	37.75	0.85
2002	3053.1	44.76	444.34	48.93	0.91
2003	3880.4	27.10	578.21	30.13	0.90
2004	4318.1	11.28	665.82	15.15	0.74
2005	4932	14.22	532.27	17.17	0.83
2006	5640	14.36	652.79	22.64	0.63
2007	7036.21	24.76	961.24	47.25	0.52
2008	9784.24	39.06	1079.52	12.30	3.17
2009	11137.3	13.83	1234.06	14.32	0.97
2010	14528	30.44	1543.15	25.05	1.22
2011	14339.25	−1.30	1882.38	21.98	−0.06
2012	15488	8%	2171.46	15.36%	0.52
2013	17222	11.2%	2459.59	13.27%	0.84
2014	20235	17.5%	2795.79	13.67%	1.28
2015	24282	20%	3336.72	19.35%	1.03
2016	30959	27.5%	3895.52	16.75%	1.64
2017	36581	18.16%	4288.06	10.08%	1.8
平均产出弹性	—	—	—	—	1.03

以上分析说明：我国保险产业从表面上看，产业规模迅速扩大，特别是有着代表性的人保公司占有极大的市场份额，使得中国保险市场形成很高的市场集中度（下文将详细论述），按产业组织理论的划分标准是高度垄断市场，但是形成垄断的原因却并非是追求规模经济的市场因素，而是长期计划经济体制下的行政垄断，因此中国保险产业的规模经济水平仍需提升。

二、中国保险产业范围经济效应分析

在我国关于保险产业范围经济的讨论中，绝大多数都是在分业/混业的标题下展开的，笔者认为这主要涉及我国保险公司的经营管理体制模式。我国保险产业这一模式的核心问题依然是分业/混业经营的问题。

我国现阶段保险产业实行分业经营的管理体制，其依据是我国保险法相关的保险分业经营原则，也是世界各国一度有关保险监管的普遍要求。

其目的是防范混业经营的风险，防止风险在产险和寿险间的交叉感染，这对于发展水平较低的中国保险产业来说，曾经具有积极意义。但是，从发展实践来看，现阶段这种分业经营的模式却影响了保险产业的规模经济和范围经济，尤其成为我国保险产业实现范围经济的障碍。关于这一点国内有关研究学者用测度范围经济的曼斯菲尔德公式［公式（3.4）］计算的中国保险产业范围经济程度 S 值是大于零的。

$$S = \frac{C\,(Q_1) + C\,(Q_2) - C\,(Q_1 + Q_2)}{C\,(Q_1 + Q_2)} \tag{3.4}$$

公式（3.4）中笔者将 $C\,(Q_1)$ 定义为单独经营产险的成本，$C\,(Q_2)$ 表示为单独经营寿险的成本，$C\,(Q_1 + Q_2)$ 表示混合经营的成本。S 大于零说明中国保险产业实行混业经营能够获得范围经济效益。

即使在分业经营模式下，各保险公司具体的公司组织模式也是影响范围经济的重要因素。目前，中国人民保险公司、新华人寿保险公司、华泰财产保险公司等保险企业采取的是专业分设模式，而中国平安保险公司和中国太平洋保险公司采取的是集团控股公司的模式，由于公司组织模式的不同，它们的范围经济效益也是各不相同的，这一点我们将在后面分析论证。

第四章　中国保险产业发展：市场结构

第一节　保险产业市场结构的理论内涵

现实中对产业市场结构有效竞争状态的判断标准很难统一，本书按照产业组织理论市场结构的一般框架，结合中国保险产业的现实情况，选用了以下四个评定产业市场结构的代表性指标作为衡量保险产业市场结构竞争状态的标准。

一、市场集中度

市场集中度是指在某一特定产业中，市场份额控制在少数大企业手中的程度，它是反映特定产业市场垄断程度的一个基本概念，同时也反映了该产业市场的竞争活力。至于影响保险产业市场集中度的因素，既有产业组织理论中提到的一般因素，也有保险产业本身所特有的因素，主要包括：规模经济、市场的进入与退出壁垒、一国管理信息系统的进步、金融国际化、市场容量、技术进步以及政府的法律法规等。

测定产业市场集中度的指标相对于其他指标而言目前已经比较规范了，大体可以分成绝对集中度指标、相对集中度指标和赫芬达尔—赫希曼指数（HHI指数）三类。下面笔者仅就本书将要用到的绝对集中度指标和HHI指数做简要介绍。

绝对集中度指标一般是以产业中最大的 n 个企业所占市场份额的累计数占整个产业市场的比例来表示。其计算公式为：

$$CR_n = \sum_{i=1}^{nN} x_i / \sum X_i \qquad (4.1)$$

其中，CR_n 代表 X 产业中规模最大的前 n 位企业的市场集中度，X_i 代表 X 产业中第 i 位企业的销售额、资产总额等数值，n 是产业内要测量的企业数（n 通常取4或8），N 为产业内企业的总数。绝对集中度指标能够形象地反映市场的集中程度而且实际测定相对比较容易，所以也是本书选取的主要指标。但缺点是无法揭示产业内全部企业的规模分布状况。

由于赫芬达尔—赫希曼指数（HHI指数）兼有上述两类指标的优

点，同时又能避免两者的缺点，是一个较综合的集中度指标，因此实际中应用较广。其计算公式为：

$$HHI = \sum_{i=1}^{N} (\frac{X_i}{X})^2 \qquad (4.2)$$

其中，X 表示市场总规模，X_i 代表 i 企业的规模，X_i/X 代表第 i 个企业的市场占有率，N 代表该产业内部的企业数。当市场处于完全垄断状态时，HHI 指数值为 1；而当该产业为完全竞争时，该指数趋于 0。此外，HHI 指数对规模较大的前几家企业的市场份额比重的变化尤其敏感。但是 HHI 指数也存在直观性差、对小企业所给权数较小等缺点。

二、进入壁垒

这里的进入壁垒是特指经济意义上的市场进入壁垒，目前大多数经济学家较统一地将进入壁垒定义为新企业进入特定市场所面临的一系列障碍。就保险产业而言，我们可以将进入壁垒看作新的保险企业进入保险市场所必须克服的一些障碍。

决定保险产业市场进入壁垒的因素是多方面的，包括沉淀成本、规模经济和生产剩余能力、产品差别化、绝对费用优势以及行政和法律因素等，按性质的不同，其中行政和法律因素称为非经济壁垒，其他的为经济壁垒。一方面，经济壁垒是新进入企业可以理性预知的，具有自发性，而非经济壁垒具有外在强制性，企业往往无法主观判断；另一方面，经济壁垒对所有企业一视同仁，具有平等性，而非经济壁垒却是针对不同的对象具有差异性的，地方政府尤其如此。由于保险产业特殊的要素结构，其进入壁垒的非经济性因素可能更强，各国和我国保险业发展的实践也证明了这一点。

度量进入壁垒的方法有许多种。其中对于经济性壁垒的度量，近年来普遍采用价格扭曲率法、产业超额利润度量法等，但是这两种方法却不适用于对中国保险产业的市场壁垒做实证的定量分析，因为两个指标都只适用于有自由定价权的产业，而中国的保险产业长期以来保险费率都是由国家统一限定的，现在虽然实行了一定程度的费率市场化，但真正的自由定价还远远未能达到。所以，本书中主要用实际论述的方法对中国保险产业的经济性市场进入壁垒进行分析，其中体现更多的也是非经济性的因素。而对于非经济性壁垒的度量则通常用到产业机构的数量指标和国有产业机构的强度指标。

产业机构数量指标具体到保险产业就是指一国保险机构的数量，实证计算中我们将用到两个公式：

$$D1 = W/GDP \tag{4.3}$$

$$D2 = W/M \tag{4.4}$$

其中，W 是一国保险机构（法人）的数量，M 为一个国家的人口数量，公式（4.3）反映保险机构推动 GDP 的数量，后者反映就人口规模而言提供的保险服务机构数量，一般而言，$D1$ 和 $D2$ 的值越小，说明市场进入壁垒越高。而且把这两个指标在国别之间进行比较，就可以比较各国市场的进入壁垒状况。国有保险机构的强度指标是国有保险机构的总资产比上全国保险机构的总资产，该指标反映了国有保险机构在市场上受到保护的程度，也是衡量保险产业市场进入壁垒的重要非经济性指标。

三、退出壁垒

产业市场的退出与进入一样都是市场优胜劣汰竞争管理的必然结果，对于保险产业来说，由于其社会保障的特殊意义，保险企业的市场退出可能对宏观经济运行的稳定产生极大的消极影响，即存在负外部性，因此各国均严格控制其市场退出。但是，保险产业的市场退出与其他产业一样，也是提高资源配置效率，实现产业组织结构合理化的重要途径之一，是衡量一个产业竞争活力的重要方面。市场退出壁垒相对于市场进入壁垒而言即是指在位企业退出市场所面临的一系列障碍。决定退出壁垒的因素主要包括：市场沉淀成本的大小、市场发育程度以及相应的行政法规。从这些影响因素来看，进入壁垒与退出壁垒有一定的重复性和关联性。一般来说，进入壁垒高的产业，退出壁垒往往也比较高。就保险产业而言，这一特点更为明显，从产业间的横向比较看，保险产业进入和退出的壁垒都是最高的；从国别的比较看，保险产业进入壁垒高的国家，往往也是退出壁垒高的国家。

关于退出壁垒的度量现有的研究还非常有限，一般仅采用生产（服务）能力过剩度和亏损企业率这两个指标来计算。相关研究成果表明，产业生产能力利用率正常状态下应在 70%～80%，相应的生产能力过剩度应在 20%～30%，如果产业的生产或服务过剩度超过了 30%，即意味着该产业的生产或服务能力在相当程度上处于闲置状态，而产业内的企业无法退出。因此，生产或服务能力过剩度越高，表明产业的市场退出壁垒也越高。在市场规律下，企业如果长期处于亏损时一般会退出原有产业而去投资盈利率较高的产业，但要是存在较高的退出壁垒的话，企业即使亏损，也不能退出产业。因此，可以用产业的亏损企业率（即产业亏损企业数占产业企业总数的比重）来衡量某一产业的市场退出壁垒，产业的亏损企业率越高，表明该产业的市场退出壁垒也就越高①。

四、产品差别化

产品差别化是指由于同一产业内部不同企业生产的同类产品在质量、款式、性能、销售服务、信息提供和消费者偏好等方面存在差异所导致的产品间不完全替代的状况②。传统的经济学理论认为完全竞争状态下的产品是无差异的，此时的产品具有完全替代性，不存在任何垄断的因素。而有效竞争理论认为产品差别化是形成竞争活力的重要因素，笔者认为，正是这种产品差别化的存在形成了创新的动力，使得竞争更具活力，这一点对于保险产业而言尤为重要。

形成产品差别化的原因主要是产品的物理特性、买方的主观印象、销售的地理差别以及销售服务的差别等，对于诸如保险产业这样主要经营无形商品的产业来说，产品的差别尤其体现在销售服务方面，特别是在中国现阶段的保险产业险种创新能力低，各保险企业产品大同小异的情况下，产品销售的服务就更为关键。

产品差别化之所以被产业组织理论看作衡量有效竞争的尺度主要是因为产品差别化被认为是形成垄断的重要原因，20 世纪 50 年代，贝恩对美国的现实经济做了考察，认为产业的产品差别化与集中度有明显的正向关系，然而，在本书相关的实证分析中，我们可以看到在产品基本无差异的条件下，垄断依然存在。

第二节　中国保险产业市场结构的历史沿革

一、中国保险业的发展

自 20 世纪 80 年代国内保险业务恢复以来，在 40 多年的发展进程中，中国保险市场经历了一个从封闭走向开放、从垄断走向竞争的格局，同时，中国保险产业竞争主体也经历了从独家垄断到竞争主体多元化的过程，已经初步形成了一个可竞争性保险市场体系。这一发展过程大致可以分成以下三个阶段：

第一阶段，独家垄断经营阶段。从 1980—1990 年，在中国的保险市场上全国范围内经营保险业务的只有中国人民保险公司一家，其保险保费收

---

① 王俊豪. 现代产业组织理论与政策 [M]. 北京：中国经济出版社，2000：51.
② 杨公朴，夏大慰. 产业经济学教程 [M]. 上海：上海财经大学出版社，2003：161.

入从 1980 年的 4.6 亿元增长到 1990 年的 177 亿元，11 年间增长了近 37.5倍。在此期间，中国人民保险公司在国家有关政策的扶持下维持着绝对的独家垄断地位，业务规模发展很快，并在保障这一时期的社会生产和生活上起到了巨大的作用。但是这种几乎由行政力量导致的垄断使得我国保险市场竞争缺失，其效率是极低的。

第二阶段，寡头垄断经营阶段。1986 年新疆生产建设兵团农牧业保险公司的成立，打破了人保公司独家垄断市场的局面，接下来 1988 年中国平安保险公司在深圳成立，1991 年中国太平洋保险公司成立，后又相继成立了天安、大众等中资保险公司，美国美亚、日本东京海上等外资保险公司也相继进入我国保险市场，使我国保险市场上的竞争主体呈多元化趋势。中国保险市场的份额发生了很大的变化，但是由于受经营地域范围及业务种类的限制，后成立的中资保险公司和进入我国的外资保险公司，除太平洋和平安保险公司外，其余保险公司的业务量较小，对全国保险市场影响较小，我国保险市场上的竞争格局表现出中国人民保险公司、中国太平洋保险公司及中国平安保险公司寡头垄断的市场竞争格局。

第三阶段，可竞争市场阶段。随着我国保险业的进一步发展和对外开放，市场主体呈现多元化，截至 2020 年，全国共有保险公司 238 家，其中保险集团（控股）公司 13 家、财产险公司 85 家、人身险公司 89 家、再保险公司 13 家、保险资产管理公司 15 家、保险中介机构 62 家、地方保险协会（含中介协会）45 家、保险相关机构 17 家。此外，众多实力雄厚的外资公司争先恐后地想进入中国保险市场，也从另一个侧面表明了我国保险业的潜力与前景。截至 2020 年末，境外保险机构在华共设立了 66 家外资保险机构、117 家代表处和 17 家保险专业中介机构，外资保险公司总资产 1.71万亿元。总体来看，我国现阶段的保险市场已属于可竞争市场。但是由于大部分新成立的外资保险公司和股份制保险公司，其经营区域和经营业务受国家法律法规的严格限制，使我国现阶段保险市场的结构，从全国范围看呈现出寡头垄断格局，而从个别保险业比较发达的城市看，初步呈现出垄断竞争的格局。如 2003 年人保公司（包括人保财险、国寿集团、中再集团）占有市场的绝对份额大约为 56.64%，并实行价格领导制，太平洋（包括太保产险、太保寿险）和平安保险公司占有市场的绝对份额分别为12.45% 和 17.38%，三家最大的产险公司占 86.47% 的市场份额，呈现出极为明显的寡头垄断格局。而在上海和深圳两地，人保的市场份额只占47%，平安保险公司和太平洋保险公司的市场份额分别为 14% 和 13%，其他保险公司的市场份额之和为 26%。初步呈现出垄断竞争格局。

二、保险产生的条件

（一）自然灾害和意外事故客观存在是保险产生的前提

在自然界中，存在地震、海啸、洪水、飓风、雷击等自然现象。这些自然现象往往给人们的生产和生活带来灾害性后果。

人类在进行生产、日常生活过程中，因为疏忽或错误行为，经常会造成意外事故。诸如失火、沉船、爆炸、车祸等，这些意外事故也会对物质财富造成损失或者对人的生命造成伤残、死亡等不幸后果。

自然灾害和意外事故是客观存在的。人们要生产和生活，就必须与自然灾害和意外事故进行斗争，以保证生产的正常进行和人们生活的安定。

人们与自然灾害和意外事故进行斗争的措施很多，归结起来有三个方面。一是积极预防。例如，兴修水利、筑坝建堤，防止洪涝灾害；实行卫生检疫，防止疾病的传染或中毒事件的发生。二是有效控制。对于已经发生的自然灾害或意外事故，通过施救的办法来制止灾害的扩大和蔓延，以减少损失，例如扑救火灾、泄洪排涝、抢救伤员等。三是补偿损失。对自然灾害或意外事故造成的损失，用货币形式或实物形式给予补偿。预防和控制的措施虽然可以很大程度上减少损失，但其作用范围是有限度的，而且难以弥补已经造成的损失。只有采取经济补偿措施，才能应付较大的灾害损失，恢复暂时中断了的生产和正常生活。对于全社会的损失补偿有在国家财政预算中提留后备基金的方式，主要用于特大灾害的救济；有法人或自然人用自有的资金或实物的积蓄后备进行补偿的方式。商业保险则是除上面两者外的意外损失补偿中的一项重要措施。

自然灾害和意外事故的客观存在，导致了人类思索与之进行斗争的方式。保险作为一种有效的经济补偿措施，正是在这种前提条件下产生的。没有自然灾害和意外事故就不会产生保险。人类社会越发展，创造的财富越集中，遇到自然灾害和意外事故所造成的损失程度就越高，也就越需要通过保险的方式提供经济补偿。

（二）剩余产品的出现是保险产生的物质基础

追溯历史，保险是从原始物质后备和损失分担办法演变而来的。我国从夏周开始，历代统治君王为了克服大的自然灾害所带来的不利影响，大都建立粮食仓储制度，这就是所谓"丰年储备，荒年放赈"。例如，汉代曾建有太仓制度，朝中设有太仓令，专管仓储之事。这种制度，就是由原始的一家一户的物质后备，向集体分担损失过渡的一个例证。又如，在我国长江航运中，早在两千多年前就出现了共同分担危险的做法，船主们事先商议，将本船货物的危险分散到其他船只，万一本船发生沉没，其损失就由各条船共同分担。

我国古代的物质后备和损失分担，实际上已是保险的萌芽。这里应当提出的是，产生这种物质后备和损失分担的物质基础是剩余产品。在原始社会，人们的生产除了满足生存的需要外，还没有剩余产品，也没有简单的商品交换，因此，就不会产生物质后备和损失分担的思想和行为。到了原始社会后期，社会上出现了剩余产品，这时才使物质后备和损失分担成为可能。

进入现代社会，保险基金已成为积累基金的重要组成部分，但这种基金仍然来源于社会和剩余劳动。正如恩格斯在《反杜林论》中所说：劳动产品超出维持劳动的费用而形成的剩余，以及社会生产基金和后备基金从这种剩余中的形成和积累，过去和现在都是一切社会的、政治的和智力的继续发展的基础。

（三）商品经济是现代保险产生和发展的经济基础

在商品经济条件下，货币作为一种特殊商品在长期的交换中分离出来。货币的出现使后备由实物形态过渡到货币形态。在此基础上，保险资本逐渐独立出来，现代保险业以科学地分散危险的原理，建立起保险基金，成为专门经营经济补偿的保险行业。

商品经济的发展，使生产逐步社会化。生产、分配、交换、消费成为不可分割的经济链条。其中每一个环节都有可能遭到自然灾害或意外事故的侵袭。每一个环节的企业或个人，都希望以较少的费用支出，求得较大的安全保障。这就为保险业能够集合多数人的保险分摊金，补偿其中少数人的灾害损失奠定了经济基础。

（四）概率论和大数法则等数理研究成果是现代保险产生和发展的科学依据

自然灾害和意外事故的发生与否、何时发生、发生后造成的损失大小，事先都是不能确定的。在数学中将这种在相同条件下可能发生也可能不发生的事件称为随机事件。从宏观上看，随机事件存在必然性，即自然灾害和意外事故是客观存在的，肯定会发生。从微观上看，随机现象存在偶然性，即自然灾害和意外事故发生与否是不确定的。概率论的出现，使人类找到了这种随机现象的运动规律。"一门科学，只有在成功地运用数学时，才算达到了真正完善的地步。"保险经营者就是运用概率论的理论进行科学计算，找出了自然灾害和意外事故的损失概率。根据大数法则的原理，承保的危险财产越多，越接近于损失的概率。根据这一原理，计算出保险的损失率，这就为现代保险业的产生和发展提供了科学的依据。

三、保险发展的环境

（一）保险业的发展要与国民经济的发展相协调

一个国家的国民经济是一个完整的系统，保险业就是国民经济这一系统中的一个子系统。国民经济大系统对保险业具有制约和决定作用；保险业子系统对国民经济的正常运行给予保障，二者的发展要相互协调。

之所以国民经济的发展与保险业的发展要相互协调，是因为：第一，国民经济对保险业具有决定作用，表现为国民经济的性质决定保险在社会经济补偿制度体系中的地位；国民经济的发展水平制约保险业的发展水平，国民经济的发展带动保险业的增长。第二，保险业必须与国民经济保持一种协调关系，也就是说，保险业的发展水平要与国民经济发展水平相适应，保险业的发展速度应与国民经济的发展速度相协调。统计分析表明，随一国国民经济的发展，保险业在国民经济中所占比重越来越大；国民经济发展水平越高，保险业在国民经济中所占的比重越大；在正常情况下，保险业增长速度保持在略高于国民经济增长速度的水平上。

（二）保险业的发展与科学技术发展密切相关

科学技术是强大的生产力。它不断拓宽新的人类发展领域，而科学技术的开发与利用往往不可避免地伴有某种风险。

科学技术的发展，首先带来的是产业结构的新变革，创造出数倍于历史上任何时代的物质财富，同时风险结构也相应由以自然风险为主发展成为既有自然风险又有经济风险、政治风险和人为风险的多种风险并存的风险结构。新的风险结构也同时带来了比以往任何时期更多、更大、更集中、破坏性更强的风险。

在现代风险日益增加的情况下，担负风险管理重任的保险业得以空前发展，险种承保范围包括了核电站、飞机、卫星等，已扩大到了经济领域的各个方面，成为调节社会生产和人民生活的重要机制，对国民经济的正常运行发挥着举足轻重的作用。

由此，保险与科学技术的发展进步密切相关，科学技术越发达，则社会生产力水平越高，产业结构越复杂，各种风险越大，对保险的需求越强，保险业发展就越快；反之，情况则相反。

（三）社会环境直接影响保险业的发展

保险业的发展不仅与经济的发展、科学技术的进步密切相关，还和社会环境直接相关，与保险业发展有关的因素包括人口、家庭、城乡社区以及政府政策等。

首先，人口状况是影响保险业发展的一个重要社会环境因素，尤其是人身保险更是与人口状况联系紧密。

其次，家庭功能的变化影响着保险业的发展。这是因为家庭功能与保险功能有一定的替代关系，相互之间此消彼长。所以一个国家的家庭状况如何，尤其是与保险功能的重合部分状况如何，对保险的发展有直接影响。另外，家庭功能在经济社会发展过程中又会不断发生变化，一般的趋势是家庭功能不断削弱，社会联系加强，使得保险尤其是人身保险对家庭成员的保障功能广泛发展。

（四）政府政策对保险业发展具有重要影响

影响保险业发展的政策因素，主要是有关的立法、公共政策和规章制度。在这些立法、公共政策和规章制度中有的是对保险本身的规定；有的则涉及保险发展的社会、政治、法律环境。政府为了保障保险公司的偿付能力，健全保险公司的组织功能，维护保险契约的公正性，颁行保险法规，对保险公司的组织、财务、展业等方面进行管理和监督。这是政府对保险公司本身的规定和直接管理。政府其他有关的政策对保险公司的间接影响也是非常重要的，如社会保障政策、货币金融政策以及财政税收政策等，为保险经营提供了一定的环境条件。

第三节　中国保险产业市场集中度

本节我们将按照本书建立的分析框架，以中国为研究案例，实际分析保险产业市场集中度。

一、集中度指标分析

（一）集中度总体走势分析

首先我们用绝对法计算中国保险产业1991—2016年的CR4和HHI指数，如表4-1所示。

表 4-1　1991—2016 年我国保险市场集中度指标①

年份	CR4	HHI	年份	CR4	HHI
1991	99.60	0.9522	2004	90.23	0.2708
1992	99.59	0.9188	2005	74.94	0.2597
1993	99.54	0.8667	2006	75.84	0.2544
1994	99.29	0.7868	2007	71.60	0.2068
1995	98.51	0.7002	2008	77.38	0.2051
1996	98.20	0.3139	2009	69.06	0.1839
1997	96.59	0.2777	2010	65.21	0.1543
1998	96.77	0.3046	2011	28	0.0233
1999	96.52	0.3031	2012	47.99	0.06994
2000	95.97	0.2863	2013	47.1	0.06444
2001	95.45	0.2847	2014	44.5	0.0547
2002	94.22	0.2796	2015	41.88	0.0478
2003	90.47	0.2785	2016	38.57	0.0453

从表 4-1 我们可以看到市场集中度的演变趋势：CR4 从 1991 年的 99.60% 下降到 2016 年的 38.57%，市场结构发生了一些变化。26 年间，市场集中度 CR4 下降到 38.57%。保险市场仍逐渐呈现出真实水平。由表 4-1 可知 1991—2016 年 CR4 的下降幅度为 61.03 个百分点，HHI 下降幅度高达 95.24%，HHI 的变动幅度较 CR4 大，这说明我国保险市场主体增加后，市场份额的均衡分布状况有所改善。随着保险市场的改革，中国人保和中国人寿的市场份额下降较快，且参与市场份额分配的主体迅速增加，从 1991 年只有 5 家公司发展到 2016 年有多家保险公司参与市场竞争，因此，对市场份额均衡分布较为敏感的赫芬达尔—赫希曼指数变动幅度很大，由 1991 年的 0.9522 下降到 2016 年的 0.0453，特别是从 1995 年到 1996 年指数的急剧变动。原因主要是 1995 年人保公司的市场份额为 82.89%，1996 年实行分业经营政策，中国人寿从中分设出来，分业后中国人保的份额为 44.65%、中国人寿为 29.04%，HHI 指数对此作出强烈反应，从 1995 年的 0.7002 下调为 1996 年的 0.3139。从 CR4 和 HHI 指数的变动中，我们可以看到，我国保险市场的培育已经收到了一定效果，市场份额的分布较以前更为分散。

---

① 数据来源：根据历年《中国保险年鉴》及相关网络数据整理计算。

（二）产险市场集中度分析

就我国产险市场份额变动的态势看（见表4-2），2013—2017年五年间，基本没有发生异常的变化。由表4-2可知，CR10的数值均在85%以上，说明产险业的集中度相对较集中，业务集中度较高，部分新兴股份制保险公司在市场中仍处于劣势地位。HHI指数在2013—2017年只呈现较小幅度的下降，由2013年的0.1730下降至2017年的0.1699。由2013—2017年的CR10及HHI指数可以看出产险业市场垄断形态未有明显变化。

表4-2　2013—2017年中国财产保险市场集中度指标及主要公司市场份额①

单位:%

项目	2013年	2014年	2015年	2016年	2017年
CR10	0.8529	0.8608	0.8624	0.8552	0.8534
HHI	0.1730	0.1707	0.1703	0.1688	0.1699

（三）寿险市场集中度分析

与产险市场相比，我国寿险市场的集中度相对较低（见表4-3），CR4由2013年至2017年呈波动变化，由2013年的85.73%下降到2016年的72.29%，而到2017年上升至85.6%。HHI指数的变化趋势与CR10相一致，HHI指数从2013年的0.1398下降至2016年的0.0756，而2017年上升至0.1123。虽然寿险市场仍属于寡占型市场形态，但与产险市场相比，绝对集中度指标下降较快；从市场份额分布的均衡性看，赫芬达尔—赫希曼指数比产险市场要低一些，说明寿险市场主体的份额分布状况比产险市场较为分散。

表4-3　2013—2017年中国寿险市场集中度指标及主要公司市场份额②

单位:%

项目	2013年	2014年	2015年	2016年	2017年
CR10	85.73	81.72	75.85	72.29	85.6
HHI	0.1398	0.1127	0.0917	0.0756	0.1123

---

① 数据来源：根据历年《中国保险年鉴》和相关网络数据整理计算。
② 数据来源：根据历年《中国保险年鉴》整理计算。

（四）保险产业市场集中度的国际比较

表 4-4　2003 年部分 OECD 国家保险市场 HHI 指数一览①

项目	瑞士	奥地利	西班牙	荷兰	法国	意大利	德国	日本	美国
寿险市场	1420	700	1290	830	590	1090	360	880	180
产险市场	800	760	120	300	490	350	210	810	230

表 4-4 是 2003 年部分经合组织（OECD）国家保险市场的 HHI 指数，从表中可以看到，这些国家的产险市场集中度普遍比寿险市场低。寿险市场集中度由低到高依次为：美国<德国<法国<奥地利<荷兰<日本<意大利< 西班牙<瑞士。产险市场集中度依次为：西班牙<德国<美国<荷兰<意大利<法国<奥地利<瑞士<日本。我国产寿险市场的集中度均高于这 9 个国家中最高的瑞士和日本。

集中度指标分析的基本结论是：经过多年的发展，我国保险市场的完全垄断格局已经被打破，基本形成了以中国人保/中国人寿、太保、平安三足鼎立为主要特征的寡头型市场。但随着市场主体的增加，市场集中程度有所下降，保险市场均衡分布状况有所改善。但与美国和一些发达国家、地区相比，我国保险市场仍属于高度垄断的市场结构。

1. 财产险市场比较

美国是世界上最大的保险市场，其保险公司的规模、数量都处于世界首位。2003 年，美国经营产险业务的保险公司约 3632 家，但绝大部分产险市场由约 900 多家保险公司所占领；经营寿险业务的保险公司约有 2100 多家且市场份额的分布较为分散，即便是产险市场（Property/Casualty Insurance，财产/意外险）份额最大的农场保险集团（Farm Insurance Group），其份额也只有 13.4%。表 4-5 是根据有关数据整理计算得出的 2000—2002 年美国产险市场集中度的大致情况。

表 4-5　美国产险 2000—2002 年市场集中度②

年份	美国产险业集中度		美国汽车险集中度		美国房主险集中度	
	CR4	CR10	CR4	CR10	CR4	CR10
2000	26.3%	42.7%	39.6%	50.2%	43.8%	56.1%
2001	27.1%	43.1%	38.9%	51.2%	44.1%	55.8%
2002	25.6%	42.6%	38.4%	51.6%	43.7%	56.3%

---

①　数据来源：Swiss Re *Sigma* 2004，1。

②　数据来源：根据美国保险信息研究所网站统计资料整理计算。

表4-5说明了美国产险市场集中度较低。2002年产险业的CR4为25.6%，CR10为42.6%，前四强的平均份额不足6.4%，前十强的平均不足4.26%。汽车保险市场的CR4为38.4%，CR10为51.6%。房产险的CR4为43.7%，CR10为56.3%。其他部分欧美国家的保险市场集中度与我国相比，其总体水平也比较低。2002年，英国的CR15为64%，德国CR15为49%、CR4为18.6%，法国CR15为58%、CR4为36.4%，意大利CR15为65%。2003年，加拿大的CR4为24.48%。欧洲一些较小的国家的保险市场集中度，比英国、法国等大国要高，如2003年丹麦产险CR5为58.9%、寿险CR5为56.7%，瑞典产险CR5为76.4%、寿险CR5为68.2%。

2. 人身险市场比较

由于我国人身险市场的主体是寿险业，因此通过比较我国寿险市场与主要发达国家寿险市场来代替人身险市场的国际比较。从理论上来说，一个市场中的竞争主体越多，越有利于降低市场集中度；市场的垄断性越弱，竞争程度也就越强。表4-6的数据显示，除了日本的保险公司数量相对较少外，其他主要发达国家的保险公司数量均远高于中国保险公司数量。

表4-6 主要发达国家寿险公司数量情况（1996—2005年）

项目	1996年	2000年	2005年
美国	1496	1291	1111
英国	163	183	150
法国	98	83	68
德国	320	310	322
日本	54	48	38

数据来源：Insurance Statistics Yearbook 1996-2005, 2007 Edition。

从保险公司的数量上还可以判断，亚洲各国保险市场竞争的激烈程度低于欧美发达国家。进一步可以粗略判断美国寿险市场应该属于垄断竞争型市场，而其他国家的市场结构还大多属于寡头垄断型或接近垄断竞争型市场结构。

我们还可以根据世界主要保险市场集中度指标来实证检验上述初步判断。由于欧美发达国家寿险市场拥有数量众多的市场主体，市场竞争程度较高，因此，表4-7的数据显示出其市场集中度普遍低于亚洲国家。而中国和其他亚洲的部分国家和地区，不管经济体制差异和经济发展水平高低是否不同，各国保险市场拥有的保险公司数量较少，市场集中度相对较高，寿险市场结构基本上都属于寡头垄断型，竞争性明显低于欧美发达国家。因此，尽管我国人身险市场集中度近五年来下降较快，但是由于我国寿险市场主体数量较少，市场集中度仍然过高，市场垄断程度不仅超过发达国家，也远远高于其他发展中国家，这说明要继续加大中国保险市场的开放力度，增加市场主体，完善市场结构。

表4-7 2008年世界主要国家寿险市场集中度对比　　单位:%

项目	美国	英国	德国	法国	日本	巴西	印度	俄罗斯	中国
CR1	13.77	5.72	17.16	18.60	20.77	28.00	70.47	17.24	32.00
CR3	26.45	15.51	27.56	43.42	41.69	52.59	81.42	45.36	72.00
CR5	36.88	24.53	37.12	59.68	55.44	67.20	86.35	55.41	84.00
CR10	56.29	42.05	52.85	83.84	67.22	81.00	92.53	68.99	93.00

数据来源：International Insurance Fact Book 2010-2011，中国保险年鉴。

致使我国人身险市场中主体数量较少、竞争程度偏低、市场垄断程度较高的原因，主要有三个方面：（1）虽然近年来我国加快了保险市场体系建设，但由于20世纪80年代以前保险业长期由国家垄断，具有国有背景的保险公司在市场中的位置短期内难以撼动。（2）目前保险市场准入仍受到严格管制，使许多具备条件的企业进入保险市场受到限制；退出机制的缺乏又使得已获取保险执照的公司事实上受到保护。（3）保险市场已有的公司主要依靠自我积累实现扩张，融资途径有限，很难在短期内实现规模上的快速扩张。

二、集中度因素分析

我国保险市场的集中度如此之高，主要的原因是：首先，保险公司属于金融技术型的企业，具有较高的规模经济效应。根据产业经济理论，市场集中度是市场容量和规模经济的"函数"，在市场容量不变的情况下，产业的规模经济效应越大，市场的集中度就越高；在规模经济不变的情况下，市场容量越大，该产业的市场集中度就越低。我国保险产业的市场容量非常小，这使得保险市场的集中度过高。其次，保险市场的集中度较高还有一些不能忽视的具体原因。其中最重要的就是制度约束，具体地说就是传统资源配置格局的制约。我国保险业真正的起步是从1980年开始的。1980年恢复国内保险业务时，中国人民保险公司是国内唯一的办理国内和国际保险业务的公司。从1980年到1988年，它垄断了整个保险业。从1988年起，国家开始陆续批准建立新的保险公司，平安公司成立于1988年，太平洋公司成立于1991年。后来批准成立的保险公司，包括外资和中外合资保险公司，大都是区域性的公司，公司的经营范围受到极大的限制。因此，我国历史上传统的保险公司的市场份额非常大，市场集中度也很高，虽然近年来由于竞争主体的增多使得这一状况有一定改观，但集中度下降幅度仍然远远不够。

第四节　保险产业市场进入壁垒

一、经济性市场进入壁垒

我国保险业的市场进入主要分为机构进入和业务进入两类。机构进入是指新机构的进入，主要有两个方面：一是中资法人机构的进入；二是外资保险公司的进入。由于保险是社会的"稳定器"，因而成为国家的一种重要保障制度，关系着社会和社会生活的持续和稳定，长期以来，我国实行国家完全垄断的经营模式，严格限制其他企业进入保险市场。具体来讲，我国保险行业的经济性进入壁垒主要有以下几种：

（一）必要资本量壁垒

必要资本是指进入特定市场所必需生产和销售等的投资。由于保险业是经营风险的特殊行业，因此各国都对保险公司的资本量做出了明确的规定。我国《保险法》规定：建立保险公司，其注册资本金的最低限额为二亿元人民币。这就是一种必要资本量壁垒。从严格意义上来看，此项经济性壁垒在我国体现的是一种非经济性意义。另外，现有保险公司对于潜在进入者的成本优势来源于它对先进生产技术和客户资源的控制，或者使潜在进入者不能像现有厂商那样以有利条件获得必要的生产要素，从而对潜在进入者形成进入障碍。新企业进入保险行业无疑要建立很多的保险网点、销售机构、广告投入等费用，这些也都属于必要资本量壁垒。

（二）规模经济壁垒

现有厂商由于企业规模大而使单位产品的成本明显低于潜在进入者，对潜在进入者有一定的成本优势，从而使潜在进入者的进入投资和生存难度都增大。存在规模经济的行业，企业的最低经济规模或者经济规模较高，小企业因为规模不经济而不能进入。而要达到最低的进入规模，则在资金的筹集、人才的招聘等方面存在着较高的组织费用。保险公司是收取保费、通过投资业务赚取利润的金融机构。保险业是规模经济较为显著的产业，尤其人身保险的规模经济更加明显，增加一个客户的边际成本很低。从风险理论的角度来看，经济规模大的保险公司具有雄厚的资金实力，能够抵御较大的风险，分散不同地域、不同性质的风险。从预期理论的角度来看，经济规模大的保险公司容易形成良好的信誉，给投保人树立信心，使其形成能够顺利得到理赔的预期心理。但是从上述我国规模经济的分析中可以进一步看到，我国保险产业的规模经济并不明显，所以此项经济进入壁垒的作用也并不明显。

（三）产品差别壁垒

产品差异是指企业在所提供的产品上，造成足以引起买者偏好的特殊性，使买者将它与其他企业提供的产品加以区分，以达到在市场竞争中占据有利的地位。产品差别是形成市场壁垒的重要因素之一。因为在产品差别显著的产业，如果新进入的企业没有独特的新技术，没有较完善的销售服务系统和促销手段，则其进入必然会遇到产品差别壁垒。我国保险业的产品差异主要体现在险种创新和险种结构两个方面。目前，我国保险市场上的产品差别不是很大，新技术应用不多，现阶段市场上产品的供给类别单一，且产品的更新率低。而且传统的促销手段如代理人制度也能很快就建立起来，服务手段也比较单一，因此产品差别壁垒在我国保险市场上不高。

二、非经济性市场进入壁垒

为了对我国保险产业非经济性市场进入壁垒有一个更直观的认识，我们可以用到框架中提及的两个度量指标对我国保险产业的非经济性进入壁垒进行粗略的分析。

实证计算中我们将用到前文的两个公式：$D1 = W/GDP$ 和 $D2 = W/M$，把这两个指标在国别之间进行比较，就可以衡量我国保险市场进入壁垒的状况。

表 4-8　2003 年中国与世界主要国家保险产业机构数量指标[①]

项目	中国	美国	日本	德国	英国	法国	意大利	印度
D1	73	1879	1654	1047	1023	1056	1123	134
D2	34	2568	2934	2319	2018	1989	2097	63

表 4-8 是 2003 年中国与世界主要国家的保险产业机构数量指标比较，如前所述，D1 反映保险机构推动 GDP 的数量，D2 反映就人口规模而言提供的保险服务机构数量。D1、D2 越大说明该国保险产业对一国经济发展的推动力越强，也表明了市场进入壁垒相对较低。通过比较，我国的两项指标显著小于其他发达国家，甚至也小于发展中国家印度的相应指

---

① 数据来源：根据《中国统计年鉴 2017》《中国保险年鉴 2017》及网站数据整理计算。

标，说明我国保险产业的市场进入壁垒是偏高的。

三、中资保险机构强度指标分析

中资保险机构强度等于中资保险机构的总资产比上全国保险机构的总资产，该指标反映了中资保险机构在市场上受到保护的程度，也是衡量保险产业市场进入壁垒的重要非经济性指标。从我国的统计数据看这一指标无疑是很高的，这里本书用中国保险产业内各性质保险企业数量另一个角度来反映这一问题。

表4-9数据反映，仅从数量来看，外资公司的数量逐年增加，但是其增幅远远小于应有的速度。而且联系前述分析，中资公司的数量变化虽然不大，但其市场份额并没有明显下降，外资公司数目上几乎不变，且其地位并没有明显改观。

表4-9　2014—2017年中国保险产业内各性质保险企业数量①

项目	2014 年	2015 年	2016 年	2017 年
中资	86	98	113	120
外资	50	50	45	50
合计	136	148	158	170

经过上述分析，从总体上看，中国保险产业的经济性进入壁垒并不高，而非经济性市场进入壁垒较高，但是有逐渐降低的趋势（见以上指标分析趋势）。而且，中资保险公司的组织形式也开始出现很多变化，首家民营保险公司在2003年开业，其他行业的资本也可以通过购买股份等渠道间接地进入保险行业。在保险市场开放方面，自加入世界贸易组织后，根据我国的"入世"承诺，外资保险公司进入中国的某些政策壁垒将在近年内逐步瓦解。

第五节　保险产业市场退出壁垒

成熟的保险产业中，保险公司的破产率一般是2%~3%，但是，从中国保险产业发展的历史沿革看，长期以来我国保险公司是政企不分的国家保险形式，保险体制属于财政性保险体制，财政部承担保险公司的最后赔偿责任，国有保险公司垄断经营，市场上也缺乏竞争甚至没有竞争。所以，保险公司也不存在从市场上退出的必要性。保险公司是否退出，则完全由政府来决定，比如，我国在1958年撤销保险公司和在1979年又重新建

---

① 数据来源：根据历年《中国保险年鉴》数据整理计算。

立保险公司都是由政府决定的。在我国恢复国内保险业务的很长一段时间，没有出现保险公司退出的情况，甚至大多数保险经营者和消费者认为在我国不会出现保险资本的退出和保险公司的破产问题。

但是我国保险产业直到目前还没有发生企业退出的现象并不能说明我国保险公司不存在退出的危机（即存在破产或者偿付危机）或退出的必要性。实际上，从我国保险公司经营的状况来分析，受制于经营思想、经营能力和外部环境等因素的影响，个别公司已经出现偿付能力不足的危机苗头，这一点在前面偿付能力的分析中，我们也做过论述。但是因为保险产业是个特殊行业，对社会的稳定起到很大的作用，所以有关部门对保险公司的破产忌讳莫深，起到了"保护神"的作用。同时，我国在保险公司的退出机制上也存在不足，比如，对保险公司的退出缺乏量化的判断标准、缺乏公司退出的程序和规定等。这些都为中国保险产业设置了人为的市场退出壁垒。

如前文所述，我们可以用产业的亏损企业率（即产业亏损企业数占产业企业总数的比重）来衡量某一产业的市场退出壁垒，产业的亏损企业率越高，表明该产业的市场退出壁垒也就越高。表4-10是依据相关统计数据计算的2012—2016年中国保险产业亏损企业率的情况。

表4-10　2012—2016年中国保险产业亏损企业率①

项目	2012年	2013年	2014年	2015年	2016年
保险产业企业总数（个）	130	134	136	148	158
保险产业亏损企业数（个）	67	66	66	44	45
保险产业亏损企业率（%）	51.54	49.25	48.53	29.73	28.48

产业有效竞争的市场结构必须完善市场基础，合理的竞争机制必须保证企业必要的市场退出，从表4-10中的数据看，从2012年到2016年，我国保险产业的亏损企业率逐渐降低，直到2016年企业亏损率降低至28.48%，企业亏损率的逐渐降低说明我国保险市场的退出壁垒逐渐降低，保险市场呈现良好的发展趋势，风险隐患逐渐减弱。我国保险市场呈现良性发展态势。

第六节　保险产业产品差别度

产品差别度是衡量有效竞争的主要尺度，产业组织理论认为产品的差异是形成垄断从而抑制竞争活力的重要原因，因为通过产品和服务的差别

①　数据来源：根据历年《中国保险年鉴》整理计算。

化，企业可以确定自己稳定的目标市场，它所生产的产品或服务的替代性大大降低了，结果自然破坏了完全竞争的局面而使市场趋于垄断。然而，通过对中国保险产业的实证分析，我们可以看到在产品基本无差异的条件下，垄断依然存在。这其中显然是存在非市场化的因素。

保险产业的竞争一般遵循产品至上和客户至上两种思路，所以靠产品差别化来提高竞争力一般也是从产品和服务两个方面来考虑。根据中国保险产业的具体特点，对现阶段我国保险产业产品差别度的分析，本书着重在保险产品差别度（即险种差异）和保险服务差别度两个方面。

一、险种差别度

我国保险产业的险种差别度主要体现在险种结构和险种创新两个方面。就险种结构来看，险种的品种倒是有几十种，但在众多保险公司经营的业务中占其业务量重头的却始终是那么几种，比如，财产险各公司大都以机动车辆保险、企业财产保险和货物运输保险为主。虽然近年来家庭财产险、责任保险和信用保险等险种份额略有增加，但三大主要险种比例仍然居高不下。

表 4-11　2014—2019 年我国产险主要险种市场占比情况①　　　　单位:%

年份 险种	2014	2015	2016	2017	2018	2019
机动车险	73	65.89	69.77	62.17	66.47	62.73
企财险	6	4.72	4.4	3.33	3.68	3.7
货运险	2	1	1.1	0.92	1.04	1
责任险	3	3	3.3	3.8	5.05	5.8
农业险	5	3.69	3.56	4	4.9	5.2
信用险	2	2.4	2.29	1.8	2.06	1.5
其他	9	19.3	15.58	23.98	16.8	20.07

表 4-11 中的数据显示，从 2014—2019 年来，我国产险三大险种平均占据了产险保费收入的 70% 以上；而在国外同行业中占 50% 以上的责任险和信用保险等险种在我国所占的比例历年来没有超过 20%。图 4-1 是根据表 4-11 数据绘制的 2019 年中国产险险种结构示意图，从中我们可以进一步直观认识我国产险结构的不平衡性。

---

① 数据来源：根据《中国保险年鉴》数据计算。注："其他"项包括短期健康险和意外险。

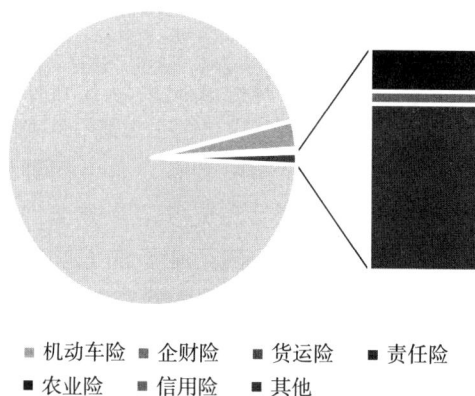

图 4-1　2019 年中国产险险种结构示意图

　　至于寿险市场，传统产品占据了近 80% 的市场份额，且近年来销路呈现增长态势，但适销对路的险种屈指可数，非传统产品如投属于投资连结保险、分红保险和万能寿险等在内的 20 多个新险种虽然一度火爆，但前景并不乐观，由于一些公司盲目追求市场份额，在推销产品时过度强调投资收益、淡化了保险的风险保障功能，同时过高地估计了保险资金投资收益率，在政策环境的变化和股市低迷的情况下，许多保险产品无法达到事先承诺的收益率，导致退保纠纷不断，不仅没有在险种结构上有所突破，还严重降低了中国保险产业的整体诚信度。

　　在险种创新方面，目前活跃在我国保险市场上的几十家保险企业经营着几千种保险业务产品，表面上看琳琅满目、名目繁多，但是通过分析不难看出，其中很多产品是雷同的，据有关资料统计，现阶段我国仅拥有全国性产险产品 413 个，而美国此项数字是 6897 个，英国达到 8561 个，我国的保险产品不仅绝对数量少，而且产品的更新率很低，保险产业各个保险企业的保单设计大同小异、差别不大，其原因是在经济学中的所谓"搭便车"问题，一旦一个保险公司率先开发出一个全新的保险产品，其余保险公司就可以低成本地仿效推出条款甚至更为优惠的产品，使第一个公司投入的巨大成本付之东流，从而形成一个恶性循环，减少了创新的动力。这需要银保监会等管理部门恢复确认对保险产品专利权的保护期，保护保险产品创新的成果。创新能力差也是中国保险业目前面临的主要问题，中国的保险产品水平放在国际上比较水平是相当低的，这里面可能既有制度上的不完善，也有人员素质方面的原因。

二、保险服务差别度

　　保险产业经营的保险产品实质上是一种无形商品，即保险公司销售的是一种对未来偿付和回报的承诺，因此，保险服务水平的高低对保险公司的市场竞争具有特别重要的意义。

现阶段我国保险公司的服务意识和服务水平较过去来讲有很大程度的提高，但是从总体上来看，仍然存在着保险服务内容较少、质量较差的现象，而且各保险公司保险服务的形式单一，没有特色，缺乏服务的品牌效应。

第五章　中国保险产业发展：市场行为之企业重组

保险产业企业重组行为既是已有市场结构所导致的企业行为之一，也是形成新的市场组织结构过渡阶段所必须经历的，是由"均衡—不均衡—均衡"的必然规律决定的。从宏观上看，保险企业的重组行为可能给整个保险产业组织结构带来一些正面和负面影响；从微观上看，保险企业的重组行为反映的却是微观保险主体对成本和收益分析的结果。因此，本章的研究目的有两个：一是宏观保险产业政策、保险产业监管和保险产业组织效率在企业重组行为中得到多大程度的体现，这是一国金融决策当局必须思考的问题。二是微观保险主体在条件允许的情况下，如何设计自己的企业行为从而在市场竞争中占优。这两者并不总是协调一致，其原因更多地来源于保险产业宏观与微观作用的双重性。

第一节　保险产业企业重组行为概述

本节将在介绍保险产业企业重组行为所包括的内容的基础上，通过回顾整个国际金融产业企业重组的历程，分析保险企业重组行为的演进脉络。

一、保险企业重组行为的内涵

保险产业企业重组行为主要包括重组与联合两个方面的内容。见图5-1。

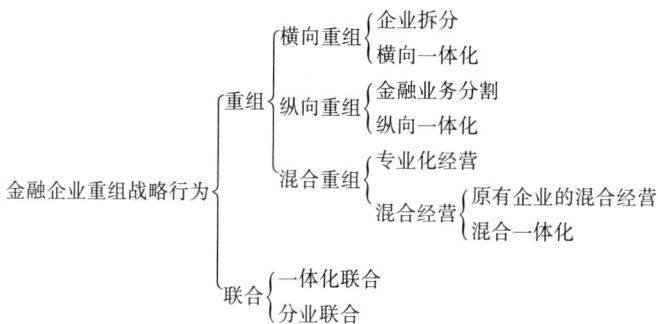

图 5-1　金融企业重组战略结构示意

（一）保险企业的横向重组行为

保险企业的横向重组包括对市场组织结构产生相反影响的两种行为：企业拆分和横向一体化。

1. 保险企业的拆分

保险企业的拆分是指保险企业出于竞争的需要或国家反垄断法的限制，将一家企业拆分成两家或多家保险企业的一种保险产业市场战略行为。如上章所述，从政府的角度看，如果保险产业的市场集中度过高，会影响保险产业市场组织行为和组织绩效，造成某些保险企业对保险市场的垄断，从而使保险产业的金融效率下降，消费者净福利受到损害。为了降低过高的市场集中率，政府有必要对给竞争造成威胁的保险垄断企业进行拆分，或对形成垄断的保险企业并购进行限制，使保险市场恢复到有效竞争的状态，最大限度地提高保险资源的配置效率。从保险产业企业的角度看，过大的企业规模，使企业在单一方向上市场进入过深，管理效率下降，并要面对过高的退出壁垒，经营风险增加。

2. 保险企业的横向一体化

保险企业的横向一体化是指业务内容相同或相近的保险企业为扩大市场份额和经济规模而进行的并购行为。横向一体化与企业拆分的作用恰好相反，它可能使保险产业市场的集中度提高，保险企业的垄断程度增加，市场势力增强，从而获得垄断利润的可能性增加。就微观而言，保险企业的横向一体化提高了自己的竞争地位；就宏观而言，消费者净福利可能受到负面影响。

（二）保险企业的纵向重组战略

保险企业纵向重组包括方向完全相反的两种行为：保险纵向分割和纵向一体化。

1. 保险企业纵向分割

保险企业纵向分割是指保险企业将原有的保险业务，按照保险业务链的前向或后向顺序，将其中的一部分内容进行分割，单独经营的过程（这与再保险业务存在性质上的不同）。在保险市场有效并且效率日益提高的情况下，新建立的保险企业（也可能是非金融企业）很可能并不是原封不动地进入保险产业的各子行业，而只是进入最能发挥其经营效率和竞争优势的某一环节，就保险企业的业务链而言，从宏观上看这实际上就是对保险企业的纵向分割。已有的保险企业经过对成本和收益的评估，将原有业务链中的一部分内容彻底或一定程度上分割出去，从而最大限度地降低成本，提高核心业务的竞争能力。

2. 保险企业纵向一体化

保险企业纵向一体化刚好是保险企业纵向分割的相反过程，是指原本由不同企业经营的保险业务，按照保险业务链的顺序，合并在一家保险企业进行经营的过程。保险企业纵向一体化的原因是交易费用或市场低效。纵向一体化可分为前向一体化和后向一体化，保险业务链更多地集中在一个保险企业进行经营，使交易成本下降，企业支配市场能力增强。但也存在着风险，如改变交易对象的灵活性下降，保险市场退出障碍提高，保险企业经营成本增加，保险企业内在激励机制弱化，等等。

(三) 保险企业的混合重组战略

保险企业的混合重组战略是近几年人们讨论最多、影响最大的话题。在中国混合重组引起人们关注的主要原因是，在我们刚刚对分业经营整顿完毕之时，国际保险业却呈现出混合一体化的发展趋势，在金融开放的情况下，我们将何去何从？但大势所趋不应代替理智科学的思考，保险产业企业的混合一体化战略无论是理论上还是实践中，事实上都包括两个相反的过程：专业经营与混合一体化，而目前我们并没有充分的证据说明哪一个过程就一定优于另一个过程。

1. 专业经营

传统的专业经营，是指一家保险企业集团只经营财产保险、人身保险、再保险等保险子行业的市场行为。专业经营的动力来源于政府和市场两个方面。就政府而言，1933 年美国的《格拉斯—斯蒂格尔法》是塑造专业化经营的最典型范例，受此影响世界绝大多数国家都遵从了这一管理原则。就市场而言，专业经营是保险企业对风险和收益评估结果的理性选择，即使是早已允许混业经营的国家，也大量地存在着专注于某一业务领域的保险企业。那些近几年放松业务范围和进入限制的国家，也基本上没有出现将所有业务都作为重点齐头并进一起发展的案例。专业化经营给保险企业带来的收益包括：一是信息效应，即专业化公司可以最大限度地受到市场的正确评估；二是管理效应，专业化公司可以集中精力专注于自己最熟悉的行业，从而使管理效率最高；三是税收或管制效应，即最大限度享受税收的优惠和回避管制；四是管理激励效应，这产生于母行业与子行业管理者效率的不同。

2. 混合一体化

20 世纪的最后 10 年，国际金融业混合一体化上演了一幕又一幕波澜壮阔的话剧。受此影响，中国理论界和实务界对混合一体化的讨论也非常热烈。其实混合一体化从来就不是什么新鲜事物，受欧洲大陆法系影响的国家，从来实行的基本上就是混业经营的一体化战略。混合一体化的收益大致有：多角化经营收益、价值发现收益、范围经济收益等。但混合一体化存在的风险也不允许被低估，包括防火墙拆除而引发的金融风险，新行业进入的风险，管理效率下降的风险等。20世纪最后10年所发生的混合化并购，虽然风起云涌，一浪高过一浪，但时至今日，对其所带来的宏观和微观效益与风险我们还无法准确评估。

（四）保险企业的联合战略行为

从本质上看，保险企业的联合战略行为是保险企业实现横向重组行为、纵向重组行为、混合重组行为更为松散和自由的方式而已。保险企业联合战略行为应包括企业的联合行为与逆联合行为。保险企业的联合行为有以下实现形式：代理企业、保险同业俱乐部（协会）、保险战略联盟（战略联盟又可以细分为契约联盟、合资形式联盟、子公司形式联盟）、保险某项业务的合作机构、业务外包、服务水准协议等。保险企业的逆向联合行为从理论上讲，是保险企业退出联合独自完成某项或所有业务的行为，这种战略行为在金融市场一体化、金融竞争全球化的情况下，很少发生，但当某个保险企业的实力膨胀到一定程度，不需要联合就可以实现经营目的时，逆向联合行为也可能发生。

二、金融企业重组行为发展变迁的历史回顾

保险产业属于金融产业，所以通过对整个金融企业重组行为发展变迁的历史回顾，可以从全局理解保险企业重组行为的演进脉络。近百年来，发达资本主义国家的市场组织结构发生了五次大规模的调整，与之相适应，金融产业也发生了三次重组浪潮（见表5-1）。第一次金融业重组浪潮，实际上与第一、第二次非金融企业的重组高潮相重叠；第二次重组浪潮与非金融企业的第三、第四次并购高潮相重叠；第三次与非金融企业第五次并购高潮同时发生。

表 5-1　全球企业重组的发展历程

时间	非金融企业			金融企业		
	次数	方式	内容	次数	方式	内容
19 世纪末至 20 世纪初高峰 1898—1903 年	第一次	水平并购	单个企业规模扩大	第一次	水平并购	银行业为主；银行资本与产业资本融合形成金融寡头
1922—1929 年	第二次	纵向并购	中小企业并购			
1950—1960 年	第三次	混合并购	多文化企业得到发展	第二次	水平并购	银行业为主；美国是持股公司；英国、日本银行合并；德国向企业渗透、综合化，海外扩张
20 世纪 70 年代中期至 80 年代末期	第四次	向国外扩张	杠杆并购起了很大作用，小企业并购大企业			
20 世纪 90 年代至今	第五次	第三产业为主	大企业并购	第三次	混合并购	上半期：中小银行并购 下半期：①规模大 ②各国法律松动 ③跨国并购

　　注：本表根据王益《资本市场》(经济科学出版社，2000 年版，第 326 页) 和白钦先、薛誉华《百年全球金融并购：历程、变迁及其效应》(《国际金融研究》，2001 年第 7 期) 有关资料整理而成。

　　(一) 金融业的第一次重组浪潮

　　金融企业与产业资本的一体化趋势相适应，在 19 世纪末到 20 世纪 30 年代大危机之前，形成了第一次一体化浪潮。这次一体化浪潮的特点可以概括为以下几点：(1) 持续的时间长。从 19 世纪中叶开始酝酿，到 20 世纪 20 年代才进入高潮，前后经历了 70～80 年的时间。(2) 与非金融业的中小企业并购相适应，金融并购以银行并购为主，主要是中小银行。因此，银行并购数量多，但规模并不大。英国 1865 年有各类银行 250 家，到 1900 年只有 78 家，1915 年只剩下 61 家。在美国 1920 年有银行 30291 家，1929 年已下降到 25568 家，十大财团控制了美国金融业 90% 以上的资产和资本。在日本 1901—1913 年银行总数由 1867 家下降到 374 家。(3) 以银行业水平并购为主。此期间的金融并购主要是银行业的并购，很少涉及证券业和保险业。

　　(二) 金融业的第二次重组浪潮

　　非金融企业的第三次并购浪潮出现在第二次世界大战结束以后的 20 世

纪 50 年代，并在 60 年代达到高潮，其特点是时间长、规模大，并以混合并购为主要形式，企业的多元化战略得以发展。在 70—80 年代的并购浪潮中，出现了杠杆并购，即小企业并购大企业的现象，金融业的支持使这种并购得以实现。这次并购浪潮还出现了跨国并购的现象。

与非金融企业的并购相适应，金融业的这次并购浪潮表现出以下特点：（1）以银行业并购为主，但开始涉足证券业和保险业。（2）主要表现为大银行并购小银行，银行分支机构增加，银行家数减少。美国仅 1979 年就有 217 家独立的银行成为大银行的分行，到 1979 年美国共有 36403 家银行分支机构，是 1947 年的 8.8 倍。英国 20 世纪 60 年代初伦敦证券交易所的证券批发商有近 100 家，到 1983 年仅剩下 17 家，证券公司也由 305 家下降为 214 家。（3）伴随着金融自由化的深入，银行业的跨国经营和并购开始出现。1960 年美国境外银行分支机构有 124 家，1973 年则为 573 家，1979 年达到 779 家。外国银行在美国的数量也迅速上升，到 1980 年美国有外国金融机构 342 家。在英国的外国金融机构从 1950 年的 53 家增加到 1975 年的 335 家。

（三）金融企业的第三次重组浪潮

金融业的第三次一体化浪潮与非金融企业的第五次并购浪潮完全一致，从 20 世纪 90 年代初开始，到 21 世纪初渐趋平静。在这次并购浪潮中规模和速度都达到空前的程度，案例数和资产量都达到 20 世纪 80 年代最高潮年份的两倍。如波音公司斥资 133 亿美元收购麦道公司等，但并购主要发生在第三产业，如时代华纳被美国在线并购。在第三产业中最突出的是金融业。金融业本次重组的特点可概括为：

（1）来势凶猛、规模大，金融并购构成了企业第五次并购浪潮的主体

近 10 年的金融并购总值已突破 1.4 万亿美元，仅 1997 年全球金融并购金额就达 12023 亿美元，10 年前全世界还只有 1000 件左右金融并购案，总金额约 500 亿美元；1995 年世界金融并购案 4100 多件，涉及金额 2500 亿美元，1995 年日本东京银行和三菱银行合并为东京三菱银行，成为总资产 6700 多亿美元的全球最大的银行；美国大通银行和化学银行合并，合并后的新大通银行成为美国当时最大的银行，资产总额达 3000 亿美元；1997 年，瑞士银行与瑞士联合银行合并，合并后的瑞士联合银行资产达 6000 亿美元，成为当时世界第二大银行。1998 年 4 月 6 日，美国花旗银行与旅行者集团合并，合并后的总资产达 7000 亿美元，成为新的世界第一。此后一周，美国西海岸最大的银行美洲银行与全美第三大银行国民银行合并，新成立的美洲银行集团，位居 2000 年世界第三大银行。同一天，美国第一银

行与芝加哥第一银行也宣布合并，合并后的第一银行公司在美国居第 4 位，① 在世界（2001）居第 14 位。2000 年，日本兴业、第一劝业和富士银行组成瑞穗集团，瑞穗集团按总资本排名，2000 年排世界第二位，2001 年排世界第三位。日本三和银行、东海银行和旭日银行在 2001 年合并，组成联合金融控股集团，在 2001 年全世界总资本排名中名列第 9 位。由日本住友、樱花银行组成了"三井住友集团"，在 2002 年全世界总资本排名中，名列第 6 位。英国的汇丰银行花费 70 亿美元吞并了伦敦的米德兰银行和纽约的米德兰银行。在世界 1000 家大银行的排名中，目前处于前 10 位的银行几乎都是经过 20 世纪 90 年代的并购而来，见表 5-2 和表 5-3。

（2）各国政府限制金融业并购的法律明显松动，特别是各国对跨业经营的限制明显放宽②

美国 1999 年取消了《格拉斯—斯蒂格尔法》，新通过的《金融服务现代化法案》取消了金融企业跨业经营的限制；日本 1998 年实施金融控股公司法，允许银行、证券设立金融控股公司；英国 1986 年的金融"大爆炸"式改革和此后的一系列法律法规使得金融并购环境更加宽松。

（3）金融业跨业并购成为主要趋势

这次并购与以往的金融并购不同之处还在于，很多大的金融并购案都着眼于混业经营。如美国的花旗集团并购完成后，既有银行业务，也有保险和证券业务。1999 年，德意志银行耗资近百亿美元收购了一家美国投资银行，以增强其投资银行业务方面的实力。

（4）跨国并购趋势突出

表现明显的是美国、日本、英国、法国，此外，瑞士、澳大利亚、荷兰、意大利、加拿大等也日益加入并购的浪潮中。1997 年东南亚金融危机以后，欧美银行在亚洲新兴市场经济国家的并购步伐加快。

（5）企业重组战略行为多样化

本次金融企业重组，虽然以混合重组最为引人注目，但横向重组、纵向重组、联合重组也表现突出。特别是发达国家在战略联合方面所推出的新模式、新理念，如虚拟企业柔性化组织等，使这次金融产业战略重组更加丰富多彩。

---

① 李富友. 美国金融业并购的特征与发展趋势［J］. 国际金融研究，2000（10）.
② 张大荣. 日本银行业重组格局基本形成［J］. 国际金融研究，2000（6）.

表 5-2　1988 年世界前 50 家大银行核心资本名次

资本排列	资产排列	行名	资本（百万美元）	资产（百万美元）
1	17	国民西敏寺银行	10907	178505
2	14	巴克莱银行	10545	189368
3	11	花旗银行	9864	203827
4	3	富士银行	9018	327765
5	8	法国农业信贷银行	8740	214382
6	2	住友银行	8550	334654
7	1	第一劝业银行	8481	352533
8	4	三菱银行	8200	317760
9	6	日本兴业银行	8155	261479
10	5	三和银行	7567	307392
11	31	瑞士联合银行	6715	110760
12	22	中国银行	6620	150372
13	19	德意志银行	6460	170808
14	67	日本开发银行	6430	64960
15	10	三菱信托银行	6342	205962
16	35	瑞士银行	6055	102466
17	18	东京银行	5913	171399
18	40	劳埃德银行（英）	5867	93800
19	49	摩根银行	5838	82651
20	12	巴黎国民银行	5567	196955

表 5-3　世界 1000 家大银行前 25 家一览表

2002 年	2001 年	名称	一级资本（百万美元）	税前资本（百万美元）	资本充足率（%）	资产回报率（%）
1	1	花旗银行（美国）	58448	21897	10.92	2.08
2	3	美洲银行集团（美国）	41972	10117	12.67	1.63
3	2	瑞穗金融集团（日本）	40498	-11477	10.56	-0.97
4	4	摩根大通公司（美国）	37713	2566	11.88	0.37
5	5	汇丰控股公司（英国）	35074	8064	12.99	1.16
6	—	三井住友银行公司（日本）	29952	-4867	10.45	-0.58
7	6	农业信贷银行（法国）	28876	2271	11.80	0.46
8	—	东京三菱金融集团（日本）	25673	-2392	10.30	-0.32
9	—	联合金融控股公司（日本）	23815	-13194	11.04	-2.14

2002 年	2001 年	名称	一级资本（百万美元）	税前资本（百万美元）	资本充足率（%）	资产回报率（%）
10	7	中国工商银行（中国）	23107	740	—	0.14
11	18	中国银行（中国）	22085	1319	8.3	0.32
12	8	德意志银行（德国）	21859	1589	12.10	0.20
13	16	苏格兰皇家银行（英国）	21830	6200	11.52	1.19
14	11	第一银行公司（美国）	21749	3800	12.20	1.41
15	14	巴黎国民银行（法国）	21748	5780	12.60	0.79
16	12	裕宝银行（德国）	19154	1365	10.80	0.21
17	68	美联银行（美国）	18999	2289	11.08	0.69
18	20	威尔士法戈银行公司（美国）	18247	5485	10.45	1.78
19	—	苏格兰—海法银行（英国）	18086	3814	10.55	0.95
20	23	巴克莱银行（英国）	18046	5233	12.50	1.04
21	13	瑞士联合银行（瑞士）	17482	4005	15.14	0.54
22	17	荷兰银行（荷兰）	16942	3184	10.91	0.60
23	21	中国农业银行（中国）	15971	36	—	0.01
24	26	西班牙国际银行（西班牙）	15209	3734	12.76	1.18
25	24	荷兰国际银行（荷兰）	15070	1912	10.57	0.49

从以上对整个金融产业的企业重组行为发展变迁的历史回顾，可以看到，对于金融产业中重要一员的保险产业而言，其企业重组行为也经历了三次浪潮。

下一节我们将具体详尽地分析保险产业企业重组行为的收益和风险分析。

第二节　保险产业的企业重组行为

保险产业的企业重组战略行为包括横向重组行为、纵向重组行为和混合重组行为。本节将分别对这几种重组行为进行收益和风险分析。

一、保险企业横向重组战略行为

保险产业的横向重组行为包括横向一体化行为、企业横向拆分行为。

（一）保险产业的横向一体化行为

1. 横向一体化的收益分析

保险企业的横向一体化战略，是指保险企业在原有经营范围内通过兼并联合同类保险企业或投资兴建新的营业网点，形成多分支机构的企业，以扩大营业规模。横向一体化所带来的经济效益来自"多工厂经济性"（Multiple Plant Economy Economies），因为多分支机构的企业有条件充分利用多分支机构的各种经济，主要包括：（1）企业能够把相对稳定的固定成本（如管理成本）分摊到各分支机构的整体经营规模之中，从而获得"多工厂经济性"。（2）相对于产品价格而言，如果地理位置使服务成本提高，则可以在没有营业机构的地方增设（或合并）分支机构，从而减少由于地理位置而增加的营业成本。（3）只有一个营业机构的保险企业若同时经营不同的保险产品，业务内容从一种产品转到另一种产品，而浪费生产转换的时间，且不利于专业化业务的熟练程度的提高。如果一些机构经营一类产品，而另一些保险机构经营另一类产品，会取得"持续运作经济"（Continuous Operation Economy）。（4）多营业机构的保险企业可以更适应市场对保险需求的变化，在市场对某一保险产品的社会需求发生变化时，可以及时调整产品结构。

横向一体化战略的最大优势是操作简单，因为两个保险机构原有业务内容完全相同，所以在专业知识上不存在信息不对称。相同保险企业的合并，其目的在于消除竞争，扩大市场份额，增加并购企业的市场势力，形成规模经济。

2. 横向一体化的风险分析

横向一体化战略的风险主要表现在：（1）横向一体化的规模扩大有可能在市场上形成垄断，就社会而言，可能产生垄断势力，由此降低社会净福利；就企业而言，可能受到反垄断法的指控。（2）由于横向一体化使企业在一种业务或产品上进入加深，因而可能会增大市场退出的障碍。

值得强调的是，虽然横向一体化战略不失为迅速扩大企业规模和增加市场份额的有效方式，但就宏观而言，它并不会导致营业规模和市场份额的增加。这是因为两个兼并的企业，在兼并以前就已经存在了，它们各自拥有自己的市场规模和份额。并购只是将属于两个保险企业的市场份额变成一个企业的而已。只有当并购发生以前，其中一个企业的营业能力没能充分发挥作用，而相应的市场需求却依然存在的情况下，如果并购使原有生产能力得以充分发挥，此时，整体保险营业能力才表现为提高。当然合并可能使原有的重复劳动得以剔除，管理效益更大，也会产生协同效应。

（二）保险产业的横向拆分行为

1. 保险产业横向拆分行为的收益

（1）保险产业横向拆分行为可以降低市场的垄断程度。保持一个有效竞争和充满活力的保险市场组织结构是各国保险监管的目标之一，为了做到这一点，很多国家在特定时期对保险机构实施了横向拆分政策。这些国家大多是前社会主义国家，在经济体制转轨过程中，这些国家往往将原来大一统的保险拆分成为数量众多的商业保险企业，从而增加市场主体，提高竞争程度。

（2）保险企业横向拆分行为是国家保险体制改革的需要。很多前社会主义国家在转轨过程中，对原有保险进行拆分，是为了改变原国有保险的产权关系，增加非国有保险企业的数量，深化保险体制改革。国有保险的资产负债往往规模巨大，在进行私有化改革过程中，如此大规模的国有企业很难实施私有化，因此很多国家是在对保险拆分的基础上实现私有化的。

（3）就微观而言，企业拆分是企业增强竞争能力、提高管理效益的需要。一个企业的管理效率随着企业规模扩大而递减，当企业规模扩大而增加的管理成本超过了企业规模扩大而带来的收益时，企业规模扩大的过程就会停下来。当在位企业的规模由于市场或其他因素的变化显得相对过大时，企业拆分就是实现股东权益最大化的一种选择。如很多保险公司在并购过程中，由于决策失误，并购后企业的效益并不理想，只好将其中的一部分业务拆分出去出售给其他保险企业，以便突出自己的主业，提高经营效率。

2. 保险产业横向拆分行为的风险

横向拆分如果使用得不合理，也会产生以下风险：（1）市场竞争主体过于分散的风险。保险产业是经营风险的高风险行业，一定的企业规模是抵御金融风险的因素之一。因此，过度的企业拆分，会使保险企业规模缩小，个体抵抗风险的能力受到削弱，很多前社会主义国家，在将大一统的国有保险企业拆分以后，均不同程度地出现了保险机构的风险，不能不说与保险企业的过度拆分有关。（2）影响金融创新和金融发展的风险。过度限制保险企业的规模，可能影响保险企业的竞争实力，影响保险企业的金融创新。过度的并购限制，也会影响一国保险产业的发展，延缓保险企业的正常扩张进程。如在 20 世纪 90 年代以前，美国严格的业务和机构限制对美国包括保险在内的金融机构在国际金融市场上的竞争仍产生了诸多不利的影响。

二、保险企业纵向重组战略行为

（一）保险企业纵向一体化行为

1. 保险企业纵向一体化的含义

保险企业的纵向一体化是指保险企业在供、产、销方面实行纵向渗透和扩张。企业可进入目前业务的供应阶段或使用阶段，实现同一产品链上的延长。例如，一家保险公司原来的保费投资主要是用于购买基金或投资于其他信托公司，如果保险公司自己组建基金管理公司或信托业务部，则等于前向一体化。同样道理，如果一家保险公司的保费收入很大一部分来源于代理机构的代理收入，则保险公司可以建立更多的网点，从而使业务向后延伸，实现后向一体化。

2. 纵向一体化的动因

企业纵向一体化的主要动因有两个：一是交易费用，二是范围经济。

（1）金融企业纵向一体化与交易费用

交易费用理论（Transaction Costs）又称内部化理论，在 20 世纪 70 年代后期兴起。这一理论不再以传统的消费者和厂家作为经济分析基本单位，而是把交易作为经济分析的细胞，并在有限理性、机会主义动机、不确定性和市场不完全等几个假设的基础上展开，认为市场运作的复杂性会导致交易的完成要付出高昂的交易费用。为节约交易费用，可以用新的交易形式——企业来代替市场交易。通过企业兼并重组和内部化来节约交易费用。根据科斯的观点，企业和市场是两种可以互相替代的资源配置机制。

企业的重要特征是通过企业家而不是市场机制来配置资源和组织经济活动。企业内部经济活动的协调可以节约交易费用。交易费用是企业在市场中用于寻找贸易伙伴、订立合同、执行交易、讨价还价、监督违约行为并对之制裁等方面的费用支出。当市场的交易费用很高时，市场不再是协调经济活动和配置资源的一种有效方式，而应通过企业将交易内部化来节约组织经济活动的成本。但组织企业内部的活动也需要一定成本和费用，这种费用称为组织费用。随着兼并活动的进行，企业规模越来越大，组织企业内部活动的费用也随之增加，当企业规模扩大到一定程度时，组织费用的边际增加额与交易费用的边际减少额相等，公司就不会再通过兼并扩大规模。因为再扩大规模组织费用也就更高，会抵销因兼并而减少的交易费用。所以，交易费用理论认为兼并的边际条件应是企业边际交易费用节约额等于边际组织费用增加额。根据科斯的理论，在竞争条件下，实现兼并的这种均衡能导致企业生产和分配的有效组织和资源的有效配置。

威廉姆森（Williamson）发展了科斯的研究成果，在市场交易费用导致企业兼并的假设下，威廉姆森认为交易费用的主要来源，一是有限理性（Bounded Rationality）。现实生活中从事经济活动的人所面对的是一个复杂的、不确定的世界，而人们处理信息、制定决策的能力总是有限的，这就决定了人们不可能事先预测各种突发事件。如果一个企业完全依靠市场取得必需的投入品，通过销售组织推销其产品，一旦出现意外情况，企业就不能按计划完成交易，企业就会蒙受相应的损失。通过产供销垂直一体化，企业就能获得对各种随机现象的应变能力。二是机会主义（Opportunism）。一些企业和个人为了谋求自身的经济利益，而采取一些不正当的手段，如筛选和扭曲信息，甚至说谎、欺骗等手段误导交易对方。通过垂直一体化，就能大大减少由机会主义造成的交易成本。三是讨价还价问题（Bargaining Problem）。企业在同交易对方的谈判中会发生讨价还价问题，特别是当市场上的交易对象较少，企业没有多大选择余地，而且交易一方为另一方所投入的资产专用性（Asset Specificity）较强时，因此而发生的交易费用就非常多。这在西方经济学中被称为"少数讨价还价问题"（A-Small Number of Bargaining Problems）。因而，产、供、销企业间的"少数讨价还价问题"越严重，所发生的交易成本越多，企业实行垂直一体化的动机就越强烈。在研究垂直一体化的经济性时，一些西方学者认为，除了交易费用外，还应当强调"需求的可变性"（Demand Variability），因为资源具有稀缺性，而市场对某些资源的需求往往呈波动状况，因而常会产生资源需求大于资源供应的现象，企业为了获得稳定的投入要素，在竞争中取得资源优势，往往会采取垂直一体化。此外，一体化程度越高，进入该项业务所需要的财务和管理资源要求也就越高。因此，在某个行业的企业可以通过经营一体化作为提高进入障碍并防止潜在的、新进入者进入的方法。

（2）保险企业纵向一体化与范围经济

纵向一体化就是把上阶段的产出作为下阶段的投入这样一系列纵向生产过程集中在一个企业里。在纵向生产过程中，各阶段生产的产品，虽然上游为下游的投入品，但若是由不同企业制造并在市场上出售，理所当然被视为不同的产品。同理，即使纵向一体化企业只生产一种产品，仍然可以把各个阶段的产品（中间品）看作不同产品。因此，纵向一体化企业实质上是多产品生产企业，只不过这些产品在企业内部交易，只有最后一阶段的最终产品才到市场上交易。这样，就可以用范围经济的原理来讨论纵向关系。

在保险产业中，保险企业即使只生产和经营纵向生产过程某一阶段的产品，它掌握的技术、经营知识和信息却并不只限于本阶段，为了使生产和经营正常进行，它必须了解或掌握上、下游各个阶段的技术特点、经营特点和信息，由于纵向生产过程的各个阶段在技术和产品上存在相似性或关联性，所以，它对相邻阶段的技术特点与经营方法相当熟悉。例如，某个保险公司，虽然是主要经营保险业务，但它对投资业务也比较熟悉，因为一部分保费要用于基金投资，所以保险公司对基金的管理技术也基本上能够掌握，否则巨额的资金投在基金上风险是很大的。同样，保险公司只有对信托业的投资管理非常清楚，才能在运用保险费进行信托委托时，与信托公司讨价还价。而且，随着全球老龄化社会的到来，养老保险成为现代保险特别是寿险业承保的最重要保险之一。与传统保险不同的是，养老保险并不是保险的专营领域，证券市场有许多产品在功能上与养老保险同质，因此养老保险产品面临着与基金、信托产品直接的市场竞争。加上由于人类平均寿命不断增加，保险公司也惮于开发固定收益类的年金产品，因此近年来我国部分保险产品，特别是新型人身保险，在产品设计、运作机理等方面开始与证券业的产品趋同。比如近几年在中国保险市场热卖的投资连结保险、万能保险，在产品设计上就与基金产品很类似，在法律关系上也接近于信托制度。

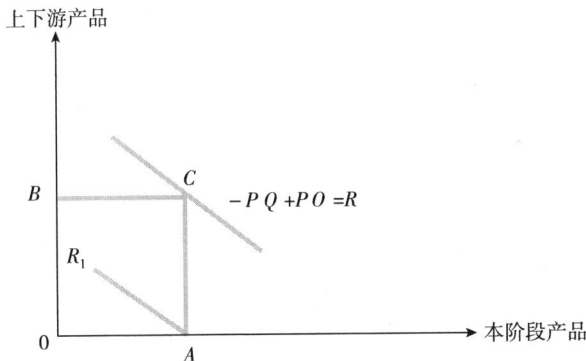

图 5-2　纵向一体化的范围经济效应

为了便于分析，用图 5-2 表示。图中 P_i 代表产品价格，Q_j 代表产品产量，$P_1Q_1+P_2Q_2=R$ 是与生产可能性边界相切于 C 的收入为 R 的等收入曲线。企业只生产一个阶段的产品即 A 点是不经济的，它提供的收入为 R_1，C 点为企业提供了最佳选择，即生产多阶段产品，收入为 R，$R>R_1$ 纵向一体化提供了范围经济，其经济性可用 $\Delta R : RR_1$ 来度量（这与我们第三章的范围经济效应本质是相同的）。

由技术、管理知识和经营信息带来的范围经济 $\Delta R=R-RI>0$ 并不是一个可以忽略的数值，它常常可以大到足以激励企业进行纵向联合。例如，David J. Teece 的研究认为，技术知识、经营管理经验和获取信息的能力是很有价值的，获得它们的代价也是非常昂贵的，这些无形资产在市场上出售，不易定价，易被低估，所以许多公司跨国经营时，通常不是通过技术转让，而是进行直接投资，以利用其先进的技术、掌握信息的能力和市场经验等。再如，企业进入一个新领域时，没有该领域的技术知识和经营经验，要建立新厂是非常困难的，所以，世界经济史上多样化企业的形成大多数是通过兼并或收购的办法进入新领域，以利用被兼并企业的技术知识和经营经验在不熟悉的领域寻求发展。技术与管理知识的价值也可以说明为什么许多企业是靠懂技术同时又对相应领域的经营非常熟悉的技术人员来建立起来的①。

综合上述分析，笔者认为纵向一体化的利益在于：第一，能够稳定保险企业上游产品在供应量和价格上的波动，避免这种波动对企业成本及业务水平的影响，从而降低经营风险。第二，能够稳定下游产品在需求量和价格上的波动，使金融风险降至最低。第三，能够最大限度地发挥本企业所拥有的知识信息优势，在拓展相邻企业的业务过程中实现范围经济。第四，能够最大限度地降低与上游和下游产品交易时产生的交易费用，使总交易成本降至最低。

3. 保险企业在实施纵向一体化的过程中，可能面临以下风险②

（1）纵向一体化可能会降低改变交易对象的灵活性。纵向一体化意味着加强了产业链中各经营单位的相互依靠性，但一体化保险企业内部之间可能因技术上的变化、产品设计的变化或管理上的问题等产生不协调。例如，上游部门的产品成本上升、服务质量下降；而销售部门的市场开拓不力等现象。此时，企业要换上游部门或销售部门，其成本要比调换独立的上游和客户的成本大得多。因此，从这个意义上，纵向一体化降低了灵活性。（2）纵向一体化会提高退出障碍。纵向一体化后，提高了资产的专用性，加上各营业单位之间的依赖关系，这时，纵向一体化会提高总的退出障碍。（3）纵向一体化会增加成本。首先，纵向一体化可能降低企业分配投入资金的灵活性。因为整个纵向链的业绩取决于各个环节，因此企业可能必须投资于那些入仅敷出或入不敷出的环节上，以保证整个实体，而不能向其他方面投资。这样可能会造成企业缺乏用于其他方向成长的资金。其次，维持纵向生产力的平衡需要更多的费用。纵向产业链中的生产过剩（或需求过量），必须在公开市场上出售某些过剩产品（或购买某些不足的

---

① 张仁华，等. 范围经济与纵向一体化 [J]. 管理工程学报，1997（4）.

② 尹义省. 适度多角化——企业成长与业务重组 [J]. 生活·读书·新知三联书店，1999：83—86.

投入品），在这种情况下维持平衡就显得很困难。因为这种纵向关系往往迫使保险企业与其竞争对手交易，而竞争对手则由于担心在交易中处于劣势地位可能不愿意交易。此外，服务能力的增加可能在上下两个阶段是不平衡的，这些不平衡会导致各阶段服务平衡的难度加大、费用增加。最后，由于纵向链各环节的管理上存在差异，因此，不能将相同的管理方式和方法运用于纵向链中的不同环节，这样一方面会增加管理协调的难度，另一方面也会增大管理成本和风险。（4）会弱化激励。由于纵向一体化将交易内部化，可能不如市场机制更有动力。威廉姆森认为，强刺激动力指的是与市场体制相伴随的利润刺激动力，而弱的刺激力则与各层组织相联系。有时人为地保护内部市场会助长企业内部的惰性，削弱其市场竞争性，不利于提高企业的创新能力。

保险产业是一个产业链很短且不明显的产业，上游产品和下游产品很难明确区分开来，因此保险企业在利用纵向一体化理论组织本企业运营时受到的限制较大。但纵向一体化的基本思想对保险企业是适用的，特别在保险产业业务范围逐渐放宽的今天，纵向一体化确实能为很多受市场交易影响过大的保险企业提供改革的思路。

（二）保险企业纵向拆分行为

保险企业的纵向拆分行为是指将原来由一家保险机构经营的业务，按照业务（产业链）的分工，拆分成由几家保险机构（或非保险机构）分头完成不同业务内容的行为，即将某项完整的保险业务分解成若干项单个的可以独立服务的过程。

1. 保险企业纵向拆分行为的表现

目前，市场上已经出现的拆分行为主要表现在以下几个方面：

（1）对保险企业收集信息和处理信息功能的分解。保险企业属于金融机构，其金融功能从本质上讲也是收集信息、处理信息的企业，利用自己在信息占有方面的优势解决市场信息不对称的问题，从而使市场行为变成企业行为。美国保险公司推出的货币市场净值保单承诺，一旦标的资产违约，货币市场基金的资产净值低于预先设定的价值水平，保险公司即予以赔偿。这实际上是将传统意义上的理赔业务的赔款前分析、赔款后监督、风险控制等环节分解为若干相对独立的部分，分别由信用评级机构、投资基金公司甚至非金融机构完成。

（2）对保险企业营销和理赔支付功能的分解。传统的保险营销和支付是依靠庞大的分支机构或代理人来完成的，互联网的出现使保险分支机构作用大大下降，保险企业营销和理赔支付功能可以在互联网上完成，并且成本低廉，使用更为方便和快捷。

（3）对保险企业融资管理过程的分解。保险风险证券化使保险企业管理风险的业务流程被划分为几个相对独立的部分：首先，保险公司作为风险的经营者和管理者向被保险人提供风险保障，收取相应保费并最终负责向被保险人提供风险保障；其次，由证券经销商将各种保险人承保的风险打包分组，并以此发行抵押证券；再次，由信用评级机构对这些证券进行评级；最后，由证券经销商将证券出售给投资者。这一过程实际上改变了保险公司的角色地位。保险公司从风险的经营者变成了中介机构，其盈利模式和对保单持有人的责任发生了重大的变化。也可以将这一过程看作保险企业将部分业务外包的过程。

（4）对保险企业传统业务的分解。传统的保险业务流程可以概括为保险推销—订立保险合同—管理保险资金—保险投资—保险理赔的过程。现代保险代理机构和投资管理公司的出现，使保险公司出现了"两头在外，一头在内"的运行模式，实际上现代保险业已将很大一部分业务外包给专业的代理机构完成。

2. 保险企业纵向拆分的收益

保险企业纵向拆分可以获得以下收益：（1）专业化管理的收益。现代经济运行日趋复杂，规模日益庞大，由一家机构完成所有的业务流程，已不适应专业化越来越细的需要。由不同机构分别完成保险业务一个环节，有利于最大限度地提高专业化管理的水平，使得总风险下降，总收益提高。

（2）纵向拆分使保险交易更加灵活。每一个环节交由不同的机构完成，可以使交易对象选择余地增加，从而最大限度地降低交易成本。

（3）纵向拆分使保险企业的进入障碍和退出障碍明显下降。竞争者不再必须完成所有的业务程序，就可以进入保险行业，从而使进入壁垒降低。竞争者只负责业务链的某一环节，市场退出的成本下降，市场退出壁垒降低。

3. 纵向分拆的风险

在市场不完善、信用制度和法律制度不健全的情况下，纵向拆分会有如下风险：

（1）有限理性使市场交易过程的不确定性增加。

（2）机会主义使监督成本增加。

（3）谈判成本由于谈判环节的增加而增加（社会总谈判成本）。

（4）相关业务的知识无法充分使用，从而造成知识和管理资源的浪费。

三、保险企业混合重组行为

(一) 保险企业的混合一体化

随着各国对保险企业经营范围的放宽，保险业、银行业、证券业实际上的防火墙已不复存在，我们把这种金融业内部的混合一体化称为第一层次的混合一体化。在很多国家对金融业进入非金融业的限制也在放宽，特别是欧洲一些传统上实行全能银行制度的国家，如德国、瑞士、奥地利等，对金融业投资于非金融业和非金融业投资于金融业没有限制，这就为保险产业实施更广泛的混业一体化战略打下了基础。我们把这个层次的一体化称为第二层次的混合一体化。

1. 保险企业混合一体化的收益

若兼并与被兼并金融机构处于不同业务、不同市场，且这些业务部门的产品没有密切的替代关系，兼并双方也没有显著的投入和产出关系，则这种兼并为多元化兼并或称为混合兼并。降低、规避风险是多元化兼并的重要成因之一。另一种观点认为，进行多元化兼并是为了更有效地利用其资产，即资产利用理论。这种理论认为可以把企业或保险等金融机构看作从事一定独立经营活动的有形资产、人和无形资产的集合。某些资产具有专用性，只能用于生产特定商品和服务，而另一些资产可以通用于生产一定种类的产品和服务。如果这种类型的资产在企业或保险公司内部没有得到充分利用，或者根据经营状况无法得到充分利用，那么可通过多元化兼并来利用这部分资产，因为多元化兼并可能比在市场上出售或租赁更有效率，通过多元化兼并对资产的利用可以包括以下几种情况：

(1) 资产是一种固定的生产要素，可以把固定成本分散在尽可能多的品种的产品或服务上，从而降低成本，提高收益。

(2) 对那些具有季节性需求的产品，生产互补性季节产品可以提高资产利用率。

(3) 对于产品的需求是变化的，生产几种产品，可以弥补由于需求的变动而引起的设备利用率的下降。

(4) 如果面临长期的或周期性的需求下降，企业或保险公司可以通过多元化兼并来抵消生产或经营能力的下降。对保险产业来讲主要体现在管理资产、人力资产和技术资产等无形资产上。

(5) 混合一体化还可避免与反垄断法规的冲突，因为有些国家通常以某一市场的集中率来界定垄断企业，而混合一体化是对不同产业市场的集中控制，它对特定产业的市场集中度影响不大。

2. 保险企业混合一体化的风险

混合一体化所降低的风险有时是以管理效率为代价的。从事多元化经营的企业，其管理人员至少需要了解两项以上业务的基本特点，能制定并实施有利于每项业务正常发展的战略和对各项业务活动的业绩进行恰当的评价。如果从混合一体化使企业同时进入了陌生的业务和陌生的市场这一角度看，混合一体化本身就是风险。20世纪六七十年代是西方国家的企业实施多元化战略的高潮时期，但是到了80年代，这些企业逐渐认识到多元投资引起的管理权过于分散、管理部门重叠、高层管理部门脱离经营现场等结果给企业带来的伤害，远远大于可能降低的风险给企业带来的好处。整个经济的不景气也使那些投资过于分散的企业无法再继续为处于不同产业的企业提供发展甚至是维持的资金。因此，西方国家的企业开始出售或剥离那些与企业主要业务完全无关的业务部分，重新回到集中战略或一业为主的战略，掀起了"返回核心"的热潮。据IBM公司统计，75%的金融服务合并和收购没能达到规定的财政目标，特别是混合并购失败的概率达3/4。因此，保险企业在决定是否采取混合一体化战略时需要考虑的问题有：

（1）企业是否具有进入新业务的技术和管理经验。尽管混合一体化能使保险企业进入比原有业务更有市场发展潜力的产业，从而扩大企业的销售量和利润量，提高企业的发展速度，但是在这些新行业中，企业缺乏经验和应付困难局面的技能。

（2）公司是否具有协调各项不同业务的能力。由于通过混合一体化组成的保险企业内各项业务之间缺乏战略上的一致性和协调性，使得保险企业总体经营效果并不一定会比各个业务经营效果之和要好。更有甚者，公司的集中管理政策会妨碍各项业务潜力的最大限度发挥，从而压制了各项业务的发展。例如，为了支持某项业务的发展，要求其他业务提供资金和资源，而一旦该项业务不能实现公司要求的发展目标时，无疑就影响了整个公司。

（3）混合一体化所产生的效应能否弥补由业务多样化带来的管理成本的增加。从理论上讲，混合一体化由于进入不同的业务领域，从而能使企业获得最大的业务平衡性，分散经营风险。但事实上通过混合一体化平衡业务周期的目的很难实现，而由此引起的管理困难和混乱的风险并不一定就比投资单一的风险要小。20世纪80年代后期出现的"大企业病"不能不说是混合一体化的结果。由此出现了许多大企业再度集中、回归原主要业务的浪潮，即从混合一体化到归核化。

（二）保险企业专业化重组行为

企业的专业化重组行为是指企业由混合一体化经营模式经过分立恢复

到专业经营模式的重组行为。20 世纪 80 年代西方很多企业"返回核心"的专业化重组行为，就是对混合一体化与专业化重组两者的风险和收益进行理性评估的结果。

1. 保险企业专业化重组的收益

西方学者对公司进行了大量的实证分析，形成了多种理论观点，力求从多个层面对专业化重组的动因、效应进行尽可能全面的解释。这些理论观点无疑有助于我们加深对专业化重组的理解和认识。归纳起来，专业化重组主要涉及以下一些因素：

（1）信息效应。信息效应理论认为，在二级市场中，由于信息不对称和效率低下的缘故，子公司资产的真实价值由于其所归属的公司结构的复杂性而难以判断。考虑到公开上市公司的信息披露要求和证券分析的性质和范围，公司各部分的价值似乎不太可能被低估。不过证券分析趋向专业化，一个保险业的分析家可能会低估一家综合金融公司中的证券业务，因为他并不熟悉这些业务。而通过分立，创造出新的公开交易证券，就可以刺激他收集更多的可以公开取得的信息。从这一角度来看，信息效应至少可以部分地解释企业通过分立所获取的收益。

同时从国外股市的情况来看，投资者一般都看好"主业突出"的公司。一方面因为这样的公司管理效率高、经营灵活。另一方面，从这样的公司也相对容易获得准确的信息。专业化重组后，各个子公司会被直接展现在投资者面前，这样也有利于投资者对母公司和子公司的资产价值进行准确的评估。

（2）管理效率。当一个公司所控制的资产规模和业务差异性增加时，即使是最好的管理队伍也会到达一个管理效率递减的临界点。该问题的产生部分是因为高层管理者没有注意到一个从事不同业务类型的子公司所面临的独特的问题与机会。许多分立活动所宣布的一个主要目的就是通过不同方式分立出那些与母公司主要的经营活动不相适应的部分，以集中公司的注意力。公司战略方面的专家早就强调用联系的原则来指导公司的业务计划①。

企业之间的混合兼并曾经一度成为一种潮流，各个跨国公司都试图通过多元化经营实现风险分散化和利润来源多样化。这种经营方式虽然有可能使企业获得范围经济的好处，但它一方面会导致企业组织结构和资产结构的复杂化，管理效率的低下和企业过度"臃肿"，从而影响企业的长远发展；另一方面，如果企业各个业务之间的差别很大，那么企业的管理层很

---

① 刘波. 资本市场 ［M］. 北京：经济科学出版社，2000：367.

难对公司的整体经营进行统一规划，也难以对市场的变化做出及时正确的决策。专业化重组之后，母公司可以集中精力从事主业的经营，子公司分离出去后，经营管理上实现了独立，也可根据市场的变化灵活经营。

（3）税收或管制。在某些分立中，收益的一个重要来源是税收或管制方面的好处。税收方面的好处可以通过将子公司以自然资源特许权信托和不动产投资托管的方式分拆出去的方法来获得，只要这些实体将90%的收入支付给股东，就不用缴纳所得税。因此，母公司可以进行合法避税并且给分立出去的子公司的股东带来利益，而他们（最初）也正是母公司的股东。上市公司分立后，母公司把子公司的股权作为一种特殊的股票红利分配给母公司的股东，而这种红利是免税的，对于母公司来说，它也可以通过分立免交一部分所得税。

规避管制也是分立的一个原因。如果管制当局在考虑提高评级水平时以母公司的利润为依据的话，受管理的子公司有时会由于与亏损的母公司间的联系而处于不利地位。而通过专业化重组，子公司可以有更大的机会提高评级水平，不再受某些规章的约束和审查。一些母公司还将其海外子公司分立出来，这样它们就可以不受母公司所在国法律和规章的限制。

（4）管理激励。管理激励和责任问题与管理效率有关。管理层的官僚主义和财务报表的合并会抑制企业精神，从而导致良好的表现得不到回报，而不佳的表现得不到惩罚。当子公司的前景和目标与母公司不同时，问题就会变得更为复杂，如高成长率的子公司和一个处于已成熟行业内的母公司，或一个受管制的子公司和一个不受管制的母公司等。与母公司经理股票期权（ESO）联系在一起的激励报偿计划也可能会变得毫无意义，甚至还可能起到反作用。一个被分立出的子公司的优势在于其有一个独立的股票价格，该价格直接体现了市场对管理层行为的反应，并且也可以将报酬与经营管理业绩更加紧密地联系在一起。

在二级市场上，有各种各样的投资者。有的投资者喜欢稳健发展的公司，而有的投资者则偏好开拓型公司，希望以大的风险换来丰厚的回报。上市公司分立后，由一家公司变为两家公司，使公司可以适应不同投资者的需要，这样就拓宽了公司的筹资渠道。同时母公司和分立出去的子公司可在股利发放、留存时间、股本扩张等方面采取不同的形式和数量来吸引不同层次和类型的投资者。

另外，解释专业化重组的理论观点还有反收购、对债券持有者的掠夺、适应变化的经济环境、期权创造等。这些众说纷纭的理论观点至少说明，存在一系列可能的原因用来对专业化重组所带来的超常收益进行解释。研究表明，当专业化重组发生时，任何一个因素都可能会给股东带来3%~5%

的超常收益。

2. 保险企业专业化经营的风险

保险企业专业化经营的风险，实际上就是保险企业混合一体化的收益。主要包括以下几点：

（1）单一的业务内容使经营风险无法分散，经营风险增加。

（2）保险机构的固定资产无法发挥多种经营的使用效率，固定资产使用效率下降。

（3）保险机构调整业务重点的灵活性下降。

（4）保险机构管理效率无法充分发挥，多余的管理能力不能充分使用。

第三节　并购与联合：保险企业一体化市场行为的实现途径

保险企业的横向一体化、纵向一体化与混合一体化有多种实现途径，一般而言，并购与联合是实施一体化战略的最主要方式。

一、保险企业并购的含义

保险企业并购是指保险企业兼并与收购。在保险企业重组中，保险企业并购从现象上看是股份资产变化，但核心是为获取保险企业的控制权。保险企业兼并与收购虽然都是保险企业扩大规模的途径，但是保险企业兼并与收购是两个不同的概念，其内容各不相同。

保险企业兼并是指投资者把一个或多个保险企业的全部资产负债转为另一保险企业所有。保险企业兼并行为通常有两种形式：一是在兼并过程中，一个保险企业被另一个保险企业吸收合并而失去法人资格，吸收的保险企业继续保存；二是在合并过程中，进行兼并的两家保险企业的独立法人地位均不复存在。（1）被吸收合并的保险企业不需要经过清算而不复存在。（2）吸收后继续存在的保险企业将继承不复存在保险企业的所有资产并承担其所有的债务和义务。（3）吸收合并双方都要通过各自股东大会批准后才能实施合并行为。

保险企业收购是指投资者公开收购保险企业的股份，以达到对该保险企业控股或兼并目的的行为。保险企业收购具有以下几方面的法律特征：（1）保险企业收购的对象或目标是保险企业的股份。（2）保险企业收购的主体是投资者。（3）保险企业收购的目的在于通过收购行为实现对被收购保险企业的控股或者兼并。

保险企业兼并与收购一般有如下相同特点：一是兼并与收购都是通过

市场中股权流动来实现企业资产之间的重新组合；二是兼并与收购都可以省去解散清算程序，实现保险企业财产所有权和股东关系的转移；三是兼并与收购都是通过保险企业控制权的转移和集中，来实现保险企业对外低成本扩张和扩大市场占有率。

保险企业兼并与收购又存在很大的区别，主要表现为以下三个方面。一是兼并是出于双方保险企业的真实性意愿，通常没有强迫或欺诈，是双方平等协商、自愿合作的结果。股权收购发生在一家保险企业（或一群人）邀请或征求一家目标保险企业的股东以指定的价格出售股份。有时被收购保险企业的股东或管理层会拒绝被收购，这种对抗会形成敌意收购。也就是说，在收购过程中不论被收购保险企业董事会是否同意，股权收购一样可以进行。二是兼并是特定的双方当事人通过合同的方式进行交易，双方的权利义务通过协议规定下来。收购则是通过特定的一方向不特定的股票持有人发出要约并给予承诺的方式，从股东手中直接购得有表决权的股票。三是在兼并情况下，被兼并保险企业作为一个法律实体消失。而在收购中，虽然控股权发生转移，但被收购保险企业作为一个法律实体的地位不变并可继续经营下去。

二、保险企业并购的动机

保险企业现代化并购行为的目的，在前面已做过分析，这里，我们从并购动机的角度对其进行概括。

（一）实现企业的快速扩张

保险企业的扩张有两种实现方式，一种是依靠自己积累的资源或筹集的资金投资成立新的经营单位获得发展；另一种是外部成长，企业主要通过兼并、收购或合并其他企业而获得成长。这两种成长方式各有其特点（见表5-4）①。

表5-4　保险企业内部成长与外部成长的特征

成长方式	途径	进入新产业	对原有组织文化	对原有商誉
内部成长	投资新建	慢	建立自己的组织及文化	原有商誉的扩展
外部成长	收购或兼并	快	吸收并改造	利用并提高市场价值

内部成长与外部成长都能实现保险企业一体化战略目标，但从保险企

① 尹义省.适度多角化——企业成长与业务重组［M］.北京：生活·读书·新知三联书店，1999：36-37.

业内部发展新业务、进入新产业，从而实现规模扩张这一方式，需要经过周密的调查、建立和形成新的生产能力、寻找服务用投入品的供应商、建立配销渠道和用户信誉等一系列耗时、耗资、耗力的过程。因此，在决定是否采取内部成长方式时，保险企业需要考虑以下一些因素：一是保险企业是否有足够的财力形成最基本的有效经营规模。有效经营规模是能实现经济效益的最低经营规模。二是保险企业是否有能力克服进入新产业的障碍。三是保险企业是否有能力抵御产业内其他保险企业的排斥行动，例如，现有保险企业是否会共同采取削价政策等。四是新业务能提供的利润及现金流量①。

"一个企业通过兼并其竞争对手的途径发展成为巨型企业，是现代经济史上一个突出的现象……没有一个美国大公司不是通过某种程度、某种方式的兼并而成长起来的，几乎没有一家大公司是靠内部扩张成长起来的"②，美国大企业的发展主要是通过企业的大规模合并而实现的。

（二）实现协同效应

所谓协同效应（Syner Gistic Effect）是公司兼并与收购过程中追求的目标，是指合并后的保险企业实现总体绩效超过原来分散保险企业的绩效之和，即 1+1>2。它可以对公司规模带来以下好处：（1）保险企业可以通过并购对企业的资产进行补充和调整，达到最佳经济规模的要求，使保险企业保持尽可能低的服务成本。（2）并购还能够使保险企业在保持整体产品结构的情况下，在各个子公司中实现产品单一化生产，避免由于产品品种的转换带来的生产时间的浪费。（3）在某些场合中，保险企业并购又能够解决由于专业化带来的一系列问题。现代保险业由于科学技术发展，在很多领域中要求专业化作业，在这些部门，各服务流程之间的密切配合有着极其重要的意义。保险企业通过并购，特别是纵向兼并，可以有效地解决由于专业化引起的各服务流程分离，将它们纳入同一公司中，可以减少服务过程中的环节间隔、降低操作成本、充分利用服务能力。同时，通过并购许多子公司置于同一保险企业领导之下，可以实现保险企业规模经济③。主要表现为以下几点。（1）节省管理费用。由于中、高层管理费用将在更大量的产品中分摊，单位产品的管理费用可大大降低。（2）保险企业可以对不同需要的顾客进行专门化经营，更好地满足不同顾客的不同需要。而这些不同的产品和服务可以利用同一销售渠道来推销，利用相同的技术扩散来服

---

① 王俊豪. 现代产业组织理论与政策［M］. 北京：中国经济出版社，2000：118.
② ［美］乔治·J. 斯蒂格勒. 产业组织与政府管制［M］. 上海：上海三联书店，1996：3.
③ 陈共，等. 公司购并原理与案例［M］. 北京：中国人民大学出版社，1996：50.

务，达到节约营销费用的效果。(3) 可以集中足够的经费用于研发，改进服务工艺，迅速推出新产品，采用新技术。(4) 保险企业规模的相对扩大，对保险企业融资条件的改善有利。

(三) 获得垄断利润和竞争优势

通过并购，保险企业的份额得以扩大，可以使保险企业获得某种形式的垄断，它可以给保险企业带来垄断利益和竞争优势。而就通过并购增强对市场的控制能力的效果而言，横向兼并的效果最为明显，纵向兼并的作用是间接的。具体来说：

(1) 横向兼并对于行业结构的影响表现为：第一，减少竞争数量，改善行业结构。通过并购可使行业集中度提高，当行业相对集中于一家或少数几家保险企业时，能有效地降低竞争的激烈程度，使行业内所有保险企业均能保持较高的利润率。第二，解决了行业整体服务能力扩大速度和市场扩大速度不一致的矛盾。在规模经济支配下，保险企业不得不大量增加服务能力才能提高服务效率，但保险企业扩大服务能力往往与需求的增加不一致，从而破坏供求平衡关系，使行业服务能力过剩。实行保险企业并购，使行业内部保险企业相对集中，既能实现规模经济的要求，又能避免服务能力的盲目增加。第三，横向兼并降低了行业的退出壁垒。通过兼并和被兼并，保险行业可调整其内部结构，将低效的经营单位淘汰，解决了退出壁垒成本过高的问题，达到稳定供求关系、稳定价格的目的。

(2) 纵向兼并是将保险企业关键性的投入—产出关系纳入控制范围，以行政手段而非市场手段处理一些业务，达到提高保险企业对市场控制能力的一种方法。纵向兼并使保险企业明显提高了与供应商和买主之间讨价还价的能力。这种讨价还价的能力主要是由买卖双方的行业结构以及它们的相对重要程度决定的。保险企业通过纵向合并，降低了供应商和买主的重要性，特别是当纵向兼并与行业集中趋势相结合时，能极大地提高保险企业的讨价还价能力。

(3) 混合兼并的市场优势往往是隐性的。在多数情况下，保险企业通过混合兼并，往往进入与原有产品相关的经营领域。在这些领域，它们使用与主要产品一致的技术、管理规律或销售渠道。一方面，规模的扩大使保险企业对原有供应商和销售渠道的控制加强了，从而加强了保险企业对主要产品市场的控制；另一方面，保险企业通过混合兼并扩大了保险企业的绝对规模，使保险企业拥有相对充足的财力，可与原市场或新市场上的竞争者进行价格战，采用低于成本的定价方法迫使竞争者退出某一领域，从而达到独占或垄断的目的。

（四）提高管理效率

并购发生通常是因为原有保险企业经营管理不善。通常股票的交易价格在一定程度上反映了保险企业经营的好坏。保险企业经营不善，保险企业的股价就会下跌，股价越低，表明经营效率越低。此时一些善于经营的收购者会收购该保险企业，以提高经营效率来谋取利益。因此，保险企业控制权争夺的结果是使保险企业更换了经营能力差的管理者。显然，保险企业收购不仅可以使效率高的经营者取代效率低的经营者，而且这种随时可能发生的接管，对保险企业现有的经营者施加了无形压力，迫使其提高经营效率，努力减少被收购的可能，从而强化了对保险企业管理层的制约。这种并购对保险企业健康发展是有益的。

（五）降低经营成本

从财务角度分析，并购发生是为了降低产品成本。通常被并购保险企业内部资金数额较少，经营规模较小，又缺乏专业知识，因此生产成本较高。该保险企业被并购后，并购保险企业可能向被收购保险企业提供成本较低的内部资本，扩大生产规模，并将自己成功的管理组织经验输入被并购保险企业，实现保险企业资源内部优化整合，达到降低成本、提高效率的目标。

（六）维护股东权益

从保护股东权益的角度分析，保险企业收购不仅能够提高效率，还能给予股东重新选择经营者的机会，而且股东可以高溢价卖出股份收回投资。因此，保险企业收购能增加股东福利，维护股东利益，对于证券市场吸收资本、稳定资本也具有重要意义。

（七）过度自信论

过度自信理论认为市场参与者具有有限理性，在市场没有反映出被并购企业的全部经济价值时，收购企业的高级管理层对于并购过度乐观，高估了自身的能力和才智，认为能从并购另一企业中获得收益，增加股东财富，从而愿意支付相对较高的股票价格，而实际上他们并不比其他人更有能力，因此在企业并购提出和建议成功地被接受之后，被并购企业的价值平均增加，收购企业的价值减少，但合并后两者的变化基本抵消，总的价值变化并不明显，这种对实证结果的解释确有吸引人之处，但该解释也存在不足之处，那就是该理论意味着公司控制权市场是无效的，收购企业的股东允许或不能制止经营者从事系统上不能给股东带来真正的价值的活动，这种解释用在并购非常少的行业可能行得通，但用在并购事件屡见不鲜的行业却讲不通，例如，我们很难相信银行股东对该领域管理行为的后果或下一次并购的困难结果一点也不知晓。

（八）委托—代理冲突论

该理论认为企业高层管理者的收入、晋升、权力以及地位等因素与企业规模扩大的关系要比利润增加的关系更紧密，因此，企业经营者往往以企业资产增加，而不是以利润最大化或股东利益最大化作为经营目标，即股东和经营者之间存在着委托—代理冲突，企业并购作为一种快速有效的资产扩张途径往往成为保险企业高层管理者进行资产扩张的首选，当经营者与股东的利益冲突到了无法调和的时候，即股东无法促使经营者以股东利益最大化为目标时，股东就会通过并购市场，也就是公司控制股权市场来替代其低效的管理层，该理论确有新颖之处，但实证分析却发现，高层管理者的薪水、奖金等因素与利润存在显著相关关系，而非资产规模。因此，该理论对诸如保险企业并购现象的解释仅是局部的[①]。

（九）价值低估理论

价值低估理论认为，并购活动的发生主要是因为目标公司的价值被低估。目标公司的价值被低估的原因：（1）公司的经营管理未能充分发挥应有的潜能。（2）收购公司拥有外部市场所没有的、有关目标公司真实价值的内部信息。（3）由于通货膨胀造成资产的市场价值与重置成本的差异，而出现公司价值被低估的现象。托宾以比率 Q 来反映公司并购发生的可能性，其中 Q：股票的市值/资产的重置成本。当 $Q>1$ 时，形成并购的可能性小；当 $Q<1$ 时，形成并购的可能性大。如 Q 比例为 0.6，即使收购成本为市值的约 1.5 倍，其总成本应只有资产重置成本的 90%，收购该公司则有利可图。在 20 世纪 80 年代，美国并购高涨期间，美国企业的 Q 比率一般在0.5—0.6。但当某一公司投标一家目标公司时，这一目标公司的股票市场形成溢价，会使收购成本增加，而当收购价格仍然比重置价格便宜时，收购还会发生。

价值低估理论在有些书中也称为价值差异假说，认为只有在某公司对另一家公司的价值判断比它当前的所有者要高时，该公司才会收购那个公司，即被收购公司的当前价值被低估。持这一观点的人还认为，在技术条

---

① 孙奉军. 银行并购理论评述 [J]. 山东经济，2001（5）.

件、股市的股票价格变动频繁时，合并活动更多。因为在技术条件、市场条件以及股票价格变化很快的时期，以往的信息和经验不足以对未来收益作合理预期，结果价值差异更有可能出现，从而导致并购活动增加。戈特在美国对价值差异假说进行实证检查时发现，合并事件的发生与技术条件、股市和股票价格等关系很大①。在英国，合并也与技术进步和股市繁荣有关。例如，19世纪末叶和20世纪20年代、60年代和80年代中期的并购活动就发生在技术进步和股市繁荣时期。价值差异假说揭示了企业合并所需的经济条件，但它并没有对企业合并的真实原因做出深刻的分析。

三、联合的内容与收益

（一）联合与并购的区别

联合是指两个或两个以上保险企业为了抵御风险或实现盈利的目的而共同投资开发某个项目或分享信息及其他资源所结成的合作关系。联合是一种与并购相比较更为松散的实现一体化战略的有效途径。保险企业兼并和收购是指一个保险企业购买其他保险企业的产权，使其他保险企业失去法人资格或改变法人实体的行为。可见，兼并和收购涉及产权的变化；而两个或两个以上保险企业联合后，仍是两个保险企业。因此，联合相对于并购来说，有以下优点。（1）对保险企业的资本要求较低。由于保险企业之间的联合不是通过购买其他保险企业的产权实现，因此对保险企业的资本要求较低。（2）关系松散，弹性大。（3）保险企业的退出壁垒低。（4）操作的障碍较小。（5）在技术和信息日益发展的今天，联合有着更广泛的发展前景，如虚拟联合。当然，相对于并购来说，联合也存在合作各方的关系松散、协同效应不明显等不足。

（二）联合的具体形式与经济意义

1. 企业集团

企业集团是一种以资产和业务为联结纽带，带有多层次结构的高水平的企业联合体。在发达国家，企业集团是主要的企业组织形式，在经济中占有重要的地位。在国际竞争中领先的，几乎无一不是以企业集团形式出现的。培育企业集团对抑制我国保险业中普遍存在的过度竞争，实现规模经济具有重要的现实意义。首先，企业集团是通过现有企业之间的合并与联合来扩大组织规模、实现规模经济的，这种规模经济是一种内涵扩大再

---

① 任映国. 投资银行学［M］. 北京：经济科学出版社，2002：451-452.

生产的规模经济。因为处于低水平过度竞争状态的企业不仅达不到经济规模要求，而且存在大量的闲置资源。因此，无论是经营同类产品的若干企业加入企业集团，还是处于不同生产阶段的若干企业加入企业集团，都会实现生产规模的扩张，通过减少企业过度竞争所造成的摩擦而形成协作生产力，在不追加新投资的条件下，提高原有生产资源的使用效率，实现规模经济。其次，当一个产业存在的企业大多加入某些集团后，集团组织本身构成了一个产业进入壁垒，集团组织的协调使集团内各个企业形成的规模经济又形成一个进入产业规模经济壁垒。总之，企业集团的建立和发展对于市场结构和市场效率将产生重大影响。

2. 战略联盟

保险企业间通过联合实现一体化的另一种有效形式是战略联盟。战略联盟是指两个以上的保险企业出于对总体市场的预期目标和保险企业自身总体经营目标的意愿，采取的一种长期性联合与合作的经营行为。它是一种专业化分工协作关系的联合，相对于组建保险企业集团而言，其程度较为松散，是介于保险企业与市场之间的一种组织形式（又称准市场组织）。战略联盟的主要特征是：联合是出于自发的、非强制性的；联盟各方仍保持着本公司经营管理的独立性和自主经营权，彼此依靠相互间达成的协议联结成松散型的整体。

战略联盟要求共担责任、相互协调，要求精心设计各类活动的时间衔接，因而模糊了公司的界限，使联盟后的保险企业组织为着一个共同的目标采取一致的行动。但有一点，联盟伙伴之间既是合作关系又是竞争关系。虽然联盟伙伴在部分领域中进行合作，但在协议之外的领域以及在公司活动整体态势上仍保持着经营管理的独立自主，相互间仍是竞争对手。

战略联盟的优势在于：第一，以最快的速度和最低的成本进入市场；第二，合作保险企业之间优势互补、利益均沾；第三，有助于联盟各方涉足新的业务领域，实现集团多元化经营。

根据近几年国际保险市场的趋势，保险企业可以考虑采用以下几种形式建立战略联盟：战略性合资企业；相互持股投资；虚拟生产，即业务外包；保险共生；代理保险等。

四、保险企业一体化市场行为风险概括

像任何事物一样，保险企业并购也同样面临着许多不可预测的风险，这些风险就其影响的范围可以分为宏观金融风险和微观金融风险。

（一）保险企业一体化市场行为的微观金融风险

1. 直接的收购支出所带来的风险

自 20 世纪 90 年代以来，随着金融业并购案的增多，保险企业的并购价格也越来越高，在美国，1990 年收购银行的平均出价为目标银行资产总值的 1.47 倍，而 1996 年国民银行对巴尼特银行的收购价高达资产总值的 4 倍和收入的 24 倍。1998 年德意志银行宣布动用 101 亿美元收购总资产在美国排第 8 位的信孚银行。花旗银行与旅行者集团合并，金额达 743 亿美元。如此高昂的收购费用，一般用三种办法支付：现金、换股和综合证券收购。如使用现金收购，这笔庞大的现金支出，会构成收购银行沉重的现金负担。如使用换股方式收购，则必然使收购后的银行股权结构发生变化，原有股权被稀释，控股股东可能因此丧失对银行的控股地位。如使用综合证券收购，则支出包括现金、股票、认股权证、可转换债券和公司债券，这些均构成了收购银行的现金支出、股权稀释和债务负担。因此，一旦收购后的银行经营上没有明显的起色，则这笔支出对于收购银行来说是一笔风险极大的投资选择。这种情况也同样存在于保险业。

2. 各种市场中介费用

保险企业的收购活动需要诸多中介机构的参与，如会计师事务所、律师事务所、投资银行等，投资银行是收购活动的最主要中介机构，它在收购中按收购价格的一定比例收取佣金，如采用的"雷曼公式"（Lehman Formula），即酬金是收购价款中第一个 100 万美元的 5%，第二个 100 万美元的 4%，第三个 100 万美元的 3%，第四个 100 万美元的 2% 和任何超出部分的 1%；也可采用固定比例酬金，一般在收购金额的 2%～3%；如果收购价格比预计的优惠，还要给投资银行一定的奖励。在杠杆收购中，收购价款的 50%—70% 需要借款，如还不够，就要发行 20%～40% 的高息高风险债券，收购保险要承担沉重的利息支出。所以在收购活动中，投资银行获益颇丰，因此，有人认为，全球 20 世纪 90 年代以来的并购活动是投资银行推动的。

3. 整合成本支出

收购保险企业与目标保险企业作为独立的企业，它们各自拥有自己的管理模式、经营理念、业务流程、财务资料和企业文化。当把这样的两家保险机构合并在一起运行时，其整合成本是一笔不小的支出。首先，从管理模式和经营理念上看，要重新再造一个模式统一的管理体系，就必须对管理人员、管理运行机制进行改造，这些磨合成本有些是有形的，有些是无形的，且无形的磨合成本代价和风险可能是巨大的。其次，从财务资料和业务流程上看，原保险企业也并不完全相同。在长期的管理实践中，各自都摸索出了一套适合各自企业的业务流程和财务流程，要对其重新改造就必然要花费大量的设计和改造费用，而且新流程还要经过不断的调试才能达到预期的效果。最后，企业文化的整合是企业并购中最为艰苦、最为细致的工作。当两个企业的文化背景相同时，这一任务的完成要相对容易，但很少有企业文化完全相同的企业，所以任何并购活动都必须面对企业文化整合问题。当并购以跨国形式出现时，这一问题更加重要，两个文化、社会背景各异的保险企业要想统一在一种企业文化下，企业必须付出艰苦的努力和巨大的代价。被并购保险企业员工的抵触情绪、悲观情绪也是并购保险企业无法回避的。

4. 并购失败风险

并购失败风险包括两层含义：一是指并购活动本身失败，即并购行为没能完成；二是并购活动本身是成功的，但并购完成后要实现的预定目标没有达到。我们这里只分析第一种失败。保险企业的并购失败可能由于三个原因产生，首先，并购保险企业本身的原因。股东可能担心财务负担过重，可能担心股权被稀释，等等，并购方案可能在股东大会上被否决。其次，被并购的保险企业出于对其主权的维护，特别是管理层更会考虑对自身利益的影响，可能会极力反对被收购，并做出各种努力为并购设置障碍，如送服"毒药丸"①、肉搏战②等，从而使收购困难重重。最后，各国监管当局对保险业的市场集中度格外关注，因此横向一体化和纵向一体化很容易受到反垄断法的指控。当收购保险公司由于种种原因收购失败时，为实施收购所付出的成本将付诸东流，从而给公司造成极大的损失。

（二）保险企业一体化市场行为的宏观金融风险

1. 制度转换风险

当今世界各国金融一体化的进程也是金融从分业到混业体制转换的过程。一种金融制度形成以后，会形成巨大的相对稳定性，这种稳定性由制度变迁的路径依赖构成，由已有制度的既得利益集团予以维护，由社会各个群体的习惯力量得以加强。总之，制度创新必须面对巨大的制度沉淀成本。从供求均衡角度分析，当旧制度的维持成本超过了旧制度的维持收益时，新制度的产生成为可能。这是建立在均衡理论上的推演，新旧制度的

---

① 即当进攻性公司意图收购目标公司时，目标公司大量发行高利率的短期债券，从而迫使对方不得不考虑自己吃下目标公司后所承担的沉重包袱，并因此而减弱或打消收购的意图。

② 即当收购公司收购目标公司的股票时，目标公司反过来大量收购对方公司的股票，造成互相收购、互相进攻的态势，从而吓退对方。

更替远比这要复杂得多。新旧制度的摩擦会使一个社会在一定时期付出巨大的改革成本。特别是新旧制度的更替如果再遭遇意外的冲击（如外部爆发的金融危机），新旧制度转换引起的社会震荡将更为强烈，有时甚至使改革的已有成果付诸东流。制度转换过程的另外一个问题是制度约束真空问题，旧制度的稳定性已被打破，新制度尚无法维护正常的社会运行，此时出现了制度约束真空。制度约束真空可能使一国经济社会的均衡机制受到破坏，严重时可能出现银行危机、金融危机、通货膨胀或通货紧缩[①]。所以，对于有着重要宏观稳定意义的保险产业而言，这种制度转换成本会更大，风险也会更高。

2. 金融一体化本身的内在不稳定性

金融业从分业到混业经历了漫长的 60 多年的历史过程。源于 1929 年大危机的《格拉斯—斯蒂格尔法》，在最初的 30 年时间里并没有受到责难，但自 20 世纪 60 年代起，很多学者通过对 30 年代大危机的历史资料的重新挖掘，开始寻找《格拉斯—斯蒂格尔法》的不足。70 年代以来的金融自由化，使这一法律受到越来越多的批评，终于在 1999 年美国通过了《金融服务现代化法案》。历史就是历史，我们用今天的眼光去看 60 多年前的法律，有多少是情绪化的产物？有多少是回归历史的真实？20 世纪 80 年代以来的金融自由化、经营混业化，带给人们的只是我们现在几乎所有的人都津津乐道的那些社会净福利吗？一次重大的体制变革，不可能一蹴而就，当新的制度和事物出现时，我们需要欢呼，更需要冷静地思考。其实，对 1929 年大危机的反省，今天未必都失去了意义，很多现象还在不同的国家重演。首先，很多国家的案例都说明：银行、保险与证券业务不分，确实存在着"经济泡沫"形成的风险。日本 80 年代的泡沫破裂，美国、中国、东南亚近年来的股市泡沫，银行与保险资金流向股市是其中的重要原因之一。其次，混业化经营开端于 80 年代末，高潮在 90 年代末，与此同时，全球的"经济泡沫"也在 20 世纪末 21 世纪初破裂，这中间没有必然的联系吗？再次，21 世纪开始后，世界各国的金融业呈现出各不相同的特点。德国是全世界最有代表性的实行全能银行制的国家，但近几年的德国银行的处境却十分困难。2002 年 9 月，德国商业银行未实现损失高达 19 亿欧元[②]。而美国由于一直受到分业的限制，银行业经受住了股市崩溃的考验，其中表现最为出色的恰恰是那些固守传统银行理念、审慎决策的银行。花旗银行集团、摩根大通银行均是在混业化道路上阔步前进的金融机构，而此时却问题严重。摩根大通的股价 2002 年 10 月 9 日为 15.45 美

---

① 杨德勇. 论转轨型通货膨胀［J］. 财经问题研究，1997（5）.

② 张青松. 泡沫过后的世界经济与金融［J］. 国际金融研究，2003（2）.

元，只有黄金时期的 23.5%；花旗集团 2002 年 7 月 24 日的股价为 22.83 美元，相当于五年来最高点的 40%。与此同时，与之形成鲜明对照的是以稳健著称的汇丰集团、美洲银行等。2002 年，汇丰控股的股票价格基本在 7—8 英镑，与 1998 年以来的平均水平差不多，而美洲银行的股价却反而上涨。两者区别的一个十分重要的原因就是进入投资银行业务的深度不同。因此，对于同属于金融机构的保险企业而言，在进行一体化的进程中，同样要面临由于金融一体化本身已经和可能带来的不稳定性风险。

3. 市场集中可能损害消费者的利益

大规模的银行并购，使金融机构的数目迅速减少。美国由 1920 年的 30000 家到 1996 年只剩下 9530 家，加拿大现有银行 53 家，英国有 212 家，日本、德国、法国的银行数目也在减少。这意味着消费者选择的余地的减少。美国公益调查公司曾做过调查，结果表明"银行扩大意味着费用提高，较大的银行用垄断力量来向消费者收取高于小银行和信用社协会的费用"。在《彻底的市场经济是无耻的》一文中，提到美国的银行服务要比中国银行服务差得多[①]。对于保险企业的并购而言，同样也会导致保险机构的数目减少，从而提高保险市场集中度，在一定程度上同样会损害保险消费者的利益。

4. 保险企业集中带来的经营风险

大保险企业在以下几个方面意味着风险过大：首先，大保险企业可能出现"大而不倒"的问题。"大而不倒"不是不会倒而是不能倒，大保险企业的巨额资金实际上把整个国民经济都捆在了自己的战车上。国家已无形中成了大保险企业的人质，当大保险企业出现问题时，国家为了宏观金融稳定，就不得不出面拯救大保险企业。其次，大保险企业在资金运营上的优势也同时意味着其竞争的劣势。大保险企业很难调整自己的经营方向，但小保险企业却能灵活面对。

5. 保险企业并购使保险监管更加困难

大保险企业可能更容易影响保险立法，使得保险监管更有利于大保险企业；并购使保险企业的业务范围发生了巨大的变化，原有的保险监管模式主要是为应对分业监管的，现在这一监管机制也需调整；监管手段已不适应混业经营的保险企业，也需重新设计。

6. 保险企业并购带来大量裁员

各大保险企业在并购后，为降低成本纷纷实行裁员计划，这给社会就业带来压力。比如，20 世纪 90 年代中期全球发生的企业并购浪潮对世界就

① 赵晓光. 彻底的市场经济是无耻的 [J]. 银行家，2001（1）.

业市场的影响比美国通货紧缩的高峰时期、80 年代英国实行私有化运动的影响还要大①。

总之，并购在给保险企业带来收益的同时，也带来很大的风险，并对国民经济的整体运行和金融市场与保险市场结构产生深远的影响。对全球保险企业并购的宏观绩效进行评估还为时尚早，但从 2000 年开始，世界范围内的企业并购已开始逐渐退潮。在美国，2000 年宣布的并购案从 1999 年的 11042 件降至 10658 件。所涉资金总额超过 5000 亿美元的并购案只有一宗，而 1999 年有 7 宗。同时，欧洲并购步伐也在放慢，2001 年上半年全世界企业并购案 1.5 万件，涉及金额 9061 亿美元，而 2000 年上半年为 2 万件，总金额达 194 万亿美元，降幅为 54%。美国、欧洲、日本 2001 年上半年的并购额同比下降 57%、50% 和 65%。所以，冷静、理智地评价企业并购的收益和风险是确定一国保险产业政策时所必需的。

五、保险企业一体化效果的评价

下面，我们介绍判断合并后保险企业的价值收益和绩效是否增加的三种方法。

第一种方法是运用会计数据的改变来比较合并前后保险企业的绩效改善状况。这一方法的优点在于会计可操作性强，而且数据容易获得并容易理解，可直接运用合并前后的数据来分析和衡量并购行为的绩效是否发生变化。该方法的支持者认为会计数据反映的是实际经营状况，而非投资者的期望值，因此在某种程度上比第二种方法——运用股票收益更为可信。有关并购收益的大部分实证研究主要集中在利用获得的会计数据得出成本效率的变化，以此衡量绩效的变化。已有的这一方法的运用多是对银行的研究，如琳达（Linda）和克雷尼（Crane，1992）、德·杨（De Young，1993）、斯和塔安（Spindt and Tarhan，1993），对于银行持股公司层次的研究，如张伯伦（Chamberlain，1992）、Y. 阿默霍得（Y. Amihud）和 G. 米勒（G. Miller，1998），得到的研究结果却惊人地相似，即对于大规模银行之间的并购而言，通过裁员及削减重叠的分支机构而增加成本效率所产生的绩效提高和净利息差的改善都被组织成本及其他非利息开支的增加所抵消；被收购银行相对于其参照银行盈利率急剧下降；周围环境同合并绩效有关。小规模的银行之间进行并购易获得规模经济，从而引起绩效改进②。

第二种分析并购收益的方法是非正常收益法。该方法的支持者认为通

① 孔永新. 迎接全球银行并购浪潮［M］. 北京：中国金融出版社，2000：27.
② 孙奉军. 银行并购理论评述［J］. 山东经济，2001（5）.

过考察股票市场对保险企业并购行为消息的反映获得更多的市场数据（而不是会计数据），能够更为准确地表达出两个原本独立的公司合并的价值。实际上，他们认为会计数据是不可靠的，而市场反应可以成为一个较好指标，并购双方非正常回报总和的加权价值是衡量源于并购活动的总收益的恰当手段，这种度量方法能够量化那些市场认为是并购活动产生的价值创造。大多数研究工作都分别考察了并购双方的非正常回报，其中也有部分人分析了股东财富的总体变化。如韩农和沃尔垦（Hanan and Wolken，1998），休斯顿和林戈德（Houston and Ryngaer，1994），希伯·奥特恩、阿尔伯特和莫里茨·默治亚（Cybo–Ottone，Alberto and Maurizio Murgia，1996），研究人员基于这种方法的研究也基本上没有发现源于合并的总收益增加，可是他们发现被收购方的资本总额对预期的协同收益具有重要影响，被收购方的资本与合并后总价值的变化呈负相关[1]。

第三种分析并购收益的方法是将前两种基础分析方法进行融合和扩展。在研究中，通过对保险企业并购行为和会计数据、股票市场收益变化的关联性分析，研究度量会计数据的变化和非正常回报变化的相互关系。研究人员认为，采用该种方法可以通过市场准确预测随后绩效变化的能力。扩展后以这种分析方法回答了市场是否有能力区分并购活动是最终获得了绩效提高，还是没有获得收益，但研究人员采用这种方法分别在银行层次和银行持股公司层次进行研究后得出的结论与大部分研究者得出的结论一致，即总体上讲，大规模的银行并购并未与绩效的任何显著变化联系在一起，暗示了经营者一般无法从并购活动中获得收益，而且股东价值的总体变动也很小[皮勒弗（Pillof，1996），阿克汉夫、伯格和汉姆弗利（Akhavein，Berger and Humphrey，1997）]。当然，对于保险企业的该方法研究的结果也大致相同。

总之，尽管研究人员使用了广泛的方法和样本，从不同的分析层次进行了研究，但大多数研究都没有发现并购行为和绩效提高或股东财富增加之间存在正相关关系，而且宣布时企业价值的变化与后来的收入也没有显示相关性。

---

[1] 孙奉军. 银行并购理论评述 [J]. 山东经济，2001（5）.

第六章 中国保险产业发展：市场行为之企业创新

如果说第五章保险企业的一体化市场行为侧重研究的是保险产业组织结构对保险企业外部行为所带来的影响的话，那么本章将在保险产业市场组织结构的基础上重点分析保险企业创新行为，其中的组织再造与保险企业再造是市场组织结构决定下的内部组织行为。这是产业组织理论中市场行为与市场绩效的结合部分，也是现代保险企业在激烈的市场竞争中采取的符合其经济利益的市场行为。在保险企业的创新行为中，网络保险和保险企业再造是对保险产业组织结构、保险产业市场绩效影响最为突出的两种创新行为，本章将作为重点进行介绍。

第一节 保险企业组织结构与创新行为

企业的市场组织结构对企业创新行为有着很大的影响。自约瑟夫·熊彼特研究市场结构与创新的关系以来，这一问题一直受到理论界的注目。实际上，从完全垄断到完全竞争，存在垄断程度越来越弱，竞争程度越来越强的各种市场结构。理论界对哪种市场结构更有利于创新，向来存在不同的认识，一种观点认为垄断性更强的市场结构有利于企业创新行为，而另一派则倾向于竞争性市场结构有利于企业创新，比较一致的观点则认为介于垄断与竞争之间，但更接近垄断的市场结构有利于企业创新。

一、保险创新的一般分析

（一）保险创新的概念

所谓保险创新是指保险领域内各种保险要素实行新的组合。具体而言，是指保险产业为生存、发展和迎合客户的需要而创造的新的保险产品、新的保险交易方式以及新的保险机构的出现。这个概念包括四方面的内容：保险创新的主体是保险企业；保险创新的目的是盈利；保险创新的本质是保险要素的重新组合，即流动性、收益性、风险性的重新组合；保险创新的表现形式是保险企业、保险业务、保险产品、保险制度的创新。

保险创新的理论基础来自金融创新，下面我们通过介绍金融创新的一般理论来分析保险创新。

（二）金融创新的理论流派

金融创新的理论是关于金融创新原因和影响的理论。从金融创新形成的原因分析，金融创新大多源于政府严格管制的逆效应、高通货膨胀的压力和高技术提供的条件。在金融创新形成浪潮时，西方经济学家对此进行研究，提出各种理论。

1. "技术推进"论

这种理论认为，新技术的出现及其在金融业的应用，是促成金融创新的主要原因。特别是电脑和电信设备的新发明在金融业的应用，是促成金融创新的重要因素。早期研究技术创新对经济发展贡献的是熊彼特、韩农（Hanon）和麦道威（Medove），他们经过实证研究，提出了新技术的采用是金融创新主要原因的理论。

2. "货币促成"论

这一理论的代表人物是货币学派的弗里德曼。这种理论认为，金融创新的出现，主要是货币方面因素的变化所引起的。20世纪70年代的通货膨胀和汇率、利率反复无常的波动，是金融创新的重要成因，金融创新是作为抵制通货膨胀和利率波动的产物而出现的。如20世纪70年代出现的可转让支付命令账户、浮动利率票据、浮动利率债券、外汇期货等，都是金融创新的产物。

3. "财富增长"论

格林包姆（S. I. Greenbum）和海沃德（C. F. Haywood）在研究美国金融业的发展历史时，提出财富的增长是决定金融创新的主要因素理论。这一理论认为，科技的进步会引起财富的增加，随着财富的增加，人们要求避免风险的愿望增加，促使金融业发展，金融资产日益增加，金融创新便产生了。

4. "约束诱导"论

这一理论的代表人物是西尔柏（W. L. Silber）。该理论认为，金融业回避和摆脱内部和外部的制约是金融创新的根本原因。金融机构之所以发明各种新的金融工具、交易方式和服务种类、管理方法，其目的是摆脱面临的各种内部和外部的制约。金融机构的内部制约是指传统的增长率、流动资产比率、资本率等管理目标；外部制约是指金融当局的各种管制和制约以及金融市场上的一些约束。当上述因素制约金融机构获得利润最大化时，金融机构就会发明新的金融工具、服务品种和管理方法，增强其竞争能力。

5. "制度改革"论

这一学派以诺斯、戴维（North and Davies）等为代表，认为金融创新是一种与经济制度相互影响、互为因果的制度改革，金融体系任何因制度改革而引起的变动都可视为金融创新，如存款保险制度也是金融创新。该学派的理论还认为，金融创新并不是 20 世纪电子时代的产物，而是与社会制度紧密相关的。政府的管制与干预行为本身已经包含金融制度领域的创新。在市场活跃、经济相对开放以及管制不严的经济背景下，政府的管制和干预直接或间接地阻碍金融活动，当产生的金融创新行为对货币当局实施货币政策构成威胁时，政府会采取相应的制度创新。

6. "规避管制"论

这一理论的主要代表人物是凯恩斯（Keyhes）。该理论认为，金融创新主要是由于金融获取利润而回避政府管制所引起。各种形式的政府管制与控制，性质上等于隐含的税收，阻碍了金融机构获得盈利的机会。因此，金融机构会通过创新来规避政府管制。当金融创新危及金融稳定与货币政策时，金融当局会加强管制，新的管制又会导致新的创新，两者不断交替，形成一个相互推动的过程。

7. "交易成本"论

希克斯与尼汉斯是这一理论的代表人物。他们把金融创新的成因归于交易成本的下降，认为降低交易成本是金融创新的首要动机，交易成本的高低决定了金融业务和金融工具的创新是否具有实际价值，而金融创新就是对科技进步导致的交易成本降低的反应。

这些西方金融创新理论主要是侧重于对金融创新形成原因的讨论。各种理论从不同的侧面分析了金融创新的原因，实际上正是这些原因的共同作用才掀起了一轮又一轮的金融创新的浪潮。保险企业作为金融体系中主要的金融机构，其企业创新行为形成的原因与金融创新成因具有共性。

（三）保险创新的内容

当代金融创新，种类繁多，范围极广，速度极快。各种金融创新都有着自身的目的和需要。按照熊彼特对金融创新的分类，金融创新大致可以划分为五类：第一类是新科技在金融业的应用；第二类是国际新市场的开拓；第三类是国内和国际金融市场上各种新工具、新方式、新服务的出现；第四类是银行业组织和管理方面的改进；第五类是金融机构方面的变革。据此理解保险创新，其主要内容应包括：保险企业创新、保险业务创新、保险产品创新和保险制度创新。

1. 保险企业创新

保险企业创新能力不足在中国保险业界几乎是不争的事实。从总体上看，"投保人买不到想买的保单，保险人卖不出去想卖的保单"的"双难"问题持续困扰着中国保险业。各个保险企业之间在组织机构设置、展业模式、服务模式等方面都具有相当大的相似性，持续高水平的顾客投诉率等也显示出保险企业在其他各个方面创新的落后。急需改善保险企业的创新能力，提高保险企业的创新能力可以从以下几方面着手：强化保险企业领导的创新意识和能力、建立自由—集中型的领导体制、建立创新型的保险企业文化、进行组织和流程变革、提高保险企业的信息化水平、实施"以客户为中心"的经营战略、建立有利于创新的绩效评估体系及建立有利于创新的绩效评估体系等。

2. 保险业务创新

从计划经济体制向市场经济体制转轨，这一过程本身就意味着艰难曲折，加上保险业在我国起步较晚，使本来就弱小的民族保险业又迎接了市场经济的挑战。在保险急需发展的阶段，保险业务的创新也显得尤为重要。保险业务的创新主要体现在营销机制的创新上，营销机制的创新主要指险种推销方法和推销手段的创新。计划经济体制下，由于险种较为单一，保险标的集中和保险业的独家经营，险种销售体现为固定型的点上销售，如固定的保险机构、办事处、代办点，固定的客户，固定的销售和保费收入渠道，无论是自营业务和代理业务均较为稳定。随着保险市场的形成，保险的收入渠道发生了根本的变化，原有的客户由于企业改组、改革和市场的竞争呈现出极强的不稳定性。因此，我们的营销策略和手段必须随之变化。一是按险种的性质和规模确定相应的展业方式和展业方法，如保费大户可由员工直销，分散险种可由营销员采取定额保单销售，建立多种方式的销售体系，使之与多样化的险种和多层次的市场需求相配套。二是大力发展自营或直销业务，一旦支公司转变为展业职能的公司，就可以在现有的基础上细化和强化直销业务。对员工实行企业员工和代办相结合的管理及分配办法，以增加直销业务的比重，增强企业自身的经营实力。三是巩固和发展多种代办业务。既要提高代办业务的质量，又要稳定代办员。同时还要适时地发展营销业务和经纪人业务，通过多种营销形式为保户提供服务。四是利用大数据开展互联网保险业务，推动线上、线下相结合。不仅要搭建网上获客的服务平台，构建以人的身体和财务为主要标的的生态圈，还要建设适应消费时代的高素质销售队伍。通过科技手段不断提升服务能力和效率，促进实体经济与互联网的深度融合。

3. 保险产品创新

从消费需求来看，人们对保险产品的要求越来越高，保险公司只有通过创新才能满足这些需求。国际范围的保险产品创新正是在保险市场供求状况发生变化、金融业创新与深化、管制放松、科技发展等多方面的背景下产生的，它从单一公司或局部市场引入，逐渐扩展到国际保险业，最终成为保险业发展的新趋势。保险产品创新问题是制约保险公司发展的主要"瓶颈"之一。保险产品创新是适应市场竞争的需要、适应资产负债管理的要求、适应侧重于偿付能力监管的需要、应对老龄化的需要、适应客户需求偏好的变化、适应营销方式变革及金融服务的一体化和全球化的需要。

4. 保险制度创新

一是保险集团的发展。保险产业形式和组织机构上的不断创新，使保险与银行、信托、证券等非保险金融机构之间的职能分工界限逐渐变得越来越不清楚，各国的保险机构正由分业经营向综合化方向发展。二是保险监管的自由化与国际化。保险创新使全球保险监管出现自由化倾向。同样保险创新导致其金融风险不断加大，各国政府的保险监管更注重国际间的协调与合作。

（四）保险创新的效应

保险产业领域的变革和创新，不仅对保险业务产生了重大影响，而且对金融体系的各个领域以及保险监管和宏观金融政策形成了极大的挑战。

1. 对金融体系稳定性的影响

保险创新对金融体系产生了双重影响，一方面，保险业务日趋多样化、集中化，经营更稳健，效率不断提高；另一方面，保险费率市场化、保险业务综合化、保险产品系统化及全球市场一体化必然带来保险企业间竞争的加剧，使保险经营风险增加，导致保险企业倒闭事件增多。同时，利率、汇率和金融市场是在经常变化的，正是这种变化才使各种金融创新工具具有可接受性。然而，保险创新并没有消除这些因素的易变性，反而又进一步加剧了资产价格和金融市场的易变性。由于先进的科技通信设备的广泛运用和创新工具效率的提高，资本的流动性进一步加强，国际国内的游资在交易成本日益降低的情况下对利率、汇率的变动更加敏感，从而形成新的不稳定因素。

2. 对保险监管的影响

保险创新一方面推动了保险产业的自由化，导致保险费率市场化，保险市场进一步放开，促进保险资本流动自由化；另一方面，保险创新使得原有的金融秩序更加复杂化，给管理当局的监管带来了更大的困难。首先，各种保险新产品的涌现，如各种投连险、分红险、保险证券化产品等延伸了保险的一般金融功能，使得以监管传统的保险保障功能的保险监管部门的控制难度加大。其次，保险创新使各种金融机构的界限日趋模糊，如银保合营、保险综合集团等，使得保险监管的有效性降低。

3. 对一国货币政策实施效果的影响

保险创新有助于提高金融市场的效率，同时也会提升金融市场的脆弱性，并使货币政策面临挑战。保险创新使货币需求的稳定性被破坏。如随着保险创新的发展，在银行信贷下降的同时，保险机构的信用扩张会有所加强，从而增加整个金融系统的货币信贷总量和提高结构的不稳定性。保险创新影响了一国货币政策的实施结果。

4. 对金融机构等微观主体的影响

保险创新将使保险产品更加多样化与灵活化，不断满足人们日益提高的对保险产品的不同需要，这无疑将大大促进保险产业与保险市场的蓬勃发展；保险创新使在实行专业化金融制度下的一些金融机构的业务进一步交叉，传统的金融专业分工界限已进一步缩小，甚至有些模糊；在保险不断创新的条件下，出现了新的保险机构与组织，出现了各种各样非常活跃的保险综合集团组织等；保险创新使保险产业的竞争更加激烈，使保险企业经营活动的自由度大大加强，从以往有限度的竞争向全方位的竞争转化。在激烈竞争的过程中，落后的保险机构将被淘汰，保险企业的合并与集中的进程将会加快。保险创新对单个保险企业可能带来的风险主要有信用风险、市场风险、流动性风险和运作风险①。

二、保险企业规模与保险创新

（一）企业规模与创新行为的关系

加尔布雷思（Galbraith）追随熊彼特，认为由少数大企业所组成的现代工业最有利于激励技术创新。有许多调查的事实也支持了这一观点。据经济合作与发展组织（OECD）调查，在 OECD 范围内，全部工业 R&D 的 2/3 左右是由那些雇员超过 1 万人的大公司完成的。美国、英国、德国等国家企业的 R&D 总支出的 80%~97% 是由 1000 人以上的企业完成的，62%~90% 是由 5000 人以上的公司完成的②。虽然其中有两点值得注意：大企业 R&D 投入与产出的效率没有准确测定以及大企业 R&D 投入的来源与动机（如政府资助和政府购买），但大企业确实在技术创新方面有自己的优势：有人力、资金力量；技术力量和技术储备充裕；有较强的抗风险能力；能实现

---

① 朱新蓉. 金融概论 [M]. 北京：中国金融出版社，2002：83.
② 博家骥. 技术创新 [M]. 北京：企业管理出版社，1992：130-131.

R&D 的规模经济。

不过，小企业在技术创新效率和时间上都明显地优于大企业，这是因为小企业的机制灵活以及面临的竞争压力大。据盖尔曼（Gell-Mann）1976年对 1969 年后到达市场的 635 项创新的研究表明，按职工人数，小企业生产了 2.5 倍于大企业的创新，而且小企业将创新引入市场的速度比大企业快27%。曼斯菲尔德对 7 个行业的创新数和 R&D 经费的分析也证明了这一点，即随着企业规模的扩大，创新有效性最终递减[1]。近年来，由风险资本市场培育出的高新公司的大量繁殖表明，小企业与大企业在创新速度和效率上的差异正在不断扩大（见表6-1）。

表6-1　大、中、小企业技术创新在创新速度和效率上的差异

项目	大企业所占比例（%）	中小企业所占的比例（%）
开发周期		
一个月以下	1.0	29.3
三个月以下	6.3	29.3
二年以下	29.0	6.8
创新成功率		
5%以下	44.5	15.5
30%—50%	6.5	16.5
70%—100%	16.5	8.4

资料来源：傅家骥.技术创新［M］.北京：企业管理出版社，1992：130-131.

现代研究一般都对"企业存在一个活跃技术创新活动的适度规模"持肯定的态度，即在某个适度规模之前，创新活动不断增加，达到这个规模之后则开始减少。

（二）保险企业规模与保险创新

保险创新的主体主要是保险机构。保险机构的创新收益主要是通过创新后保险业务量的增加而取得的，它是一种预期收益，其中有些是近期的，有些则是远期的，短期内也许无法使收益增加，但它使创新者的市场占有份额增大，在竞争中占据有利地位，从而为增加未来收益打下基础。保险创新需要付出各种成本，包括市场调研成本、产品设计开发成本、产品推销成本，还有因遭受监管机构惩罚而造成损失的风险成本。

保险创新的收益和成本随创新规模的变化而变化，这里用 I 表示创新规

---

① 王俊豪.现代产业组织理论与政策［M］.北京：中国经济出版社，2000：125.

模，R（I）表示创新的收益函数，C（I）表示创新的成本函数，二者分别具有一般收益函数和成本函数的性质，即：

$$\frac{dR（I）}{dI}>0,\ \frac{dC（I）}{dI}>0;\ \frac{d^2R（I）}{dI^2}<0,\ \frac{d^2C（I）}{dI^2}>0$$

由上述成本—收益函数的特点所决定，实际保险创新多服从博弈论中的"智猪博弈"，即大保险机构是保险创新的主要发动者。这里我们套用"智猪博弈"这一例子对保险创新的博弈特征加以说明。假定有大小两家保险机构，进行一项创新可给它们带来 10 个单位的收益，谁创新谁先得益并多得益，各自所得多少与初始市场占有份额大小密切相关，但创新者要付出 3 个单位的成本。大机构创新，大机构获收益 9 个单位，小机构获收益 1 个单位；小机构创新，大机构获收益 7 个单位，小机构获收益 3 个单位；同时创新，大机构获收益 8 个单位，小机构获收益 2 个单位。在博弈中，二者都有"创新"或"仿效"两种选择，从而构成四种战略组合，其净收益状况如图 6-1 所示；在这一例子中，纳什均衡为（6，1），即（大机构创新，小机构仿效）。因为对小机构而言，创新成本太高，从而使其创新激励较小，不论大机构的选择是"创新"还是"仿效"，小机构的最优选择都是"仿效"；给定小机构的选择是"仿效"，大机构的最优选择只能是"创新"。

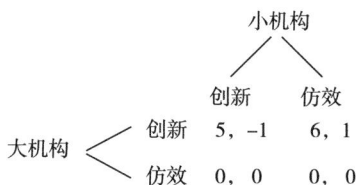

```
                        小机构
                      ╱      ╲
                    创新      仿效

      大机构 ╱  创新   5, -1    6, 1
            ╲  仿效   0, 0     0, 0
```

图 6-1　保险机构创新博弈

按照成本—收益原理，只要 R（I）$>C$（I），微观保险主体就会不断创新，直到 dR（I）$/dI=dC$（I）$/dI$ 为止。

也就是说，保险创新规模取决于创新的成本—收益状况，而成本—收益状况又是在一定的保险创新供求环境中形成的[①]。

我们可以将保险企业规模与保险创新的关系概括为以下几点。

（1）保险企业规模越大，在保险创新中越占优势。首先，保险企业规模越大，就越有实力投入巨额资金进行创新前期的研发工作。保险创新需要一大批高素质、多学科、多专业的复合型人才的联合攻关，一种保险产品的设计，可能涉及精算、计算机、会计、管理、税收、信息技术、风险测算等多学科的专门知识，拥有这种高素质的人才及其组合只有大保险企

---

① 张纯威．中国金融创新的经济分析 [J]．郑州大学学报，2001（3）．

业才能做到。其次，大量的市场调研和方案的反复修改也需要资金支撑。其次，一种保险产品的推出，需要巨额的营销费用，包括为使用购置设备的费用、培训费用、技术调试费用等。这些研发费用和营销费用在很长一段时间无法给企业带来回报，保险机构必须有实力容忍只有成本支出而无明显收益的这一状态，中小保险机构很难做到这一点。最后，新的保险产品需要广阔的营销渠道和营销网络才能在最短的时间与消费者见面，并且也只有大规模产品销售，才能合理分摊前期费用支出，这一点中小保险机构也无法做到。

（2）保险创新的特殊性，使中小保险机构更适合采取跟进战略。保险产品的创新，更多的是已有保险产品的重新组合和包装，一种新产品的出现，其实质内容并不受知识产权或专利法的保护，因此其他企业很容易模仿或跟进。如果不考虑产品营销费用，采取模仿战略的企业实际上可以节省全部研发费用和部分营销费用。因此，在保险市场上，中小保险企业采取跟进战略是一种理性的选择。

（3）保险创新在很大程度上是品牌创新，这使优先创新的保险企业可以获得垄断利润。保险创新特别是产品创新虽然主要是已有产品的重组和再包装，虽然跟进企业很容易模仿，但保险产品的销售在很大程度上是品牌的销售，先声夺人的创新企业，在品牌上创新而取得的优势，是采取跟进战略的企业在短期内无法获得的。因此，创新企业仍然可以在很长时间内获得金融创新带来的垄断利润。

三、市场集中与保险创新

如前所述，市场集中度是反映保险市场组织结构的主要指标，不同的市场集中度反映了市场垄断与竞争的状况。市场集中与创新之间的关系，一直是产业组织理论关心的内容之一。集中度对保险创新的影响大体有以下四种观点。

（1）市场集中度越高，保险创新越活跃。这是因为：①集中度越高，保险市场进入壁垒越高，从而保险创新越可能为创新企业带来超额利润；②研究开发成果在高市场集中度的企业能发挥经济规模作用；③高市场集中度可以支撑较大研发资金的投入。1956年，菲利普斯（Philips）发现，在1919—1939年的美国28个产业中，高集中度的企业有更快的技术创新。卡特（Cart）和威廉姆斯（Williams）在1957年对英国1907—1948年12个产业的调查证实了菲利普斯的结论。[1]

---

① 王俊豪. 现代产业组织理论与政策［M］. 北京：中国经济出版社，2000：130.

（2）集中度高的企业创新数比集中度低的企业少。主要理由是高集中度缺乏竞争的威胁。阿克斯（Arcs）和奥茨克（Audrtsch）（1988）的调查表明企业集中度高的行业中大小企业的创新数都比集中度低的企业少。威廉姆斯在1965年对1919—1938年，1939—1958年某产业4个最大企业的有关数据进行回归分析，认为集中度对4个最大企业的创新影响是负面的。

（3）集中度对技术创新的影响与技术生命周期有关。笔者认为在生命周期的早期阶段，低集中度促进竞争，从而有利于创新活动的开展；但在产品生命周期的成熟阶段，高集中度促进垄断，从而有利于创新。

（4）存在一个最佳的集中度区域，在此之前，创新活动增加，在此之后，创新活动减少，两者的关系呈倒"U"形。如谢勒（F. M. Sherer）对通用机构和传统技术的创新分析中发现，CR4 小于 10% 时，创新密度几乎为零；CR4 为 50%~55%，创新密度最高；CR4 大于 55% 时，创新密度开始下降。①

已有实证资料，没有直接验证保险市场集中度对保险创新影响的内容，但根据国际金融创新的发展态势（见表6-2），我们至少可以将保险市场组织结构对保险创新的影响概括如下：

表6-2　20世纪60年代以来西方主要金融业务创新概念

创新时间	创新内容	创新目的	创新者
20世纪60年代	外币掉期	转嫁风险	国际银行机构
	欧洲债券	突破管制	国际银行机构
	欧洲美元	突破管制	国际银行机构
	银团贷款	分散风险	国际银行机构
	出口信用保险	转嫁风险	国际银行机构
	平行贷款	突破管制	国际银行机构
	可转换债券	转嫁风险	美国
	自动转账	突破管制	英国
	可赎回债券	增强流动性	英国
	可转让存款证	增强流动性	英国
	负债管理	创造信用	英国
	混合账户	突破管制	德国
	出售应收账款	转嫁风险	美国
	福费廷	转嫁风险	国际银行机构

---

① 刘国新、万君康. 市场结构对技术创新的影响分析［J］. 管理工程学报，1997（11）.

续表

创新时间	创新内容	创新目的	创新者
20世纪 70年代	浮动利率票据	转嫁利率风险	国际银行机构
	特别提款权	创造信用	国际货币基金组织
	外汇期货	转嫁汇率风险	美国
	可转让支付命令	突破管制	美国
	货币市场互动基金	突破管制	美国
	外汇远期	信用、汇率风险	国际银行机构
	浮动利率债券	转嫁利率风险	美国
	利率期货	转嫁利率风险	美国
	自动转账服务	突破管制	美国
	全球性资产负债管理	防范经营风险	国际银行机构
20世纪 80年代	债务保证债券	防范信用风险	瑞士
	货币互换	防范汇率风险	美国
	零息债券	转嫁利率风险	美国
	双重货币债券	防范汇率风险	国际银行机构
	利率互换	防范利率风险	美国
	票据发行便利	创造信用、转嫁利率风险	国际银行机构
	期权交易	防范市场风险	美国
	股指期货	防范市场风险	美国

资料来源：焦瑾璞. 中国银行竞争力比较 ［M］. 北京：中国金融出版社，2002：141. 经作者整理而得。

（1）集中度不高的市场往往是创新比较活跃的市场，这一点可以从美国实际上已成为国际金融创新的中心这一特征中得以验证。美国的金融市场就是一个集中度较低的市场。

（2）直接融资比较发达的市场是金融创新比较活跃的市场。已有的理论证明银行的创新意愿从来就不是很强烈的，因此一个银行主导的金融市场也往往是金融创新落后的市场。[①] 这从德国和日本金融市场的金融创新远远落后于美国这一点便可得到证明。实际上直接融资市场也恰恰是一个无法实现很高市场集中度的市场，自20世纪80年代以来，越来越多的金融创新已表现为直接融资市场的金融创新。传统银行业务的创新已被远远抛在后面。

---

① 叶辅靖. 全能银行比较研究 ［M］. 北京：中国金融出版社，2001：57.

（3）金融市场集中度对金融技术创新与金融产品创新的影响是不完全相同的。金融市场集中度高有利于金融技术创新。

四、产品多样化、进入壁垒与保险创新

（一）产品多样化与保险创新

表面看起来多样化公司会比未多样化公司有更高的创新效率，因为许多创新有不可预期的益处，多样化公司有更多的机会利用创新。但大多数研究并没有为这一观点提供有力的支持。纳尔逊（Nelson）认为多样化有利于 R&D，尤其是基础研究。由隆（Rong）与雷文斯克拉夫特（Ravenscraft）做的系统研究表明，不同形式的多样化可能导致不同水平的 R&D。要证明两者关系，首先必须找到能代表多样化的指标。格拉博斯（Grabowski）用标准产业分类中独立的五位数产品数作为多样化指标，对所研究的 3 个 R&D 开支的关系做了回归分析，其得出的结论是：所研究的 3 个产业都存在正相关关系，但只有化学药品产业相关性显著。谢勒也做过类似工作，结论是多样化并不必然有利于技术创新。就保险企业而言，保险产品创新的不可预期性远没有工业企业那样高。因此，经营多样化的企业在保险创新中的效率不一定比其他企业更高。美国是保险创新效率最高的国家，但同时，也是分业经营的典型代表。德国银行保险经营的范围非常广泛，但保险创新却并不活跃。因此，保险企业的业务范围大小对保险创新的影响，尚待进一步研究。

（二）进入壁垒与保险创新

科马诺（Comanor）对产业壁垒与技术创新的关系进行了研究。他最初的设想是：研究开发活动的目标在于通过产品多样化形成进入壁垒。通过一系列研究，科马诺后来放弃了原来的设想，得出了这样的结论：当技术进入壁垒太低或太高，其对创新的激励都将大大低于壁垒处于中间层次的情况。保险企业的技术进入壁垒并不高，在世界各国，保险企业的进入壁垒主要表现为政策性壁垒。但结论应仍然成立，即政策性进入壁垒过高或过低都不利于保险创新。

第二节 保险市场组织结构与网络保险

网络金融是近年来金融技术创新中影响最大、意义最为深远的金融创新。网络金融的出现对金融业的影响将是革命性的。网络金融效率降低了

金融业运行成本的同时，也改变和即将改变金融业的运行模式和市场组织结构，对保险产业来说也同样如此。因此，本节将网络保险单独拿出来进行研究，从深层上讨论网络保险与保险市场组织结构、保险企业市场行为和市场绩效的关系。

一、网络保险的现状

（一）网络保险的内涵

网络保险是网络与保险相结合的产物，但它不是两者的简单相加。从狭义上来说，网络保险是保险与网络技术全面发展的产物，如网上保险等相关的保险业务内容。从广义上说，网络保险包括网络保险活动涉及的所有业务和领域。网络保险的狭义概念是指保险公司或新型网上保险中介机构以互联网和电子商务技术为工具来支持保险经营管理活动的经济行为。

网络经济时代对保险服务的要求可以简单概括为：在任何时间、任何地点、以任何方式提供全方位的保险服务。显然，这种要求只能在网络上实现，而且这种服务需求也迫使传统保险业的大规模调整，主要表现在更大范围内、更深层次上运用和依托网络拓展保险业务，而且这种保险业务必须是全方位的，覆盖保险、理财、银行、证券等各个领域的"综合保险"服务。

（二）网络保险发展背景之一：国外网络金融的发展状况[①]

1. 网络银行逐渐成熟

在美国，传统商业银行、投资银行、股票经纪公司纷纷建立网络银行系统，并且这些系统都可以向客户提供传统的和新颖的商业服务。据调查显示，2001 年美国有不超过 4% 的家庭在使用网络银行服务。1998 年，使用网络银行的美国家庭已达到 800 万个。同时，在接口方面。也已经推出了两个标准，一个是由 Check Free、Intuit 和 Microsoft 在 1997 年制定的 OFX（开放式金融交易 Exchange）；另一个是由 IBM、VISA、USA 和其他 17 个金融机构制定的 GOLD。一些新型的纯网络银行也迅猛兴起，尽管目前新建纯网络银行的趋势有所减弱，但传统银行的网络化趋势却在进一步加强。传统的大银行凭借雄厚的资金实力和技术力量仍然攫取了网络银行的主要市场份额。目前，全美最大的 25 家银行均对其顾客提供网上账户服务，全美最大的网上账户服务银行均为传统的商业银行。

---

① 吴以雯.网络金融［M］.北京：电子工业出版社，2003：7.

在欧洲，目前有超过1200家金融机构提供网络银行服务，尤其是比利时和荷兰，超过九成以上的银行都已能为客户提供网络银行服务。在英国，Barclays' Bank 2000年已关闭50家分行，用此资金来发展网络银行业务；国民西敏寺银行也表示将投资1亿英镑以发展网络银行业务，而西班牙和爱尔兰的几家大银行和网络公司日前推出了一个雄心勃勃的计划，决定建立第一家全球性的网络银行集团"Uno First"。另外，德意志银行加紧实施了"全球电子商务战略"，其目标是通过与国内外网络、软件和电信等产业巨子的紧密合作，全力拓展互联网业务和电子商务。J. P. Morgan 在2001年的报告中指出："未来3年，欧洲的网络银行将是现在的3倍，在线金融服务的金额将达4400亿欧元，占有15%的市场，其中瑞士的在线银行消费者将增加50.5%，瑞典将增加36%，德国将增加25%。"

在亚洲，日本，新加坡，中国香港和台湾地区的网络银行纷纷建立，一时成为热潮，其中又以汇丰银行与美林合作共同投入10亿美元作为开办资本，组成首家全球性网络银行——及时富管理服务公司，其目标是在5年内取得盈利并争取5000万个客户。

2. 网络证券和网络保险发展迅速

除了网络银行走向成熟外，股票市场、债券市场等金融市场的网络化也获得了长足的发展。2000年4月，日本，韩国，中国台湾和中国香港几家证券公司联合在中国香港推出"亚洲股票交易联网"。同年7月，英国电子 Tradepoint 推出首个泛欧交易所，并准备让全欧洲300家主要公司在该所进行交易。与此同时，纳斯达克表示将有3家电子交易系统加入该市场的电子交易市场，交易在纽约证券交易所挂牌的股票。而路透等几家交易系统也都有意加盟。

在债券市场上，J. P. Morgan 在新加坡推出了亚洲第一个全自动化的网上债券交易平台，并同时推出新的政府债券指数，这也是投资者第一次可以即时在网上买卖新加坡政府债券。

保险公司在网络金融的竞争中也不甘落后。世界上最大的两家再保险公司慕尼黑再保险和瑞士再保险宣布，将联手建立一个独立的在线再保险市场。

3. 电子货币和网络支付日益受到重视

据悉，新加坡政府正致力于研究实施电子货币交易系统，希望在2008年底前成为全球第一个通过"电子货币"（E-money）交易的"无现金社会"，让公众无须携带现金，只需用嵌入电脑芯片的移动电话等进行交易。这一发展趋势也为美国、加拿大所效仿，预示着未来的潮流。

另据 Gartnet Group's Dataquest 公司的调查，在美国，1995年只有20万

户家庭使用网上支付，到 1998 年末已达到 700 万户的家庭通过家用计算机获得包括网上支付在内的金融服务。在日本，所有大型连锁便民商店都将设置 ATM，大大普及网络支付。

目前，发达国家的网络金融呈现出以下特点。

第一，发达国家网络金融的发展相对成熟完善。一般从传统的电子化金融发展到网络金融，都经历了三个阶段：金融业务电子化阶段、金融业内部网络化阶段和网络金融阶段，而且各阶段的进程都相当充分。

第二，发达国家网络金融的服务内容集成度相当高而且创新频繁。由于允许混业经营，发达国家网络金融所提供的服务内容相当完备，从基本的存贷款到信用卡结算，从保险、经纪到证券投资，几乎无所不包。如 Intuit 控制的 Quicken tom 业务包括投资、抵押、保险、税收、银行业务、退休金计划以及和所有这些项目有关的服务。客户都可以在这个财经门户网站上找到，而且网站内容丰富，非常易于使用，整个网站就像一个制作出色的应用软件。

第三，网络金融业之间竞争激烈、差异明显，消费者可自由选择适合自己的服务。

第四，网络金融业务参与主体多样化。如在网络银行业中，不仅有传统大型商业银行（如 Wells Fargo）、信用卡公司（如 American Express），还有大型金融集团（如 Citigroup）参与其中。更重要的是，出现了纯网络银行这一新兴的银行业发展模式（如 Net. Bank）。

第五，行业接口标准尚不统一。现行的标准主要有：Microsoft Intuit 和 Checkfree 等公司在 1997 年设计制定的"开放式金融交易"（Open Financial Exchange）标准；由 IBM、VISA、USA 和其他 17 个金融机构制定，Integrion 公司发布的 GOLD 标准；美国银行业技术联盟颁布的"交互式金融交易"标准；德国的"家庭银行计算机接口"标准。除此之外，还有一些公司有自己的标准，诸如 Microsoft 的"公开金融联结"标准（OFC）、VISA 公司的"VISA 交互"标准等。虽然这些标准基本上都是建立在诸如 HTML、HTYP 和 SSL 等的基础上，但它们之间仍有不少差别，如何兼顾实用性和兼容性是各国金融当局和银行家当前的最大问题。

（三）网络保险发展背景之二：中国网络金融的发展状况

1. 中国金融业电子化的现状

我国金融电子化建设已取得了丰硕成果。截至 2000 年 4 月，我国银行系统已拥有大中型计算机 700 多台（套），小型机 6000 多台（套），PC 及服务器 50 多万台，ATM 近 3 万台，销售点终端（POS 机）22 万台，银行卡发行量已超过 2 亿张,电子化营业网点覆盖率达到 95%。中国金融数据通信网络基本框架已经建成,卫星通信网已建有两个主站和 646 个地面卫星小站。全国电子联行系统有 1000 多个收发报行,连接商业银行 1 万多个通汇网点,大大加快了全国异地资金的处理能力。支付清算系统已成立了全国银行卡信息交换总中心和金融清算总中心,新的支付管理机制正在积极推进之中。

各大商业银行都建立了完善的通信网络系统:

工商银行通信网络:以帧中继技术组成一、二级网络,采用网状拓扑结构,各级分行的节点通信机直接接入该主干网,将全国的主机互联形成 SNA 网络。主要的银行交易业务以数据传输为主。

农业银行通信网络:截至 1998 年,已建成总行到省分行再到地(市)行的一、二级通信网,部分二级通信网也已向下延伸。目前,全国已建成 23 个二级通信网,覆盖了 300 多个城市分行,完成了 70 多个大中城市以同城业务为基础网络系统的建设工作。

中国银行通信网络:中国银行是中国金融系统较早实现营业网点计算机处理的银行。从省会城市连至地(市)分行的二级网络已完成全国 80% 的省份。中国银行还通过银行间金融通信系统(SWIFT)标准接口,加入 SWIFT 系统网络。

建设银行通信网络:建设银行的一级通信网始建于 1993 年,依托 X.25 组成连接全国 44 个分行的虚拟专用网。主要业务有资金汇划与清算、龙卡授权系统、统计报表传输等,目前已采用金融帧中继网进行改造。

其他商业银行如光大银行、华夏银行以及中信实业银行等都已采用帧中继银行专用网。

这些为我国保险网络化打下了良好的基础。

2. 中国金融机构的网络化

我国金融机构网络化的起步是从银行业开始的。先是 1997 年,招商银行率先推出网络银行,接着中国银行也不甘示弱,推出自己的电子钱包。随后,中国建设银行、交通银行、中国工商银行、中国农业银行等国内银行也不断地完成各自的 E 化之路。一些中小商业银行,如中信实业、民生等也纷纷开通网上支付业务,其网络金融业务主要包括:对公及个人账务查询、企业内部资金转账、银行转账、信用卡申请、代收费业务、网上购物支付及各种信息咨询业务。有一些网络银行,如招商银行北京分行、深圳分行等已经推出网上证券交易委托平台,其客户可以直接在其网站上从事股票买卖、查询和投资管理等。从总体上看,我国网络银行业务深度和广度都还有限,尚无一家开展网上存款、贷款、账单收付、跨行转账、非金融商品销售等业务。

网上开展证券交易在国外已经被证明是最具发展潜力的网络金融业务。我国的一些券商从 1997 年开始探索网上证券业务，推出了各自网上证券经纪系统。1997—2002 年国内已有 200 多家证券经营机构开展了网上委托业务，其中推广规模较大的有闽发证券、平安证券、青海证券、华泰证券、大鹏证券等。据业内人士估计，截至 2002 年，国内通过互联网交易的客户量已达 30 万人，通过互联网查看证券资讯的则已高达 60 万人，全国约有 1.5%的交易量是通过网上委托产生的。

（四）网络保险

上述介绍网络保险背景时，已经提到最先出现网络保险的是美国，网络保险最为发达的是英国，这些国家的政府为了大力支持网络保险的发展，采取了以下一些做法：①CA 认证技术：以发达的信息技术和完善的网络设施为基础，从而保证安全、控制风险。它主要是有效解决互联网交易存在的非法访问、非法篡改、拒绝服务、抵赖等安全问题。②新设或兼并重组：在政府的积极引导下，实力雄厚的金融集团和控股公司通过新设或兼并重组来组建下属的网络保险公司，以此跻身于世界保险业的前列。比如全球前五名的跨国保险集团——美国国际集团（AIG）、法国安盛集团（AXA）和荷兰全球人寿保险集团（AEGON）。但全球的网络保险目前还存在许多缺陷，还处在探索阶段。它在模式上并没有现成的经验可循。

我国的网络保险也不甘寂寞。安盛集团在上海设立的合资企业——金盛人寿保险有限公司启动了自己的网站。而国内首家大型电子商务保险网站"网险"继与太平洋保险公司北京分公司合作推出适于网上投保的 30 多个险种后，近日又与平安保险公司北京分公司和泰康人寿保险股份有限公司签约，共同推出网上投保业务，这样网险可投险种已超过 100 种。

伴随我国网络保险的迅速发展，网络保险中的问题也凸显出来，例如，①保险公司及客户信息、服务程序修改、被盗等问题——计算机网络技术的危害，软硬件的运行风险，病毒风险等。②各地区核保政策有差异，平台资源难以共享，易导致分歧。③投保人和保险人对于出险问题或保险条款的理解差异，且不易沟通。④投保人产生道德风险——逆向选择和保险真实性，无个人信用平台，导致保险人承担高风险的标的，从而给保险业务经营带来巨大风险。⑤虚假保单、骗取保费、代理人截留客户退保资金。例如，2008 年，携程网被发现出售假保单；2009 年，海南发生假保险公司"恒亚迪"网上销售假保单案件。

从上述这些问题，明显看出政府应针对我国网络保险管理滞后的缺陷，并根据网络保险的特点和存在的问题，尽快制定有关网络保险的法律法规制度，同时确保这些法律法规严格执行的实施体系，来维护投保人和保险人的有关利益，加速网络保险的今后发展。

根据国际经验和我国网络保险的发展实践，我国相应出台了一些政策法规：①2005 年 4 月 1 日，《中华人民共和国电子签名法》：可靠的电子签名与手写签名或者盖章具有同等的法律效力。②2000 年 2 月，《中国电子商务发展战略纲要》成为发展电子商务的指导性文件。③2011 年 4 月 15 日，中国银保监会发布《互联网保险业务监管规定（征求意见稿）》，主要规定开展互联网保险业务的资质条件、经营规则、监督检查、法律责任等，抑制网络保险市场上一些不合适甚至不合法的行为，防范和降低网销风险；为网络保险业务的发展打好基础。④管理法规：《计算机信息系统安全保护条例》《计算机信息网络国际联网管理暂行规定》等。

二、网络保险与保险市场组织结构

网络保险的出现和快速发展对保险产业的市场组织结构、保险企业的市场行为、保险企业运行的市场绩效都将产生巨大的影响。

（一）网络保险改变了保险业的进入壁垒

比尔·盖茨曾预言"传统商业银行将是要在 21 世纪灭绝的一群恐龙。"比尔·盖茨并非是危言耸听，他不仅这么说，而且身体力行，他于 1994 年 10 月要求微软公司聚集 20 亿美元巨额资金，投资收购专长于家庭财务软件的直觉公司，以使微软财务软件在美国的市场占有率从 30% 上升至 90%，并提高其相应的全球市场份额，控制金融软件在个人电脑的输入，进而逐步取代所有的商业银行。微软公司收购直觉公司的企图引起了美国商业银行业的一片恐慌。花旗银行认为如果收购成功，微软将成为最具有竞争力的一家银行，因为，将来每个人都可以将自己的电脑联上互联网，应用直觉公司的软件查询存款余额，进行存贷款业务，而使得传统意义的银行成为多余。所以，美国银行业采取了有史以来规模最大的联合行动，由银行家协会和一些金融企业代表出面，借助反垄断武器游说国会，迫使该收购计划落空。

微软的收购虽然没有成功，但加深了华尔街金融家们对传统银行面临行将灭绝的认识。在 20 世纪 90 年代以前，华尔街的金融业、底特律的汽车业和好莱坞的娱乐业号称是美国经济的三大支柱，1997 年上述产业的市值分别为 4000 亿美元、1000 亿美元和 500 亿美元，但是同期硅谷的市值超过了 4500 亿美元，华尔街的老板们发出了惊叹，电子信息产业开始把华尔街的金融业抛在后面。电子信息技术的巨大生产力改变着社会生活的各个领域，正如多媒体之父尼葛洛庞帝所指出"计算机不再仅与计算有关，它决定我们的生存。"

在日本，信息技术关联企业索尼公司和流通企业伊藤洋华堂在 1999 年分别成立了索尼银行和 IY 银行。这些新成立的银行没有不良债权的历史包袱，索尼银行可以利用索尼公司在信息技术关联的硬件和软件开发和生产上的优势，通过网上银行为客户提供管理服务；IY 银行可利用伊藤洋华堂客户多的优势重点发展资金结算。保险产业的情况同样如此，网络的出现和普及改变了保险业的市场进入壁垒，传统的经济性壁垒如沉淀成本、绝对费用优势、规模经济等在网络经济的条件下，阻碍新企业进入的作用将大大降低，非保险企业将更多地参与保险市场竞争，非保险企业进入保险业，使保险产业的市场组织结构发生变化，保险产业的竞争主体增加，传统的保险企业市场集中度下降，保险市场竞争更加激烈。

（二）网络保险改变了保险产业的规模经济

传统保险企业的扩张依赖分支机构和分销网点的增加，保险企业的规模扩张，在统计数字上表现为营业网点的增设和从业人员的增加。网络保险的出现，极大地改变了保险企业规模扩张的模式。传统营业网点的地位迅速下降。

（三）网络保险改变了传统保险企业的业务分工

网络保险使传统金融业的分工模式发生了变化。（1）在网络保险的条件下，传统的保险、银行、证券三业分工的模式被打破，从技术上看，在虚拟的网络保险企业中，保险机构所提供的金融服务是没有技术障碍的；从实践角度看，近几年网络金融企业也大多采取了混业经营的模式。（2）传统的保险企业由于产业链很短，往往一家保险机构要完成一笔保险业务的所有过程。网络保险的出现，使保险业的产业链出现了明显的变化，一部分企业将专门从事保险业务的销售业务，另一部分企业则主要从事保险产业的开发、设计和管理业务。

（四）网络保险影响着保险企业的市场行为

网络保险的出现，使保险产业的运行效率提高，市场竞争更加激烈，保险企业的市场行为也必将发生极大的变化。

1. 成本和价格竞争行为①

提供专业互联网服务的保险企业提供了"面向大众的客户定制"(Mass Customization)的可能,它将集便利的选择权(如广泛的产品选择空间)、高品质的服务、最新的技术、最低的价格以及令人信赖的品牌于一身,从而成为服务业网络商务的最佳选择。成功的保险服务公司必须提供直接接入的互联网专业服务,传统的保险产品"制造商"必须改变他们的策略到电子商务的轨道上来,而不是指望客户会绕过网络直接找他们。也正因如此,互联网将对保险服务业的价值链产生最重大的影响。在专业及综合网站上,客户可以得到以前必须通过中介人才能得到的专业信息,还可以进行更多的比较,而且这一切都是免费的。像 Ins Web 这样的网站,能够回答几乎所有的车险承保的问题,并提供不同的保险套餐。很明显,越来越少的顾客需要代理人来为他们提供网站已有的服务,中介商的收益缩小,甚至连地位都岌岌可危。同时,价格透明化推波助澜地削减保险服务业的收益,庆幸的是这种收益的减少将部分或全部地被节省的成本(由于效率提高、经纪人的减少、有形销售费用的节省等)所挽回。网站上的广告收益及方便的市场调查的潜在收益也将对上述情况有所弥补(见表6-3)。当保险服务的交易网络化后,企业的品牌将发挥比实物形态公司更为重要的标识作用。

表6-3　美国互联网对金融服务业务价值链的影响

金融子行业	复合增长率(%)*	价格变化	成本变化	收益变化	2003年收入(美元)
零售银行	58	下降10%~20%	节省15%~25%	上升	235
证券经纪	67	下降70%	节省,但少于价格下降	下降	32
定期寿险	181	下降10%	节省超过10%	上升	0.7
产物保险	78	下降10%	节省,但少于10%	下降	18
信用卡	104	—	—	下降	147.2
按揭	14	—	—	上升	3.5
合计	34	下降	节省	上升	435.4

注:*为复合增长率估计的美国互联网金融服务业1998—2003年增长率。

资料来源:根据 Mougan Stanley Dean Witter Equity Research 提供的数据制作。

互联网保险服务带来的价格下降是非常明显的,所幸其便利化不只是朝向消费者一边,透过互联网销售和交易,保险公司的成本节省也是非常惊人的。保险企业的佣金价格将下降,保险经纪人收益率也将下降;另

---

① 严建红.互联网时代的金融业:挑战及应对策略 [J].国际金融研究,2001(6).

外，交易成本的下降也是惊人的，从分支行制的交易模式转向互联网网上交易模式，每笔交易成本都将下降。

如何在收益空间越来越小的互联网商务空间生存？保险服务业的价值链已经发生了深刻的变化，这一变化必然要求保险产业的行为模式适应其变革：制造商的削减成本、规模效益策略仍然有用，但其取得并不是通过传统的模式，因为只有应用互联网销售，才能最大限度地削减成本，也只有构造良好的互联网商务站点接入通道，才能最大限度地吸引客户，实现规模经济。

2. 差别化竞争行为

网络保险采用的差别化行为，可以归结为价格差别化、产品差别化。价格差别化是指同一品种的产品具有不同的价格。这是因为顾客具有各种各样的偏好，对同一种商品的规格、时间长短、价格具有不同的要求。保险企业则根据最低维持金额的不同，给予客户不同的费率。

产品差别化。产品差别化是指根据不同客户群的需求设计不同的保险产品。这是各家网络保险尤其是由传统的保险公司发展而设立的网络保险在激烈的竞争中经常使用的一种策略。

3. 客户中心行为

所谓客户中心行为，就是保险以互联网为平台，建立的以客户需要为中心的服务模式。

在传统保险企业中，保险业务咨询、保险产品咨询、保险投资理财等需要充分的信息交流及反馈。而互动式的网络则为客户提供了便利，使得保险企业对每个顾客进行"一对一"式服务不仅成为可能，而且将成为普遍流行的方式。利用自动业务终端系统，保险业务员可以及时找到保险公司与顾客往来的资料，根据顾客的要求在屏幕上展示相应的保险商品介绍，计算出各种交易条件，向顾客提供购买建议。如果顾客改变购买条件，保险业务员也可以很方便地进行重新试算，直到顾客满意。当顾客决定了购买意向后，保险业务员则可当场打印出相应的文件由顾客签字，马上成交一笔交易。实践证明，这种客户服务中心型的组织结构及工作方式能够减少劳动力成本，并且实现了资源共享，更好地赢得客户的忠诚。

第三节　保险创新与保险企业再造

保险创新的一个重要内容是保险企业内部组织结构创新，保险企业再造是组织结构创新最具特色的一种模式，虽然保险企业再造并不直接影响保险市场结构，但却是保险市场结构所带来的市场行为的重要内容之一。

由于其在保险制度创新的位置十分重要，本节专门对此进行分析。

一、保险企业再造的含义

保险企业再造（Reengineering the Insurance Enterprise）是保险企业为了显著地降低成本基础和提升活动价值，充分依托信息技术和外部专业化组织，以流程系统重新设计为核心展开的保险经营范式转换活动。从经营范式这个全景来看，流程是保险企业经营战略、组织结构、管理制度等交互作用下的产物，流程的不合理只是一种问题的反映。因此，保险企业要改善绩效就不能就事论事地只对流程进行改造而草草了事，而必须以流程再造为契机，重新审视保险企业的经营范式。保险行业是比较传统的金融产业，在市场竞争中，多数保险企业对外部环境反应滞后，它们年复一年地使用过去成功的做法和经验，虽然没有失败，但使用的不一定是符合现实环境的战略思想，只是因为金融管制阻止了竞争才使保险企业一度相安无事，从"reengineering"的本义来看，"reengineering"意为"从无到有的过程"，"re"意味着"重新、再来"。所谓"再造"，是在"一张白纸"上，重新画出企业的流程，要求保险企业丢开传统的包袱，重新评价以往的"金科玉律"，改变经营观念。这种观念、想法的改变或突破延伸到流程层面以外，便是对保险企业长期以来奉为圭臬的诸多经营逻辑如成本核算、产品定价等的重新检讨。这些由流程再造发端，为再造理念所带动的改变，正在延伸和拓展保险企业再造的范围，从而使保险企业再造深化成一种更为系统化、更贴近保险企业现实、更利于实践绩效改进要求的保险企业经营范式转换活动。

保险企业再造目标模式就是要塑造营销导向型保险企业。营销导向型保险企业包括客户化的组织性质，界限、漂移模糊的组织形态与柔性反应的组织机制三大特征。

二、保险企业再造的本质特征是客户化

（一）营销导向型金融企业的客户化特征

所谓客户化，原义是指满足客户个性化需求的经营模式，本教程包括三层含义：一是指该范式是被客户化的（Customized），即保险企业本身的各个层面（性质、目的、战略、业务流程和组织结构等）由客户驱动；二是指该范式是可客户化的（Customizable），即企业能够为客户提供众多选项，使客户从中选择满意的一项；三是该范式是自行客户化的，即保险企业能够自动、自觉和主动地响应金融环境、金融市场和客户需求的变

化，调整自身与这些变化不相适应的方面，提供满足特定客户要求的个性化保险产品。

营销导向型保险企业的本质特征是全盘客户化。全盘客户化的特征具体体现在保险企业的性质、文化、流程、结构和战略等方面。

（二）客户内部化是客户化的实现途径

客户内部化是保险企业以不同方式、角度和程度把客户纳入保险企业内部，使客户不仅是消费者，还是生产者，甚至承担企业内部的其他职能。如参与保险企业的决策、与保险研发部门一起进行保险产品的研发等。其先进之处在于，通过客户内部化把客户的需要直接导入企业，把从客户需求到客户满意的转换过程演化成为客户参与过程和客户与保险企业共同合作的过程，如共同设计经营方案、协作完成产品设计等。

（三）客户内部化的实质是决策权与外部"专用知识"的一体化

专用知识又称内隐知识、默会知识，哈耶克称为"特定时间、地点和环境下的知识"①。日本学者野中和根野认为它是"一套很主要，但没有组织起来的知识""是高度个性化、难以形式化沟通，难以与他人共享的知识"②。专用知识有助于保险企业的决策者了解企业内部和外部的各类信息，减少企业的决策失误。保险企业的决策权集中在管理者手中，而专用知识却掌握在企业员工和企业外部，使决策权与专用知识处于分离状态。

客户是拥有外部专用知识的人。如保险产品的最终客户，除了有自身需求信息外，还有竞争信息。因为他们被竞争对手争取时，会了解到竞争者所用的各种诱饵，富有创新的方法，特别是推销思想和新的市场策略；中间商（经纪商）客户更接近企业所需要的信息源，知道地区市场的准确细节和是否还有竞争者在做特别推销，以夺取更大的市场份额；服务咨询人员和机构处于复杂信息的交汇点位置，知道正在发生和发展的事件以及保险业潮流等方面的信息；职业情报收集服务公司、当地社团和市民领袖、行业协会和议员等都具有专门的知识和经验。将外部知识内部化为企业的决策过程，可以使用市场调研的方法，但这一过程可能使信息传递失真。在保险企业的再造过程中，应将具备这种外部专用知识的人纳入企业内部，为他们在企业找个位置（位置既可是实的，也可是虚拟的），使他们的专用知识直接运用于保险企业的决策。由于客户就是拥有专用知识的人，把具有专用知识的客户纳入企业内，就是客户内部化。它可以分层次

---

① Hayek F. A. "The Use of Knowledge in Society," American Economic Review, 1945（9）.
② 唐京，等. 知识类型和知识管理 [J]. 外国经济与管理，2000（2）.

进行，如让客户进入董事会，内部化到决策层；聘客户为顾问，内部化到管理层；招客户为员工，内部化到执行层；让客户参与企业的产品开发和设计，进行自我管理、自助服务等。客户内部化的实质是把存在于企业外部的专用知识内部化为保险企业可控资产，同时也是把决策权外移给拥有专用知识的外部人，其结果是决策权与专用知识的一体化。

三、保险企业再造的组织形态是边界模糊漂移

（一）保险企业再造的边界模糊形式

模糊是元素对集合隶属关系的不清晰。保险企业再造的组织形态就是要塑造具有模糊性边界的保险企业组织形式。其内容包括：（1）保险企业内部各个部门和人员的分工界限模糊。营销导向型保险企业中的员工与传统保险企业的人员不同，它们是复合型员工，是保险企业通过"授权团队""业务流程再造（BPR）"等方式方法，对传统保险业务分工进行纵向和横向整合的结果。其具体表现：一方面是管理层级的减少和组织结构的扁平化，拥有决策权的人和拥有决策所需知识的人合二为一，从而使之具有决策和执行的双重身份和职能；另一方面则是职能部门和工作环节的一体化，它形成了具有分工界限模糊特征的跨职能跨环节的综合性工作团队和集多项业务于一身的多面手员工，是对"各就各位"式保险业务分工的整合和对以这种业务分工为基础的保险企业范式的突破。日本住友银行创立的往来账户综合银行制度充分体现了这一再造思想。该制度将银行往来客户，包括客户的关系企业和海外机构在内，看作一个集团，建立以客户为主体的管理体制，银行不再按传统的存款、贷款、外汇业务等进行分工，而是将银行服务职能综合化，全面向客户提供各项金融服务，在这一体制下，同一客户的所有业务都要集中在往来客户综合管理账户下进行。往来账户小组成员的业务能力特别强，不仅要懂存款、贷款和外汇业务，还要为客户提供资金调度、资金运用、海外发展等技术性服务，这些小组成员被称为全能银行职员。

为了充分发挥往来客户综合管理小组的功能，住友银行还在1992年实现了海外10多家分支机构的综合电脑联网作业，使往来企业的海外分公司、海外关系户的各项资料都能被往来客户综合管理小组成员所掌握，真正形成了综合性情报系统，为客户提供最完善的服务。这种综合小组以母公司为核心。就零售性业务而论，主要是把销售人员从日常的业务操作中解放出来，专门负责与客户进行沟通，而把客户具体要求的事情交由辅助人员操办。保险企业也可以从这一案例中得到启发。事实上，保险产品纷繁复

杂，很少有客户能用组合的眼光来进行理财，而通常的保险业务员囿于自己手头的专门职能，不可能跨越部门为客户出谋划策、来回奔波，通过设立专职销售人员，使客户不再面临众多的业务柜台，只需与一人接触即可，提高了客户的便利程度，有利于保险企业实现交叉销售。

（2）保险企业再造的边界模糊组织形式，还反映在中心—辐射式组织结构上。建立中心—辐射式的组织结构，实际上要求集权与分权并存。保险企业的经营范围可能遍布全球，但通过信息技术的辅助，保险企业总部除了能维持各区域的自主性之外，还可通过资源共享，取得集中化的规模经济，这就是保险企业因新流程设计所享受到的集权与分权并存的好处。例如，某保险企业原来每个分支机构都设有客户电话服务中心，经过再造，只要总部集中设立客户电话服务中心，原来95%的业务咨询、100%的金融信息、80%的投诉问题和54%的交易问题都能被中心直接解决，少数不能直接解决的，再转由分支公司处理。这种中心—辐射式的安排，裁减了大量的人员和设备，显著节约了成本。事实上，通过类似方式，合并一些分支公司相同部门的潜力是很大的。此外，在每一家分支部门的设置上也要因地制宜，不宜"麻雀虽小，五脏俱全"，结合当地的业务特点，强化某些部门，简化甚至取消某些部门，把相应的工作集中合并到上一级部门①。

（二）保险企业外部关系和身份的多重性

营销导向型保险企业虽然加入了某个企业联盟，但并未因此丧失法人资格和经营的独立性，这种准市场的企业组织形式已在企业并购一章述及，这里不再赘述。

（三）保险企业再造的"边界漂移"

1. 保险企业的"边界漂移"

我国学者认为，企业进行集团化联合以后，其组织边界范围已经不再是单体企业（即总公司）以内的边界范围，而是扩大到企业集团的如表6-4所示四种边界范围。营销导向型企业有三重边界：一是保险企业内的法律边界，由保险企业所有或自有的资源要素构成，包括科斯所说的边界或上述母公司内外边界所涵盖的各个企业。二是保险企业外的营销边界，由企业外部的利益相关群体和其他可利用资源构成，包括上述集团外边界的各个企业。三是保险企业外界，由市场各个要素和一切资源构成，包括各个完全独立而且与本企业无固定关系的个人和组织。用关系式直观表示是：

---

① 田晓军. 银行再造简析 [J]. 国际研究，1999（4）.

企业法律边界=企业自身的范围；企业的营销边界=企业自身+企业和市场之间的"中间地带"；企业外界=企业自身+企业和市场之间的"中间地带"+市场和现有科技发展水平能够达到或覆盖的范围。打一个形象的比喻，企业好比是一个打破后盛在菜碟中的生鸡蛋，蛋黄是企业的法律边界；蛋清是其营销边界；菜碟则是企业的外界。

表6-4　企业组织边界范围

组织边界类型	边界释义	各层边界内的具体构成
母公司内边界	集团核心层企业（总公司）以内的范围	A：总公司的车间、分厂、事业部
母公司外边界	列为集团联合核算对象的紧密层企业以内的范围	B＝A+子公司+关联公司
企业集团内边界	与核心层有持股关系的半紧密层企业以内的范围	C＝B+外包和外协企业
企业集团外边界	与集团有长期契约关系的协作层企业以内的范围	D＝C+完全独立的各种企业

在营销导向型保险企业的上述三重边界中，有意义的是法律边界和营销边界的区分。营销导向型保险企业的法律边界和所有权相联系，所有权包括对资产的剩余控制权、决定资产除最初契约所限定的特殊用途以外如何被使用的权利。因而，营销导向型保险企业的法律边界是由企业所拥有的资产所构成。在法律边界内，营销导向企业的老板如果不满意员工的表现，他可以有选择地解雇他们；在法律边界外，该老板如果不满意另一方，只能解雇（终止往来）整个企业。营销导向型保险企业的营销边界是指组织活动所涉及的范围，它与经营使用权和战略控制中心等概念相联系，而与所有权基本无关。

营销导向型企业的边界漂移主要是指其营销边界的运动状态。因为它的法律边界比较稳定，一般在发生兼并、收购和分立等产权交易行为时，才呈现扩张和收缩的运动；营销导向型保险企业的营销边界则更多地表现为经常的相向变化。当企业以特许经营等战略联盟的形式实行市场组织化，亦即运用非一体化手段把外部资源整合进来时，企业的营销边界向外扩张，大于其法律边界；当保险企业以外包等虚拟经营的形式实行企业市场化，亦即运用非产权转让手段把自有资源剥离出去时，企业的营销边界向内收缩，小于其法律边界。也可以这么说，营销导向型保险企业的法律边界相对稳定，或趋向于变小，营销边界则在其法律边界周围漂移，且有加速扩大的趋势（如目前国内外方兴未艾的特许经营和虚拟联盟）。

2. 保险企业再造与边界漂移实例：保险业务外包

保险企业边界模糊和漂移反映在保险企业再造过程中，十分突出的现象是保险企业的并购联合和业务外包两个刚好相反的边界变动过程。保险企业的并购与联合是指保险企业营销边界向外扩张；保险企业的业务外包是指企业营销边界向内收缩。前者我们在前面已经论及，这里我们重点介绍保险企业的业务外包。

保险业务外包是要保险公司有效运用自身的核心能力，关注于战略环节，而把一般性的业务交给外部服务公司去做。通常，保留下来的业务最能体现保险企业的竞争优势，具有高附加值，而外包的则往往是具有低附加值的后勤、人事以及不再能体现领先优势的一些信息技术和标准化的业务处理。保险企业的核心能力主要是保险的保障能力、保险产品创新能力、保险营销能力以及一些独树一帜的服务手段等。在保险业务外包中，外部服务公司无异于保险企业的"家政服务公司"，它使保险企业从众多并不十分在行的普通的事务性业务中解放出来，集中注意力于最核心的业务，从而避免了保险企业经营在精力和财力上的分散。保险企业寻求外部服务公司的支持时，实际上弥补了自身资源的不足，这在过去可能被视为保险企业的一种劣势，但随着社会分工日益细密，外包已被认为是一种智慧的战略选择，一条缩小战略目标与资源条件差距的重要途径。

保险业务外包的范围。保险业务外包的范围是非常广泛的，主要包括与信息技术有关的业务。保险企业外包业务领域最重要的是数据中心、通信和其他一些管理信息系统的领域。很少有保险企业能跟上快速变化的信息技术，所以他们必须寻求外部支持。

非业务外包。保险企业外包业务并不仅限于与信息处理有关的业务。很多保险企业将日常的行政管理、工资管理、设备管理、培训、招聘等非核心业务外包出去，甚至一些以前被认为是理所当然的传统保险业务也被外包出去。

保险业务外包的好处。保险业务外包可提高保险企业竞争力，提高经济效益。具体好处可以概括为以下几点。第一，使保险企业利用自身内部所没有的专业技能。第二，使保险企业变得更加灵活，能更好地适应市场环境的变化，不再受非核心业务的拖累。第三，可以使保险企业有机会利用最先进的技术和工具。在信息技术、网络技术迅速发展的今天，保险企业要想自己使用这些技术往往是成本高昂或不可能。这类业务外包可以使保险企业永远处于这类技术的前沿。第四，业务外包减少了保险企业的投资需求。第五，业务外包使保险企业降低了福利成本，提高了工作效率，保持了员工的相对稳定[1]。

---

[1]　李元旭、吴晨. 银行业务外包问题初析 [J]. 国际金融研究，2000（12）.

四、保险企业再造的柔性反应机制

(一) 柔性营销系统是多样化的统一

柔性营销系统中的全面柔性是指在组织的各个方面、各个环节和各个部门，在组织的文化、战略和结构上都存在的自适应机制，这是范围上而不是程度上的柔性。部分的柔性是指整个柔性系统中的各个组成部分并非都完全软化或高度柔性化，其中有的部分柔性可能大些，有的可能小些。如就组织边界而言，其柔性就有程度上的不同，组织的法律边界柔性较小或比较稳定，组织的营销边界柔性就很大，可以迅速地扩大或缩小。可见，部分柔性所说的是柔性的大小或程度上的差别而不是有无柔性的问题。不是全柔性的原因有二：一是事物对立的两方面都有其存在的合理性，它们相互依存，偏废任何一个方面都是幼稚的；二是规模经济和范围经济、企业利润和客户需求之间的两难矛盾。因此，应避免一个偏见，柔性并不是所有部门都消失。要有一个稳定的职能结构，其中专家不跨部门流动，而是负责决定和建立新能力、新技术和新技能。其基本职能是构筑新优势。这个新优势不是个别部门（如生产、销售、采购）的职能，而是一个共性或综合的职能——长期能力或可持续优势。柔性营销系统是创造这种可持续优势的组织保证和实施办法。

一个保险企业的各个环节和活动之间存在柔性的差别，费率厘定等连续整体型管理技术要求其经营的各个环节放在一个企业中，由行政机制协调；而其他配套业务和支持性业务，由于有可分割性，可以由市场也可以由企业协调。由此引出一个主要推论：在一个组织内部，可以有两种更多程度不同的柔性，在有些业务中，技术支持环节天然柔性就大，可应用柔性组织方式管理之；而决策环节柔性则小些，可用科层制管理之。这样，企业就是多样化柔性的统一，是多种柔性整合而成的柔性系统。

柔性大小的最基本决定因素是市场与企业的相互替代程度。其中，市场代表柔性，最大的柔性是完全的市场调节机制。因此，柔性大小问题，本质上是市场与企业两种机制的搭配比例问题。也就是说，柔性大小的确定，是一个在组织内部引入多大市场机制或在市场内引入多少组织刚性的决策。这个问题的更深层次决定因素是交易成本和管理成本的比例或均衡关系。

(二) 柔性营销系统的自适应机制

柔性营销系统的自适应机制的基本来源是客户内部化。通过客户内部化，企业获得高质量的市场信息，实现了决策权力和外部专用知识的结合，能够根据客户需求和环境的变化即时做出反应。

发挥柔性营销系统自适应机制的具体途径主要是：在系统内建立跨部门小组；用内部价格、市场机制或类似市场机制协调各个小组；通过联盟合伙关系保证具备自身没有的能力。

柔性营销系统的自适应机制通过多样化的柔性表现出来。国内有的学者按不同分类标志分出不同的柔性：按决策层面分企业柔性、职能柔性和单项资源柔性，这些柔性具有长期性；按作业类型分为范围柔性和反应柔性，它们具有短期性。各种柔性如表6-5所示。

表6-5 各种柔性一览

柔性类型	含义与特点
范围柔性	组织及其生产系统能以不同的产出水平生产不同类型的产品并满足不同交货期要求的能力
反应柔性	在特定的范围内，不同产品、产量之间进行转换的便利程度
企业柔性	整个组织改变自己的战略定位从而使各职能战略保持一致的能力
职能柔性	组织的各项职能改变其经营内容的能力，如生产职能改变其产出的种类、数量和进度的能力
单项资源柔性	单个生产要素（员工、机器）从事的任务（或任务时间与成本、任务之间）切换的能力

资料来源：王迎军、王永贵. 动态环境下营造竞争优势的关键维度［J］. 外国经济与管理，2000（7）.

柔性营销系统反映在保险企业再造上，主要表现为保险企业业务流程的多样化。在设计业务流程时，应区分不同的客户群以及不同的场合，设计不同的流程版本，而不必事无巨细、以繁取简。以标准化的流程来应付多样化的消费者，往往无法满足顾客所需的在质量、时间方面的要求，保险企业再造强调保险企业在业务处理上应该具有灵活性。例如，在核保业务方面，可设计出低、中、高三个风险类别流程小组。经过初步信用审核以后，对低风险客户可交由低风险流程小组以更为简化的办法处理；对于中风险客户则按例行的标准化程序办理；对于高风险客户，则须由高风险流程小组附加特殊的处理机制来分析和研究。

五、保险企业再造的一般过程

再造是一种全新并且仍向前发展的组织调整方法。早期的应用强调的是识别需要再造的业务流程和对工作流程进行技术性评估。最近已经扩大到了管理变革的问题方面，例如，如何处理变革中的阻力和如何对向新工作流程转变进行管理。下面所讲的应用步骤在大部分再造实践中都有，不过其顺序可能在不同案例中有细微的不同。

（一）组织准备

保险企业组织再造始于对保险企业的重大问题的认识和评价，这些问题包括竞争环境、战略和目标。保险企业的这种行为为进行再造的需求奠定了基础，并为流程再造指明了所应遵循的战略方向。保险企业竞争环境的变化可能是保险企业需要对其业务流程进行根本变革的一个预兆。

（二）详细指明的战略和目标

事业战略决定了保险企业再造的重心，并引导保险企业对那些与战略实现息息相关的业务流程做出决策。如果缺乏这方面的内容，保险企业可能误将一些不重要的或耗费资源的流程进行重整。GTE 的管理者认为，企业在竞争激烈的环境中成功的关键因素是低成本和顾客满意。因此，他们制定了一项激进的目标——总收入加倍但成本减半，并且将产品开发时间削减了 75%。这些目标的制定给重整过程指出了一个明确的方向。

在准备阶段，最后一个任务是要向整个组织清楚地说明为什么业务再造是必需的以及再造的方向是什么。GTE 制定这一程序花了一年半时间，为了确保组织成员能够理解进行再造的理由和重要性。高层管理者应该注意，他们需要在口头和行动上向员工表明他们全力支持变革活动的决心。如果保险企业再造的成果将要挑战关于如何进行业务操作的传统观念，那么这种坚定支持的表态就是很重要的。

（三）对工作方式进行根本的再思考

这一步是整个再造活动的核心，它包括以下一些内容：识别和分析保险企业的核心业务流程；规定这些流程的关键绩效目标；设计新的业务流程。上述内容是再造活动的实际性工作，这些工作一般由一个跨职能部门的工作团队来完成，这个工作团队应该有足够的时间和资源去完成这些工作任务。

1. 识别和分析组织的核心业务流程

核心业务流程是战略成功实施的关键因素，包括把输入要素变成有价值的输出的各种活动。核心流程的评估主要是通过绘制业务流程图来进行的，这些业务流程图列出了产品或服务的周转过程所需要的不同活动。

对核心流程的分析包括对工作流程的每个主要阶段进行的成本分

解，以帮助发现那些隐藏在经营过程的各种活动中的成本。传统的成本会计系统不是根据流程来收集数据，而是根据成本费用的种类划分成本，例如，工资、固定成本、利息支出。这种成本计算方法可能会对组织产生误导，还可能会针对如何最好地削减成本得出很多错误的结论。例如，在位于明尼苏达州布雷玛斯市的达纳公司的工厂中，其物流控制部门从原来的传统会计方法转而采用新的以流程为基础的会计系统。传统的会计系统表明，工资总额和各种福利支出占到总成本的82%——这种方法导致得出了一种观点，认为削减雇员人数是降低成本的最有效途径。但流程会计系统却提供了一种完全不同的思路：它认为44%的部门成本与来自供应商和顾客的有关订单信息的传递、解决和重新发送有关。换言之，他们的成本几乎有一半是与不完善的订单的再处理有关。

业务流程的评估还可以根据创造附加价值的活动来进行分析——要分析流程中特定的活动对产品或服务所贡献的价值量。例如，很多保险企业都设立了专门的投诉电话和负责反馈的工作人员，这是一笔很小的支出，但对拉近保险企业与保户的关系，增强保户对保险企业的信任有重要意义。反之，很多保险企业却在做一些与价值增值无关的工作，比如，一家保险公司竟然花费大量精力研究讨论中国的诚信问题。

2. 规定绩效目标

具有挑战性的保险企业绩效就是在这一阶段中形成的。对于任意一个特定流程，都要规定出其可能达到的最高绩效标准，并且给出在速度、质量、成本或其他绩效衡量指标方面的令人兴奋的目标。这种标准可能来自顾客的需求，也可以从行业领袖的业务实践的基准中得到。

3. 设计新流程

再造过程第三步的最后一个任务是为取得突破性的成就而对现代业务流程的重新设计。这项任务通常是首先拿出一张白纸，要求给出下述问题的答案——"如果我们是今天创建保险公司，需要什么样的流程去创造一种可持续的竞争优势？"这些必需的业务流程可以按照下面这些原则进行设计：

流程的设计始于顾客需求，并终于顾客需求。通过合并和削减流程来简化现有流程。

吸收现有流程中的精华。

要同时关注流程的技术性和社会影响两方面的因素。不要受过去流程的束缚。

识别每个流程步骤所需要的关键信息。按照流程最自然的顺序组织活动。

倾听从事业务的员工的声音。

在许多成功的业务再造实践中，一个重要的因素是取得"早期胜利"或"快速成功"。对现存流程的分析经常明确地显示了那些需要立即得到改进的通常是冗余和无效的活动。这种早期成功有助于创造和维持再造实践的成功势头。

（四）围绕新业务流程进行组织重建

组织再造活动的最后一步为支持新业务流程，其涉及组织结构的变革。在这个组织重建过程中，一个重要的因素是要采用新的信息和监测系统，以使组织从原来对行为进行监控（如员工的长期旷工和不满情绪）转变为对结果进行评价，如生产效率、顾客满意度和成本节约等指标。而且，信息技术是营建活动的一个关键驱动因素，因为它可以大大节约与业务流程整合和协调有关的时间和成本。进行重建中的保险企业有如下一些典型的特征：

工作单元从职能部门变成对过程负责的工作团队。像元首金融集团的个人保险业务部是根据业务种类——如寿险、健康险和汽车保险业务——来构造组织售后工作团队，其中前者以开发和建立顾客关系为目标，而后者则足以维持这种顾客关系为目标。

员工的工作由原来的简单任务转变为复杂的工作。上述售后工作团队要向一个称为特许和订约的后勤支持性流程负责。在原有结构中，这个流程有16个环节，涉及不同部门的9名员工，并要在不同的地点办公。再造以后，这个流程简化为6个环节，由3个跨部门的员工来负责各种工作。

员工的角色从原来的被控制转变为授权。在毫玛克电路公司，其再造实践不仅导致了工作任务和流程的改变，同时还增加了员工卷入度：生产工作团队每天碰面两次以探讨相关问题，出租决策是由一个四人员工小组做出，设备采购决策由管理层和员工联合做出，而制造工作团队则在新工作的增设方面扮演重要角色。

工作绩效的衡量和报酬的决定从原来的依据工作活动转变为依据成果。重建后的组织应该固定地收集和报告与顾客满意度、经营成本和所有工作团队的生产率有关的信息，然后把这些评价信息与员工的报酬联系起来。这会使员工更富有成果地工作，而不是表现得忙忙碌碌。

组织结构从层层的行政管理体系转变为扁平化的结构。如前所述，重建后的组织最适用的结构是基于流程的结构。不同于以前具有众多的管理层，组织构造若干充分授权的、跨职能部门的和训练有素的工作团队，以便于收集信息、做出决策和衡量工作绩效。

管理者从监控者转变为教练的角色，而执行管理人员则要从打分者转变为领袖。在基于流程的结构中，管理者和领导者的角色有了巨大的变化。需要引进一系列新技能，包括在工作简化、资源追踪、信息共享、后勤支持和问题解决等各方面的技能。

六、保险企业再造与保险产业市场组织结构

保险企业再造是保险市场竞争日趋激烈的本质反映，也是保险市场组织结构变化从而引起的市场行为变化在保险组织内部的一种理性选择；保险企业再造提高了保险企业的竞争能力和工作效率的同时，也反作用于保险市场组织结构，对保险市场组织结构的进一步调整产生深刻影响。

（一）保险企业再造是保险市场行为的理性选择

进入 20 世纪 80 年代，发达国家的融资格局变化更为显著，各种非保险金融机构开始向保险领域渗透，保险企业的保障功能大幅下降。保险与银行、保险与非保险金融机构之间的竞争更为激烈。保险企业为了生存和发展，开始了大规模的保险创新，其中保险企业再造就是保险企业内部组织制度创新的主要内容。保险企业再造的目标是降低成本、提高效率、最终增加利润。为此金融企业家们相继提出了诸如 "Reorganization" "Reconstruction" "Restruction" 等思路和方法，并由此使成本管理在金融界风靡一时。但是，企业家们在实践中越来越认识到，"指标化" "一刀切" "就事论事" 的成本管理充其量只能一时压低某项支出，却难有长期的明显的效果，而且可能还会损及企业的发展潜力。因此，"Reengineering the Insurance" —— 保险企业再造便应运而生，它主张扬弃过去的职能型分工，从根本上重新设计保险企业的业务流程，从而为保险企业实现科学的 "减肥"，获得可持续的竞争优势。可以说，保险企业再造的出现是保险企业面对更加注重需求的保险客户和日趋白热化的金融竞争，不断积极变革的必然结果。

（二）保险企业再造对保险产业组织结构的影响

保险企业再造并不直接影响保险产业组织结构，但保险企业再造所产生的一系列市场绩效却间接影响着保险产业的市场组织结构。(1) 保险企业再造改变了保险企业规模经济的内涵。传统的保险企业的规模主要衡量指标包括保费规模、资本规模等，保险企业再造使这些指标在相当程度上失去了衡量保险企业规模的意义，在保险企业再造的时代，竞争力指标显得更为重要，作用更为突出。(2) 保险企业再造改变了保险产业的组织结构内涵。传统的保险产业由寿险、非寿险、再保险等行业构成。保险企业再造使保险企业的非核心业务外包，很多非保险企业（如银行、证券甚至网络

公司、信息技术公司等）成为保险市场上又一竞争主体，保险产业的市场竞争主体增加，竞争内容更为复杂。（3）保险企业再造将对保险产业组织结构的调整产生影响。保险企业再造反映了保险企业适应市场的能力，那些再造成功并不断调整的保险企业将在市场竞争中占据优势；相反，那些反应迟钝、再造失败的保险企业，将被市场竞争所淘汰。保险企业再造的能力已成为市场竞争的主要内容。在市场上逐渐处于主导地位的保险企业将是那些自适应能力极强的保险企业。

第七章 中国保险产业发展：
市场行为之价格行为

根据产业组织理论的"结构—行为—绩效"模式，一个企业的绩效取决于企业的行为，而企业的行为又取决于产业的结构。在企业行为中，价格行为是市场行为的重要内容之一，也是微观保险主体经营决策体系的重要内容之一。在完全竞争的市场上，企业是价格的接受者，保险企业的特殊性使保险市场从来就不是一个完全竞争的市场，许多研究将保险产业界定为自然垄断产业。本章将在讨论企业价格行为理论模型的基础上，结合保险企业的特点，重点分析保险企业成本加成定价策略和差别定价策略，最后对我国保险市场的定价行为进行简略分析。

第一节　保险企业价格行为的基本理论模型

任何一个经济人，其理性行为一定是追求利润最大化。厂商在追求利润最大化的过程中，必然面临两种重要的决策，即生产多少和应该制定什么样的价格。并且这两种决策具有如下特征：价格和产量并不是可以随心所欲的，而总是要受到外在条件的约束，一类约束是厂商面临的技术约束（一种生产要素可变，生产集；两种生产要素可变，等产量线）；另一类约束是市场约束。后一种约束往往表现为市场上的消费者的需求和其他厂商的行为对厂商的影响。因为即便一个厂商可以生产任何商品和制定任何价格，但它只能销售人们愿意购买的那些数量，也就是说，这个厂商的行为要受到他所在市场的需求的限制。此外，当市场还有其他厂商存在时，其他厂商的行为会影响市场的供求状况从而对该厂商的行为产生影响。

一、利润最大化定价模型

我们把厂商的利润函数描述为

$$\pi = \emptyset \ (q) = TR - TC \tag{7.1}$$

其中，总利润 π，总收益 TR 和总成本 TC 都是产量的函数。利润最大化的必要条件为其一阶条件为零，即：

$$d\pi/dQ = dTR/dQ - dTC/dQ = 0 \tag{7.2}$$

也就是 $MR-MC=0$，此时可实现利润最大化。如图 7-1 所示，边际收益曲线与边际成本曲线的相交点决定均衡的产量为 Q。均衡的价格为 P。由于产品的价格高于平均成本 AC，企业可以得到阴影部分的超额利润。

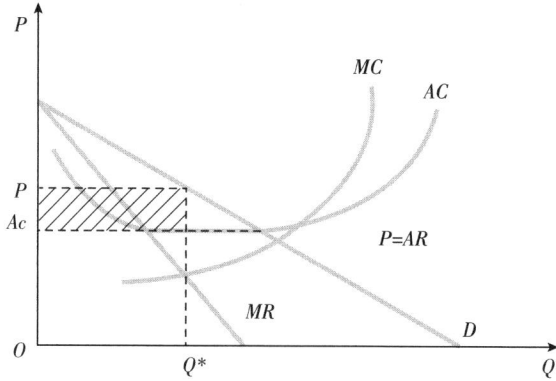

图 7-1　利润最大化定价原则

下面我们来推导利润最大化条件下价格的决定：

$$TR=P \cdot Q$$
$$MR=dTR/dQ=d（P \cdot Q）/dQ=P+Q \cdot dP/dQ$$
$$=P \{1+Q \cdot dP/（dQ \cdot P）\} \tag{7.3}$$

需求价格弹性：

$$Ed=（\Delta Q/Q）/（\Delta P/P）=（\Delta Q/\Delta P），（P/Q）$$
$$=-（dQ/de），（P/Q） \tag{7.4}$$

由公式（7.3）、公式（7.4）得：

$$MR=P \cdot （1-1/Ed） \tag{7.5}$$

当 $MC=MR$ 时：

$$MC=P \cdot （1-L/Ed）=P \cdot \{（Ed-1）/Ed\} \tag{7.6}$$
$$P=MC \cdot \{FA/（Ed-1）\}=MC \cdot \{1+1/（Ed-1）\} \tag{7.7}$$

由此可以看出，价格 P 与需求价格弹性有密切关系，厂商在不同市场面临不同的需求曲线，其需求价格弹性不同，价格 P 的决定也不同。我们可以通过几种市场类型的特征比较分析厂商对价格的控制力。

从表 7-1 中可以看出，在完全竞争市场上，由于某一个企业对整个市场供求来说是微不足道的。因此，它只能是市场价格的接受者，其面临的是一条以市场价格为高度的水平需求曲线，需求弹性趋于无穷大。利润最大化的价格 $P=MC$。在垄断竞争市场二，由于产品存在细微的差别，面临的需求曲线是向右下方倾斜的。因此，短期中根据 $MR=MC$，$P=MC-\{Ed/（Ed-1）\}=MC \cdot \{1+1/（Ed-1）\}$，企业可以获得超额利润。但在长期中，由于行业的进入较为容易，最终将使得 $P=MR=MC$。可以说，在垄断竞争的市场上，企业对价格的控制力还是较弱的，厂商要实现利润最大化，须努力突出产品的特征，加强产品的差别，使得价格弹性降低，或调整商品的价格，使销售大幅度地改变，以增加利润。

表 7-1　市场类型的划分和特征

市场类型	厂商数目	产品的差别程度	对价格控制的程度	进入一个行业的难易程度
完全竞争	很多	完全无差别	没有	很容易
垄断竞争	很多	有差别	有一些	比较容易
寡头垄断	几个	有差别或无差别	相当困难	比较困难
完全垄断	唯一	唯一的产品，且无相近的替代品	很大程度，但经常受到管制	很困难，几乎不可能

在完全垄断的市场上，由于垄断厂商的产品没有替代产品，情况往往走入另一个极端。垄断厂商拥有相当大的定价权力。但就产品本身来讲，它面临的需求曲线依然是一条向右下方倾斜的曲线，因为定价太高会失去顾客。所以，垄断厂商依然根据 $MR=MC$ 的原则，确定价格和产量。在短期内，受固定成本的约束，厂商可以获得超额利润，也可能获得正常利润或亏损。但在长期中，由于厂商可以调整生产的规模，而不必受固定成本的约束。所以，其价格不可能低于平均成本，垄断厂商会获得超额利润。

情况最为复杂的是寡头垄断市场。寡头垄断介于完全垄断和完全竞争之间，但更接近完全垄断。市场上只有少数几家厂商，且各家在市场的份额都较大，每家在价格和产量方面的决策对整个市场和其他竞争对手都有较大的影响。因此，寡头厂商在做出价格和产量决策时，不仅要考虑本身的成本和收益情况，还要考虑到这一决策对整个市场的影响，要考虑到竞争对手可能做出的反应及由此带来的后果。由于这种预期是不确定的、难以把握的，因而在寡头垄断的条件下，对价格和产量的决策很难做出确定的结论。尽管寡头垄断是西方发达国家的普遍趋势，但至今这方面还没有一个严密系统的理论。

二、纯粹寡头市场上相同产品的非价格竞争模型

（一）古诺模型

对寡头之间的非合作博弈的研究，最早是由法国经济学家古诺（Antoine Augustin Cournot）在 1838 年提出的古诺模型（Cournot Model）。这一

模型研究在一个双头垄断市场中，当产品完全相同且竞争双方彼此独立、无勾结行为时，企业如何根据竞争对手的产量决策做出反应，并决定自己的产量，以此达到利润的最大化目标。

假设竞争双方面临共同的市场需求曲线 $P=a-b$（Q_1+Q_2），通过利润最大化的条件，构造寡头企业各自的反应函数，即在竞争对手产出水平的各种可能数值下，所确定的利润最大化产量：

$$QI=-Q_2/2+a/2b；Q_2=-Q_1/2+a/2b$$

两方程联立求解得：$Q_1-Q_2=a/3b$

以上的结论可以推广，令寡头企业的数量为 M，则每个寡头企业在古诺均衡状态下，其均衡的产量＝市场总产量×$1/$（$M+1$）。古诺模型的不完美之处在于假设企业认为竞争对手的产量不受自己的产量和价格的影响，每一寡头可以通过合适的产量达到利润最大化。而将价格的确定置于次要地位。显然，在寡头垄断的市场条件下，这种博弈双方无勾结行为，仅进行产量而非价格竞争的情况是不切实际的，尤其当两个寡头实力悬殊时，更为明显。

（二）产量领导模型

针对古诺模型的不足，德国经济学家斯塔克尔伯格（Stackelberg）在对追随者（Follower）和领导者（Leader）进行系统分析的基础上，提出了"先行者得益"模型。与古诺模型中的每一寡头独立行动不同，追随者视其竞争对手为领导者，根据竞争对手的产量决策，调整自己的产出水平，以最大化其利润。以需求曲线 $P=a-b$（Q_1+Q_2）为例。假设两个寡头中的一个首先行动确定自己的产量，依然通过构造反应函数及利润最大化条件得：先行动者 $Q_1=a/2b$，追随者 $Q_2=a/4b$，$Q_1=2Q_2$，即先行动者在竞争中取得优势。当然，如果一方首先决定的是价格而不是产量，另一方在这个价格下决定自己的产量，则首先决定价格者也有优势。但在斯塔克尔伯格模型中，当竞争双方都想做领导者时，就会出现斯塔克尔伯格模型的不均衡的情况。

（三）斯威齐"折弯的需求曲线模型"

斯威齐（Paul M. Sweezy）"折弯的需求曲线模型"（the Kinked Demand Curve Model）则假定寡头厂商存在悲观预期：如果一个寡头提高价格，其他寡头不会追随提价，由此将使自己的销售量和市场份额减少很多；反之，如果一个寡头降低价格，其他寡头将会随之降价，以避免销售份额的减少，因而最初领导降价的寡头市场份额和销售量增加有限。因此，斯威齐模型认为，即使生产成本在一定范围内发生了改变，厂商也不愿意改变价格，即寡头具有稳定价格的强烈愿望，极力避免正面的价格竞争而进行非价格竞争。西方经济学家认为，斯威齐的"折弯的需求曲线模型"虽然对垄断市场的价格刚性现象做了一定的解释，但依然不能说明具有刚性的价格本身是如何决定的。

（四）伯特兰模型

与斯威齐模型中厂商的悲观预期不同，法国经济学家伯特兰（Berlant）假定：在相同产品的市场上，每一个厂商都视竞争对手的价格为既定不变的，且由于低价产品对高价同质产品有着完全的替代性，寡头有理由占领整个市场（图 7-2 是在预期厂商 1 价格不变的条件下，厂商 2 的剩余需求曲线）。因此，每一个寡头在价格决策中，都希望将价格定为低于竞争对手的价格，但高于 MC 的水平。通过构造寡头双方的价格反应函数，得出 $P_1 - P_2 = MC$。在这种均衡的条件下，寡头价格等于边际成本，即当竞争对手的价格既定时，寡头厂商不会改变这一价格水平，这也是完全竞争的均衡条件下的价格水平。因而伯特兰模型又被称为拟竞争模型。

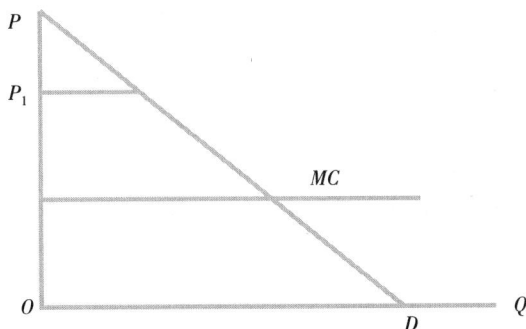

图 7-2　伯特兰模型：厂商 2 的剩余需求曲线

假定 P_1 既定，①当 $P_2 > P_1$ 时，其销售量 $Q_2 = 0$；②当 $P_2 < P_1$ 时，其销售量占领市场全部；③当 $P_2 = P_1$ 时，各家占有一半的市场份额。

三、差别寡头市场的价格竞争模型

以上讨论的各模型都是假定寡头企业的产品无差别时，企业之间价格和非价格竞争模型。当寡头厂商生产的产品是同质品，或非常接近的替代商品时，这些商品的需求交叉弹性很大，因而，一家寡头厂商的价格、产量决策必然会直接影响其对手的利益，寡头的每一个行动都会引起对手的反行动。例如，通过削减价格策略来夺取市场，往往会遭到对手的报复，也会给自己造成很大危害，而擅自提高价格，由于产品替代性强，往往会失去很大销售量。产品差别化则使得同类产品之间的替代性（需求交叉弹性）大大降低。因此，寡头市场上的竞争，更经常地表现为非价格竞争，通过运用差别化战略，提供与其他同类企业产品有区别的产品，或利用广告宣传制造和扩大在消费者心目中的产品差别，以此降低与其他厂商产品之间的需求交叉弹性及自己产品的需求价格弹性，使企业可以提高价格，获取超额利润。当差别寡头市场上企业提高价格的时候，一方面，自己的需求量会减少，但不会像在同质无差别产品竞争中那样失去整个市场；另一方面，由于替代效应，竞争者产品价格的提高，需求量的降低，也会使自己的产品需求量增加，但也不会供给整个市场。每一家企业的需求量与价格都会受到竞争对手产品价格的影响，从而影响企业利润水平。

企业 1 的需求曲线：$Q_1 = f(P_1, P_2)$

企业 2 的需求曲线：$Q_2 = f(P_2, P_1)$

又设生产成本各为 TC_1 和 TC_2，则两家企业的利润函数分别为：

$$\pi_1 = P_1 \cdot Q_1 - TC_1 = P_1 \cdot f(P_1, P_2) - TC_1$$
$$\pi_2 = P_2 \cdot Q_2 - TC_2 = P_2 \cdot f(P_2, P_1) - TC_2$$

每家企业利润最大化的价格水平应该是其利润函数对价格求偏导数，当该偏导数为零时的价格水平。即：

$$\pi_1/P_1 = P_1 \cdot f(P_1, P_2)/P_1 + f(P_1, P_2) = 0$$
$$\pi_2/P_2 = P_2 \cdot f(P_2, P_1)/P_2 + f(P_2, P_1) = 0$$

这两个等式分别是企业 1 与企业 2 的价格反应函数，联立方程组求解，可得各自的最优价格水平。

第二节　保险企业成本导向型定价方法

定价方法是企业为了在目标市场实现定价目标，给产品制定基本价格和浮动范围所用的方法。在选择定价方法时，企业要考虑定价目标、产品成本、市场需求情况、竞争形势、国家法律和政策等，研究价格怎样适应这些因素，但在实际定价中，企业往往只能侧重于考虑某一类因素，选择某种定价方法，并通过一定的定价政策对计算结果进行修订。

一、成本导向型定价方法

许多调查表明，在现实世界中，绝大多数企业并不是根据利润最大化的要求按 $MR = MC$ 原则定价，而普遍采用"成本导向定价"，即按照成本确定价格。最常用的定价方法就是"成本加成定价"。在德国，70%以上的企业采取成本加成定价。在英国，这一比例接近 60%。在我国，成本加成定价法也是占统治地位的企业定价法。这其中的原因主要有以下几点。

1. 信息不充分。保险企业的财务资料与统计数据难以提供计算市场需求曲线以及边际收益和边际成本的数据，因此在实际操作中很难按边际原则定价。

2. 企业目标多元化。在定价方面，商业保险公司的相对竞争处境，有关服务或服务种类的战略目标，以及某项服务在自身生命周期中所处的阶段，这些都是重要的客观决定因素。如果保险企业的主要战略目标是生存，只要其价格能弥补可变成本和一些固定成本就可以维持，往往采取薄利多销。当保险企业把当期利润最大化作为首要目标时，它们在定价时不应一味降低价格，而是要估计需求和成本，并据此选择一种价格，使之能产生最大的当期利润、现金流量或投资报酬率。保险纯费率一般只考虑损失概率，附加费率部分主要是管理费率，这两部分是保险产品定价的主要成本部分。

3. 成本加成定价为企业变动价格提供了正当理由，在想要提价时，可顺理成章地将提价原因归结为成本的增加。

4. 成本加成法简单明了，易于应用。在平均成本 AC 的基础上，追加一个按加成率计算的利润确定价格，即：

$$P=AC（1+S）$$

其中，AC 是企业先根据标准开工率计算出预计产量，从而计算出每件产品分担的固定成本（AFC）后，与平均可变成本（AVC）相加所得到的在预计产量下的平均成本。S 为成本加成率，表示企业期望生产每一元的成本所应附加的利润，或目标投资回报率，通常用一个固定的百分比表示。成本加成公式也可以用另一种方式表述，设 d 为销售利润率，即：

$$d=（P-AC）/P$$

则：

$$P=AC/（1-d）=AC\{1+d/（1-d）\}$$

在上式中，d/（1-d）可以理解加成率 s。

尽管成本加成法有上述优点，但也存在一个致命的缺陷，就是成本加成法把价格视为平均成本的函数，颠倒了因果关系，因为平均成本是由产量决定的，而产量的大小又受价格的影响。在大多数行业里，要在确定产品的价格以前计算出产品的单位成本是不可能的。这是因为，单位成本随着产品的销售量和广告、促销的费用投入而发生变化。公司的管理费用、R&D 费用、广告促销费用以及厂房和设备的折旧费用等固定成本都要分摊到每件产品的单位成本里，而分摊多少取决于销售量和产量。然而销售量又随着市场价格、广告促销方案而波动，由此造成因果关系的混乱。当然，采取的改进方法是可以先根据已得到消费者认可的市场上竞争对手关于同类产品的定价水平初步确定价格，然后根据市场信息预测销售量，并计算出产品的单位成本和可能获得的利润，最后核对初步定价的有效性。

不过，近期的一些研究对成本加成定价的评价越来越宽容。研究指出：按边际原则定价实际上也是一种成本加成定价。事实上，在第一节关于边际原则定价公式中，$P = MC \times \{1 + 1/(Ed-1)$ 也可解释为，价格就是在 MC 的基础上增加一个加成率 $1/(Ed-1)$，即当企业的成本结构满足 $AC = MC$ 时，则成本加成定价公式 $P = AC \cdot (1+S) = MC \cdot (1+s) = MC \cdot \{1 + 1/(Ed-1)\}$，即成本加成定价是利润最大化的边际定价原则的另一种形式。由于在零售业等一些行业中，长期边际成本与平均成本往往差别不大，人们更倾向于采用简单易行的成本加成法来谋求企业利润最大化。

二、保险赔付及服务定价

一直以来，保险企业的业务都相当直接，它们吸收大量保费，建立保险基金，在发生保险事故时进行赔付或者在未进行赔付时将其用于贷款或其他形式的投资，以取得足够的收益来弥补全部营运成本并取得利润。这些充足的利润边际在很大程度上是通过法律许可而非市场力量取得的。各家保险企业的业务都基本相同。一般来讲，保险企业并不在意各种来源资金的运营成本是多少，保险产业的高度集中和垄断，使得被保险人也没有太多可选择的余地，只能做价格的接受者。但现在，保险企业的资金来源不像以前那么充裕了，竞争人数的增加，使市场份额的争夺愈加激烈，保险企业运营成本不断升高。而且，随着保险产业竞争态势的加强，保险企业对产品和服务价格的决定权（或控制权）在减弱，人们要求越来越高的赔付水平和同等价格下越来越好的服务，筹集资金成本增加，使得保险企业必须要通过控制保险资金总成本与运用这些资金进行贷款、投资，然后靠取得的收益之间的"利差"来获利。这就要求保险企业对其提供的每一项产品或服务进行细致的成本、收入、盈亏平衡分析来为其定价，对服务收取明确的手续费。

保险赔付和服务的价格构成一般包括：保险费率（纯费率和附加费率）、手续费、作业费等。

保险费率是应缴纳保险费与保险金额的比率。（保险费率＝保险费/保险金额）保险费率是保险人按单位保险金额向投保人收取保险费的标准。保险人承保一笔保险业务，用保险金额乘以保险费率就得出该笔业务应收取的保险费。各种保险产品费率水平一般由保险企业根据损失概率和管理成本制定，根据保险产品性质、保险期限和市场资金供求状况等做出调整，由保险监管部门统一制定，各保险企业执行。由于费率在各保险公司之间很容易比较，受竞争的影响，各保险企业尽量保持一致（或价格的刚性），定价空间很小。

手续费：保险企业对一些保险客户按月或按年收取的固定的管理费用。由于保险企业对所有的保险客户都要提供一样的服务，这些服务的成本需要靠客户的保费带给保险企业的收益来弥补。当一些保险客户的保费收益不足以弥补它的相关成本时，保险企业就需要对它收取一定的手续费。

作业费：保险企业对保险客户的一些服务按作业次数和作业成本收取的费用。

保险赔付和服务定价需要考虑的因素：

（一）成本费率与利润率

1. 成本费率

第一种成本是保险的纯费率。

纯费率又叫净费率。以纯费率为标准所收取的纯保费，完全用于建立赔偿与给付基金，是保险基金的主要源泉。保险事故发生对于个别标的来说是偶然的，但将众多标的集合起来作为一个整体来看，保险事故的发生是有规律的，灾害损失大体稳定在某一水平上。这种较为稳定的损害，可视为社会正常损失，可以通过长期大量观察、记录、分析某风险事故致某类标的损失这一随机变量的长期均值（期望值）来确定，成为净费率的主要依据。尽管保险事故的发生具有一定的规律性，损失的稳定性和规律性是从广阔的时空角度抽象的。实际上，还存在着多种因素使某一时期或某一地域范围的实际损失有可能背离正常损失。当实际损失超过正常损失，保险人仅以正常损失率为基础计算的净费率所收取的保费，就难以补偿实际损失，这超出正常损失的部分叫异常损失，往往依据承保险位多寡、独立性等特点，在损失期望值上增加一定修正值来调整。

所以，净费率应包括正常损失率及对异常损失率的增加两部分。

第二种是费用率。

费用率是根据一定时期弥补经营保险业务的各项开支而求得的。依据费用率所收保费不用于保险赔偿或保险金给付，主要用于以下几个方面：保险从业人员的工资、代理代办佣金手续费、理赔费用、宣传费用、行政管理费用、防灾防损支出、建立任意准备金等。

根据经验，费用率可取总费用占保费的一定比例或总费用占保额的一定比例来表示。

对于费用成本，需要保险企业通过功能成本分析得到相关数据。这在我国保险企业中做得还远远不够。在加拿大、美国等保险企业的经营管理中，加强成本控制与管理的理念非常明确。比如，在经营网点的设置上，较多地体现为无形的网点，而业务门类齐全、人员较多的综合性营业网点相对较少，自助保险和网上保险较为发达。在具体的业务和管理中，不仅每一项产品、每一项业务都核算风险、成本和收益，而且在保险企业内部，提供服务和接受服务的部门人员也都要进行成本的核算。成本核算的观念贯穿于业务经营和管理活动的各个方面和各个环节。据调查，近几年，我国保险企业也大量购置高端的 IT 设备，在其固定成本大量增加的同时，在其他方面的贡献很值得怀疑。而国外的保险企业利用电脑系统进行全面的成本管理的经验很值得学习，他们大多建立了较为成熟的成本核算体系。加拿大、美国保险企业的成本已核算到各级机构、各个管理小组和各个管理部门及各个业务品种。各部门都有专门的管理人员负责成本管理和控制工作，部门之间的服务都要计算成本，以确保支持服务部门的成本分摊到有收入的部门和产品成本中。资金在不同部门转移主要依据市场价格确定转移价格。成本分配包括直接成本和间接成本，直接成本指部门直接开支的成本，间接成本不仅包括部门和产品应承担的固定成本，还包括其他部门提供服务的支持成本。这两种成本首先统一纳入成本池进行管理，之后按业务品种和业务量及人数进行分摊。部门分摊的成本主要视不同部门提供的服务情况而定，分摊的方法不是一成不变的，而是经常做调整。美国一银行除财务核算部门主管成本核算外，每个部门都设有成本核算员，负责对直接成本进行分配和控制，并与服务部门谈判应分摊的成本，借此实现每项成本开支都核算到相应的部门和业务产品中，以准确地计算和核算部门和产品的效益。由于建立了较为完备的成本核算体系，上层管理部门可以对每个经营机构、每个产品种类、每个管理线条，以致每个客户的贡献度进行经营效益和成本的核算。

2. 利润率

保险企业与其他企业一样，虽然承担经营风险，但是也因其经营获得合理利润。保险企业的利润来源主要有两个方面：一是通过经营保险业务获取的利润为经营利润；二是通过资金运用获取的利润被称为投资利润。

在短期业务中，费率中包含的利润因素仅有经营利润率；在长期业务核算中，则两方面的利润率都有所反映。

费率中反映的利润率，可通过利润收入占保费收入的比率，或占保额的比率表示；也可用整个社会各行各业的平均利润率或行业利润率作为本企业利润的预估目标，计入费率之中。

综合成本费率与利润率构成毛费率。

（二）收入—客户的贡献

对保险客户账户来讲，收入就是保险企业对保险资金的运用。保险企业一般将保户的资金（减去法定的准备金）进行贷款和其他的投资来获得收入。

（三）保险商品理论价格的计算机理

不论长期或短期保险商品价格，在其计算时始终遵循收支相等的原则。不同的是，非寿险大多是短期保险商品，在计算其价格时，不考虑保费收入的时间与收益问题；而人寿险大多数是长期保险商品，其价格计算必须考虑在相同时点上的收支相等，所以不能忽略保费收入的时间收益因素，和未来保险金给付金额的折现因素。下面分别予以简单介绍。

财产保险的保险费率：

1. 纯费率

（1）正常损失率

正常损失率往往可根据社会平均损失率或保额损失率求解。

$$L=l/P$$

其中：L 为社会平均损失率；l 为第 i 年观察标的或险位的损失总额；P 为观察的第 i 个标的或险位的价值总额；n 为统计年数。

若按经验损失率计算，则 L 为保额损失率；l 为第 i 年承保标的或险位的赔偿总额；P 为承保标的或险位的总保额。

对于新办业务，由于没有经验数据，取社会平均损失率；对于已办业务的费率修正，取保额损失率计算。

在实行强制保险时，社会平均损失率与保额损失率一致；在实行自愿保险时，考虑逆选择因素，保额损失率应高于社会平均损失率。

（2）异常损失修正

由于承保风险的随机性，以及经营保险业务的预期性，正常损失率仅是一个较长时间较大空间范围内的平均数。具体到某一时间、某一地点而言，实际损失率与正常损失率相等只是个别的巧合，大量地将发生背离。为求得保险经营的稳定性，必须在正常损失率的基础上考虑异常损失修正。修正方法是估算实际损失率与正常损失率的背离程度。可用均方差求解：

$$\sigma=(x-L)/n$$

其中，σ 为均方差，x 为第 i 年的实际损失率。

净费率的最终结果，可在正常损失率基础上增加若干个均方差获得。

无论何种险种，只要在正常损失率基础上增加3个均方差作净费率，便足以保证保险人的财务稳定性。实践中，可以寻找如下规律：因强制保险的广泛性与连续性，仅需在正常损失率基础上增加1个均方差作净费率，便可以充分保障保险人的财务稳定性；对于自愿保险，考虑有逆选择、间断性、局限性，应增加2个均方差；对于容易遭受巨灾的险位则需增加3个均方差。

2. 费用率

由于费用率是以经营管理费用为基础的，在正常情况下是一常数。可用占净费率的一定比例来表示：

$$费用率=NP \cdot a$$

其中，NP 为净费率，a 为一常数比例，如20%。所以：

成本费率＝净费率×（1+费用率）

3. 利润率

在市场激烈竞争的条件下，企业一般仅可获得社会平均利润。也可适当降低本企业利润率，达到扩大经营规模、获取较高总利润的目的。因而，利润率也是一事先设定的占成本费率的一定常数比例，如4%，则：

成本费率×（1+4%）

即为考虑了成本与利润的费率。

由于毛保费要扣减一部分增值税，所以：

毛保费－毛保费×增值税税率＝成本费率×（1+利润率）

毛保费＝成本费率×（1+利润率）／（1－增值税率）

展开公式则为：

毛费率＝（正常损失率+3σ）×（1＋费用率）×（1＋利润率）／（1－增值税率）

人寿保险的保险费率：

人寿保险费率与财险费率计算均遵循收支相等的原理。但是由于寿险标的众多、分散、独立性强，所以具有较可靠的生死规律性，其净费率中往往可忽略异常损失部分。而且寿险多长期性险种，其净费率中除考虑正常损失率——生存概率、死亡概率之外，还要考虑利息或红利因素。而费用率与利、税的计算机理与财险大体一致，所以这里仅简单介绍净费率部分。

1. 生命表——寿险正常给付率的依据

生命表是对一定时期、一定范围内的特定人群，从初生至全部死亡的逐年生存与死亡情况的记录统计表。生命表一般包括以下几个主要生命函数：

Lx：x 岁初生存人数；dx：x 岁当年内死亡人数；

p（x）：x 岁的人在到达 x+1 岁时仍生存的生存比例；q（x）：x 岁的人在这一年内的死亡概率等。它们存在换算关系。

生命表科学完整地反映了一定时期、一定地区、一定人群的生死规律，因而它是制定寿险费率的客观依据。

2. 单利、复利和现值

寿险的长期性特征决定，人们可以将未来的死亡、生存养老及额外较大经济费用支出等风险，分散到收入颇丰、负担较轻的青、壮年高收入期，而且根据货币存在时间价值的原理，使这种风险集散成为可能。投保人早期所交纳保费的累积，既要考虑本金，还要考虑本金的时间收益，即利息。计算利息的方法有两种：

一是单利法，只考虑本金生利，不能利上加利，其计算公式为：

$$S=P（1+ni）$$

另一种是复利法，在一定周期内，不仅本金生利，利息收入也可并入本金在下一期内生利，其计算公式为：

$$S=P（1+i）$$

上述两公式中，S 为本利和；P 为本金；i 为利率；n 为计息周期数。同理，已知本利和，求现值即本金的方法分别为：

单利法：$P=S/（1+ni）$

复利法：$P=S/（1+i）$

其中，设 $1/（1+i）=V$，则：

$$P=S·V$$

其中寿险采用复利法计算。

3. 寿险纯保费计算

寿险费率因考虑责任、时间、利率、缴费方式等多种因素，尽管各寿险险种费率表达式不同，但无不遵循如下净费率恒等式：

某险种净收保费现值总额＝该险种减支保险金现值总额

上述现值总和计算恒等式，一定注意要选用相同时点，一般选用签约时为计值时间点。

（1）趸缴纯保险费率

趸缴纯保险费率即为签订保险合同时，投保人一次缴清的纯保费率。据上述恒等式，订约时根据净费率所收纯保费现值总额应与滞后支付的保险金总额现值恒等。

（2）年缴均衡纯保险费率

长期寿险特别是生存与年金险，要一次交付全部保费，投保人往往负担不起，因此，实务上可采用按年缴均衡保费的办法。这种办法规定在缴费期内，每年缴纳固定数额的保险费。

不论采用何种方法缴费，保险人所收纯保费应足以抵补保险金的给付支出。所以：

按年缴纳纯保费现值总额＝趸缴纯保费总额

第三节　保险企业需求导向定价策略

一、差别定价原理

（一）一般企业的差别定价

差别定价，又称"弹性定价"，是一种"以顾客支付意愿"而制定不同价格的定价法，其目的在于建立基本需求、缓和需求的波动和刺激消费。当一种产品对不同的消费者，或在不同的市场上的定价与它的成本不成比例时，就产生差别定价。

例如：1. 工业用电和生活用电的价格不同；

2. 打长途电话，白天和夜间的价格不同；

3. 航空公司的差别定价。

差别定价策略是实际中应用较典型的定价策略之一，也称为歧视性定价（Price Discrimination），是对企业生产的同一种产品根据市场的不同、顾客的不同而采用不同的价格。一般来说，只要对不同类型的顾客就同一种产品采用不同的价格，或经营多种产品的企业对具有密切联系的各种产品所定的价格差别同它们的生产成本的差别不成比例时，就可以说企业采用了歧视性定价。比如，工业用电和生活用电的价格不同，而每度电的生产成本是一样的。与采用统一价格相比，歧视性价格不仅更接近一个特定顾客愿意支付的最高价格（即"保留价格"），也可能服务于不能按统一价格购买的顾客，或者诱使他们消费得更多，从而能获取较大的利润。

差别定价需要满足以下条件：一是企业对价格有一定的控制能力。显然，完全竞争市场里的价格接受者是不能实行差别定价。二是不同市场的价格弹性不同。利用价格弹性来分割市场，可以增加企业利润。三是企业的市场必须是能够分割的，也就是说，人们不可能在不同的市场之间进行倒买倒卖。因为如果不是这样，差别定价就不会成功，不同的市场的价格就会趋于相等。当一种产品对不同的消费者，或在不同的市场上的定价与它的成本不成比例时，就产生差别定价，也叫价格歧视，就是企业按照两种或两种以上不反映成本费用的比例差异的价格销售某种产品或劳务。差别定价是一种需求导向的定价策略。经济学原理告诉我们，价格会影响市场需求，二者通常呈反方向变动关系，价格越高，需求量就越小；价格越低，需求量就越大。所有市场需求，都符合这个规律。有所差别的是，不同的顾客对不同的产品价格，具有不同的敏感程度。对有些顾客来说，需求的价格弹性较大，价格稍微下降，需求量就显著上升；但对另外一些顾客，需求的价格弹性小，对价格变动不敏感，价格即使出现较大的变动，需求量却停滞不前。同一位顾客对不同的商品的需求价格弹性不同，人们对盐的价格不敏感，不管价格高低，需求量变化并不大；人们对衣服的价格就敏感得多，只要价格足够低，天天都愿穿新的名牌衣服。同一位顾客在不同的时间段对同一件商品的需求价格弹性也可能不同。天天在同一个饭馆吃饭的老顾客就会产生要求打折的心理。上述原因使得厂商采用价格歧视定价成为可能。

从厂商定价的角度来考虑，价格如果定得过高，虽然每件产品所赚取的利润大，可是能卖出的产品总数很少，总的利润并不高；反过来，价格如果定得过低，虽然能卖出大量的产品，但由于每件产品所赚取的利润小，总的利润也还是低。事实上，厂商定价的时候，"价格"的高低是无关紧要的，切中要害的是"总利润"，也就是说，必须锁定具体的顾客，根据顾客的需求特点，对产品价格的敏感程度，探索一个恰当的价格水平，使得总利润达到最大。否则，价格高，未必赚；客人多，还是未必赚。

（二）保险企业的差别定价

保险差别定价的根据是按照不同的价格，直接把同种保险产品卖给不同的投资人。同一保险产品在不同时间、不同空间索取不同价格，针对不同的投保人群体，对保险产品作适应性调整，分别索取不同的价格。保险差别定价的关键在于对投保人进行分组，在于产品创新，树立产品竞争优势。保险差别定价是保险产品创新的基础，能鼓励、促进产品创新。反过来，产品创新又提供了差别定价的可能，也是差别定价获得良好效益的保证。

在普遍存在的不完全市场上，如果厂商具有充分的信息可以甄别具有较高和较低需求弹性的买主，并且产品转售很困难，则具有一定市场势力的厂商可以实施价格歧视。价格歧视即差别定价，其基本思想是，根据需求差异细分市场，根据各市场特点对同一产品制定不同价格，或者对有微小差异的产品制定不同价格，且价格差异与其成本费用差异不成比例，以更多的占有消费者剩余，使厂商利润最大化。价格歧视一般分为三个等级：

一级价格歧视又称完全价格歧视，是指厂商制定的价格正好等于消费者的需求价格，因此消费者在每单位产品上没有任何"剩余"；二级价格歧视是指厂商对不同的购买数量采取不同的价格。例如，电力公司把居民每月耗电量划分为三个或三个以上的等级，耗电量越少的等级收费越高；三级价格歧视是指厂商把消费者分成两个或两个以上的类型，分别收取不同的价格。一级价格歧视要求对所有消费者的需求区别对待，甄别成本太高，不大现实；二级和三级的价格歧视是可行的。

就中国保险市场而言，保险公司数目有限，属于不完全竞争市场。尤其是排名靠前的几家中资保险公司市场实力非常明显。而且由于中国人多地广，投保人之间差异很大，消费者偏好非常多样，又由于市场不完善，信息不对称现象普遍存在。因此保险公司可以对不同需求的投保人进行甄别，从而进行差别定价。

首先是要细分市场，即对投保人进行"甄别"。由于不同人群风险观念、收入水平、地域文化、消费习惯等方面的差异，保险产品价格的变化对具有不同特征的人群的需求会造成不同的影响。也就是说，对同一保险产品，市场中不同人群有不同的需求曲线，而整个市场的需求就可看成是所有个体需求的叠加，最后形成一条向右下方倾斜的需求曲线。越是处于需求曲线上方的投保人，在投保时就获得越多的消费者剩余。那么，通过差别定价就可以将部分消费者剩余转化为保险公司利益。

所以，在保险定价中，以精算为基础，在控制定价风险的前提下，根据需求差异进行定价，可使保险公司实现更好的盈利。针对需求弹性较大的投保人群体，可以压缩附加利润，适当降低价格，虽然利润较薄，但能够吸引较多的这类潜在投保人来购买保单，从而实现薄利多销策略。针对需求弹性较小的投保人群体，应该提高附加利润，适当提高价格。当然高保费就要求服务质量的提高，相应有一部分经营费用的增加，并使成本的增加幅度低于价格提高带来的收益增加的幅度。通过这样的价格调整，使保险公司总的利润增加。

保险企业差别定价的具体实践、实现条件与意义：

一是按照不同的价格，直接把同种保险产品卖给不同的投保人。比如，对在享受某种保险服务期间投保相近险种的投保人采取优惠，这是二级价格歧视的做法。

二是同一保险产品在不同时间、不同空间索取不同价格。比如，根据地区之间存在的经济水平、文化观念进行差别定价，在保险公司的定价实践中也已经有所体现，是完全合理而且也是可行的；对在保险合同生效前较长时间投保的消费者进行优惠等。

三是针对不同投保人群体，对保险产品作适应性调整，分别索取不同价格，而价格差异与成本差异不成比例。比如，在当前人寿保险产品定价中，主要是对投保人的年龄和性别进行区分，实际考虑的是不同年龄、性别的投保人出险率的差异，依然局限在成本定价的模式中。还应该结合投保人的地区、职业、文化程度甚至社会经历进行考虑，对具有不同需求弹性的投保人索取不同价格。再结合前面两种差别定价思路，操作空间会更大，这是保险差别定价的主要方法。

（三）差别定价的实现条件

保险公司采取需求差别定价策略除了要具备甄别细分市场的能力，以根据各个细分市场须表现出不同的需求弹性进行差别定价外，还必须具备以下条件：一是产品难以转售，以较低价格购买某种产品的顾客，没有可能以较高价格把这种产品倒卖给别人，当前保险商品具备这一条件。二是因为将顾客加以甄别是有成本的，细分市场和控制市场的成本费用不得超过因实行差别定价所得的额外收入，这就是说，不能得不偿失。三是竞争对手不能够利用本公司的差别定价牟利。竞争者没有可能在企业以较高价格销售产品的市场上以低价竞争销售，如果是多家保险公司在同一市场销售同质保险产品，则保险差别定价难以实现，容易给竞争对手可乘之机。四是差别定价不会引起潜在投保人的不满，即实行差别对待的标准合理，因为如果引起投保人反感并且放弃购买，则必然影响销售。五是采取的价格歧视形式不能违法。

由上可见，保险差别定价的关键，第一在于如何对投保人进行分组。第二在于产品创新，树立产品竞争优势，获得一定的市场势力，使得竞争对手难以跟进。

（四）保险产业差别定价的宏观意义

1. 有利于打破市场恶性竞争的怪圈。差别定价和产品创新的联动有助于引导一家保险公司的"研—产—销"流程进入良性循环。就中国保险业而言，广泛实行差别定价有着更为重要的意义。

20世纪90年代前期，就是因为保险经营主体增加后，竞争加剧，费率大战蔓延开来，个别险种甚至出现全行业亏损的局面，保险监管部门的费率政策才由指导性限制变为严格管制。即便是在费率管制日趋放松，恶性价格竞争还是中资保险公司的首选。从2001年10月1日起在广东省进行的车险费率改革试点情况看，保险公司仍然以打价格战为主要手段，进行混乱的甚至可以说是不理智的恶性竞争。

从 2001 年的保险收入来看，前四大保险公司占 95.5%的市场份额（其中，中国人保 23.96%、中国人寿 38.51%、平安保险 22.19%、太平洋保险 10.84%）。由于四大保险公司集中率是研究行业集中程度一个重要指标，所以我们从这点可以认为中国保险市场为典型的寡占市场，各大公司都有相当大的市场势力。然而，这种市场份额只是一种低水平、不稳定的市场优势，并不表明各大保险公司具有稳定的竞争优势。大的保险公司不但对其他大的保险公司的行动反应敏感，对较小的保险公司的行动也相当敏感。在广东车险费率改革试点时价格大战的直接导火索就是四大公司之外的某家保险公司率先降费。其原因就在于，各保险公司产品相似程度高，可替代性强，据《加入世贸组织与中国金融》一书披露，目前中国保险产品很单调，其类似率达到 90%。这样竞争的焦点就落在价格上。

2. 通过差别定价，也就要求各保险公司对市场进行细分，其产品和服务更接近于顾客的特定要求，这样至少可以达到以下效果：一是通过差别定价与产品差异化的互动作用，降低保险产品的雷同程度，这种情况下价格就不再是市场竞争的唯一手段，这是避免恶性竞争的根本办法；二是即便竞争对手跟进，随着竞争领域增多，必须进行恶性竞争的压力将减小；三是保险公司是各有特点的，在细分市场中更能体现保险公司的专长，也有利于塑造中资保险公司的核心竞争力。

3. 差别定价能够更好地满足市场需求。中国保险市场总的来说是需求不足、供给更为不足的非均衡状态，一方面是广大消费者不愿意或者是买不起保险；另一方面保险公司认为需求不足，在少数共同的市场上恶性竞争，对客户实行掠夺式开发。通过产品差别定价，实现产品差异化、服务多元化，使保险服务跨度更大，兼顾高低端客户需要，可以起到培育市场的效果。

在市场中，作为销售者总是希望施行价格歧视以获取企业的最大利润。实行价格歧视的方法是多种多样的。比如，（1）客户细分定价法：企业按照不同的价格，把同一种产品或劳务卖给不同的顾客，这一点在银行提供的贷款利率上表现得尤为突出。（2）产品细分定价法：企业对不同型号或形式的产品分别制定不同的价格，但是，不同型号或形式的产品，价格之间的差额和成本费用之间的差额并不成比例。例如，保险企业的保单费率，成本相差无几，只是条款、形式不同，保险对它们的收费差别却很大。（3）地点细分定价法：保险企业对于处在不同位置的产品或服务分别制定不同的价格，即使这些产品或服务的成本费用没有任何差异。比如，在不同地区由于市场环境等原因，银行的固定成本和变动成本也会不同，所提供的同一种产品或服务的价格就可能存在很大差异。（4）时间细分定价法：

企业对于不同季节、不同时期甚至不同钟点的产品或服务也分别制定不同的价格。比如，随着对保险服务收费管制的放松，保险在不同的开业时间所提供的服务收费不同，节假日或非正常开业时间收费提高，以满足那些对提供服务的时间有特殊需求的顾客。总之，保险可以通过对市场的细分，有效隔离用户，提高产品的差别化，降低顾客对产品的需求价格弹性，借助于用户消费需求和用户体验等让顾客心甘情愿地埋单。观察结果表明，更多的人越来越懂得价格歧视对销售者的利益，这种例子随处可见。就连路边卖鸡蛋的老太太，也把鸡蛋按颜色、大小分类，并声称，哪些是土鸡蛋，哪些是普通鸡蛋，哪些是某地产的名牌鸡蛋，尽管她并不知道有关的经济学原理。

价格歧视通常按攫取消费者剩余的多少、差别定价依据的不同而划分为三种类型，分别称为一级、二级、三级价格歧视。

二、一级价格歧视

保险企业对每一个消费者，甚至同一个消费者的每一单位产品都收取不同的价格，而且都等于消费者愿意支付的最高价格（即"保留价格"）时，我们称它实行了"一级价格歧视"。一级价格歧视是完全的价格歧视，金融企业成功获取了全部消费者剩余。当金融企业确切知道每个消费者的底线，并且能够阻止消费者之间的套利行为时，这种价格歧视就会发生。如图 7-3 所示，如果金融企业对所有的消费者实行统一价格，根据 $MR=MC$ 原则，价格应定为 P_1，此时消费者剩余为 $\triangle P_1 AB$ 的面积，厂商的利润就是 MR 线与 MC 线之间的 ADE 面积。实行一级价格歧视，意味着 MR 曲线逆时针旋转到与 P 线重合，因此，产量扩大到 Q_2，厂商利润增加为 ACE 的面积，消费者剩余变为零。

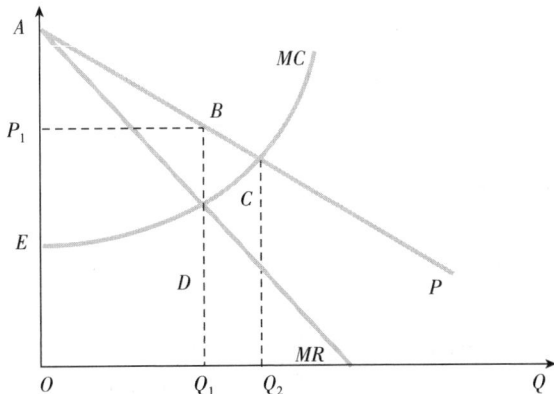

图 7-3　一级价格歧视

在现实生活中，由于金融企业不可能了解每一个消费者的最大支付意愿，同时消费者也不会如实回答他们的支付意愿，因而完全的价格歧视是不可能的。但近似的一级价格歧视依然是存在的。例如，在一些没有明码标价的投资银行业务市场，买卖双方讨价还价的过程实际上就是卖主尽量了解顾客的保留价格并最终按该价格成交的过程。

在金融市场上，由于金融产品带有公共产品的性质，国家通常对金融产品的价格进行严格管制，比如，我国对存贷款的利率水平及浮动范围、所提供服务的收费标准等都有相关的法律法规限制，且要求"明码标价"，因此几乎不存在一级价格歧视。但随着利率市场化，金融企业定价自主权扩大，尤其对金融衍生产品，往往针对客户量身定做，在定价政策上就可以实行一级价格歧视。

三、二级价格歧视

二级价格歧视，也叫作数量折扣定价策略，指金融企业将同一产品或服务划分为不同消费量的"区段"，并对不同区段索取不同价格的行为。对于一些产品而言，消费者在任一时间段都是连续消费的，但随着消费量的增加，产品边际效益递减，消费者的消费意愿和愿意支付的保留价格也随之下降。通过实行二级价格歧视，由消费者自我选择其消费量，通常对最初的消费区段收取高价，对后来的消费区段收取低价，金融企业仍能不完全地获取消费者剩余。

比如，由于存在规模经济效应，银行提供的贷款越多，其平均成本越低，所以银行往往给予那些需要更多贷款的顾客以一定折扣。

银行在给活期存款及服务定价时，可采取最低余额政策。在这种政策下，只要客户活期存款账户没有低于规定的最小值，银行就不对其收费，如果账户余额降到最小值以下，就开始收费。例如，根据核算，账户最低余额应为 300 美元，如果月度存款余额超过 300 美元，账户就可以免费使用，如果月度存款余额降到 300 美元以下，收取手续费 5.00 美元。这种定价方法就属于二级价格歧视，可以鼓励客户保持较高的存款余额。

四、三级价格歧视

三级价格歧视是指生产者根据观察到的某些与消费者偏好相关的信息，如年龄、职业、所在地等，将消费者分为具有不同需求的两组或更多组，就同一种商品向不同组的消费者索取不同的价格。由于不同组消费者对商品的需求价格弹性不同，对需求价格弹性较高的人来说，提高产品价格会使需求数量急剧下降，企业得不偿失。而对于需求价格弹性较低的消费者来说，适当提高价格，需求量不会发生太大变化，企业可以从提价中获取更多利润。因此，要通过实行三级价格歧视获得利润最大化，势必要向需求弹性较低的那组消费者收取较高的价格，向需求弹性较高的那组消费者收取较低的价格。

二级和三级价格歧视的不同之处在于，后者利用了关于需求的直接信息主动将消费者分组，而前者是通过消费者对不同信息商品的自我选择来间接区别消费者的。从厂商的角度看，完全做到"看人下菜碟"是不可能的，通常只能采用第二种和第三种价格模式。

价格歧视还有一些特殊表现形式。

（一）时间价格歧视

时间价格歧视，又叫跨期价格歧视，指企业将不同时间的消费者划分为需求曲线不同的市场，在一段时间内按一个价格销售，在另一段时间内按另一个价格销售。这是一种在企业界广泛运用的三级价格歧视，通常被用于新产品进入市场时的定价策略。它有两种方式。一种叫"撇脂定价"，在新产品进入市场初期，把产品的价格定得很高，以攫取最大利润，犹如从鲜奶中撇取奶油，但在过一段时间之后就以较大的幅度降价销售。最典型的例子如美国英特尔公司推出的电脑CPU，每一次把升级产品推入市场时，都以高价入市，而后再渐渐降价。国外的出版社出版畅销书时也总是首先以精装本形式高价推出，让那些迫不及待的消费者先购买。过了一段时间以后，才再以平装本的形式低价推出，让普通消费者购买。银行推出的创新金融产品也可以采取这种定价方法，但由于金融服务产品没有专利可言，而且随着互联网技术的发展，电子银行、网络银行的出现，使得金融产品的生命周期越来越短，一些好的创新金融工具和产品在很短时间内可能就会被竞争对手模仿。因此，这种定价策略只能短期有效，长期不宜采用，除非银行利用自己的信誉、良好的形象、优质特色的服务等稳定自己的客户群，削弱市场对价格的敏感性。另一种时间价格歧视定价策略叫"渗透定价"，在新产品初期把价格定得相对较低，以吸引大量顾客，迅速提高市场占有率，从而逐步形成规模经济，有利于降低成本和谋求远期的稳定利润。比如，微软的销售策略通常是以低价格把产品推向市场，当该产品拥有一定的市场势力，消费者感到再也离不开它之后，再逐步提高价格。这两种定价策略虽然在方向上相反，但本质是一样的，都是为了获取最大化利润。在"撇脂定价"中，最初迫不及待要购买的消费者购买意愿强烈，需求价格弹性低，产品对他的边际效益较高，因此完全可以将价格定高，等这批人差不多都买了，就降一部分价格，卖给支付意愿较低的一部分人，重复这个降价过程，直到边际收益等于边际成本时为止。在此期间内，生产者的利润达到了最大化，不同的消费也都得到了满足。银行在推出针对高端客户的新产品时，可以使用这种定价策略。这部分客户看重的是产品的质量和优先消费带来的各种满足，而对价格并不斤斤计较，如贵宾理财服务等。渗透定价则是通过低价格"薄利多销"，培育消费者，逐渐强化其消费习惯和支付意愿，降低需求价格弹性，从而使产品有提升价格的空间，企业可以更多地攫取消费者剩余。在银行卡进入我国市场初期，由于人们没有用卡支付结算的习惯，对这一新产品很不认同，许多银行在推销自己的银行卡时，都采取免费赠送，甚至单位大宗客户上门办理的方式，更有甚者，替客户存进1元的开户费，以此逐渐培育自己产品的固定消费群。在人们体会到用卡的好处后，再推出更高性能的同类产品，不断提高价格，以此获利。

（二）两部收费制

所谓"两部收费制"，指消费者为购买某种产品或服务要支付两部分费用，一部分为"注册费"，用于购买"消费权"；另一部分为"使用费"，用于直接按数量购买产品和服务。"两部收费制"较常用于电信、零售、旅游、娱乐等行业。比如，使用手机除每月交纳月租费外，还要按通话时间付费；大型公园除大门收取门票外，里面的景点或项目又要单独计费；一些大型超市只有购买了其"会员卡"的顾客才能进店消费，而对选购的商品仍要按价付款。当厂商将全部消费者剩余都定为注册费，并将商品的价格定为等于边际成本时，可以最大限度地获得超额利润。银行客户申请使用信用卡，往往也需要交纳数额不菲的年费，而平时用于网上转账、购物刷卡还需交纳手续费，透支更要支付高额利息。银行采取的"固定月度账户维护费+作业费"的活期存款定价政策也属于"两部收费制"。在这种政策下，客户除每月交纳账户维护费外，还需对所要求的服务逐笔付费，如月度账户维护费3.00美元，每签发一张支票手续费0.10美元。这种定价法将实际成本与账户的作业量相结合，比较合理，对客户而言较公平，客户可以根据自己的需要选择所要求的服务类型和数量，银行也可以更多地攫取顾客的消费者剩余。

（三）组合定价

又叫"捆绑销售"的定价策略。如果企业生产、销售不止一种产品，那么，除了为每一种产品分别定价外，企业还可以将两种或两种以上的商品组合在一起，制定一个共同的价格，要求消费者同时购买，这就是组合定价。当消费者对一种商品具有较高的保留价格而对另一种商品具有较低的保留价格时，这种定价策略最有效。现实生活中比较常见的有两种模式，一是"畅销品+滞销品"模式，二是"垄断品+竞争品"模式。银行在运用组合定价时，可以把"一揽子"服务和产品打包定价，对其中一些服务项目给予价格优惠，辅助性质的项目甚至免费，以此来吸引客户，维持银企关系，加强客户的忠诚度，鼓励客户增加其他的金融服务的消费，用主要业务品种的获利来补贴次要业务的服务支出。比如，银行规定，客户每个月支付固定金额的手续费6美元，就可以得到一系列的服务，包括免费活期存款、保险、较低利率的贷款、免费的存款保险箱、免费的旅行支票、透支保护等。当客户同时在一家银行开立活期存款和储蓄账户时，只要在储蓄账户拥有最低存款余额，就可以获得免费活期存款、较低利率贷款等"一揽子"账户服务。再如，不少银行都设立了贵宾室，对于存款额度在一定数量以上的贵宾客户，除了可以享受贷款利率下调的优惠外，还有免费"大餐"可吃，如银讯通费用、保管箱费用、信用卡年费等都不向贵宾客户收取。这种"一揽子"账户采取组合定价的形式，通常对客户很有吸引力，为银行产品的交叉销售提供了机会。银保监会的规定也为这种操作留下了空间，"中间业务收费必须高于成本，捆绑销售的产品，其中一项服务不收费，但总的费用仍要高于总的成本"。贵宾客户的巨额存款为银行贡献的利润足以弥补"一揽子"服务的所有成本，就算一两项服务不收费，银行也不会亏本。由于金融产品的创新更多表现为产品形式的不同组合，因此，这种组合定价方法的重要性将越来越突出，但在定价过程中要求较复杂的数据处理，以及对各种产品及服务的成本和收益详细核算，这对银行的实力要求较高。

　　总之，虽然目前我国仍然实行固定价格或允许在固定价格上下浮动一定比例的金融产品定价模式，如存贷款利率等，但人民币利率自由化是大势所趋，国家近期又出台了商业银行服务价格的暂行规定，对中间业务的收费标准做了规定。加入世界贸易组织之后，又面临外资银行的冲击，中资商业银行在自身金融产品的定价上要更贴近市场，更具弹性、更科学。除了考虑目标市场、竞争对手、产品成本和产品生命周期等因素外，在全部金融产品的定价组合的具体策略上，要能纵观全局，权衡利弊，看淡个别产品收益，追求整体综合效益，把握好即期效益和远期效益的平衡。此外，还必须引入客户的贡献度，依据客户对银行的贡献程度来决定某个产品对某个目标客户的价格。当然，在目前国内存款利率由人民银行制定，贷款利率也只能在人民银行规定的范围内浮动的情况下，商业银行还只能在贷款利率浮动幅度内，以及针对属于中间业务和表外业务的服务项目，依据客户贡献制定合理的价格。但从长远看，随着金融自由化发展，利率市场化条件会逐步成熟，一旦允许展开价格竞争，商业银行面临的形势将非常紧迫。

第四节　中国保险企业价格行为的改革实践

1347 年 10 月 23 日，在意大利热那亚发现的一张船舶保险单，揭示了现代保险制度起源于海上保险。这是一张从热那亚到马乔卡的船舶保险。上面虽然没有关于承保范围的约定，但出现承保人、保险费、保险合同只有在中途遭受损失时才成立等规定，已具有现代保险单的一些要素。17 世纪末英国劳合社保险商兴起，18 世纪末北美保险公司于费城成立，开创美国海上保险公司先河。此后，海上保险日趋完备和发展。

13 世纪德国北部盛行的基尔特制度被认为是火灾保险的起源。基尔特是同业利益保障组织，除保护同行业利益，还兼营火灾相互救济事业，但范围仅限于组织内社员。1666 年，震惊世界的伦敦大火，使成千上万居民流离失所，第二年，英国牙医尼古拉斯·巴蓬创办了火灾保险社，此为私营火灾保险的创始，被认为是现代火灾保险的创始。1676 年，德国 46 个火灾救助协会于汉堡合并设立火灾保险局，此为公营火灾之创始。其后，英、美、德、日等国保险公司不断涌现，保险范围也不断扩大。1710 年，伦敦保险人公司已开始接受不动产以外的动产保险。1850 年，美国的几个州设立了监督保险业委员会，现代保险制度日趋完善和发展。

营业中断保险最初是为了保障海上运输和火灾损失引起的间接损失需求而产生的。始于 1797 年英格兰人第一次尝试为间接费用（如无力支付利息）保险。1817 年 "Hamburger Generalfeuerkasse" 承保租金损失作为对火灾保险的补充。1821 年英格兰的时间损失保险单，按日/周给予补偿，也被称作 "按日补贴" 原则。1857 年，法国的 "chomage" 保险单（"chomage" 意为停业，被迫无业）作为保险财产的附加险承保投保人在停业期间的损失，是一种按火灾保险金额的固定比例提供间接损失的保险，被认为是现代营业中断保险雏形。1880 年，美国波士顿的一个保险代理人 Dalton，引入已经在火灾保险中被大家所熟悉和接受的 "使用和占用" 的表述，为火灾之后的生产损失提供保险。初期的营业中断保险赔偿比例限制很严，被保险人得到的补偿有限。1899 年，格拉斯哥（Glasgow）的 Ludovig McLlellan 发展了英国的利润损失体系，将营业额作为评价损失的一个关键数据。利润来源于营业额，营业额被认定为经营活动的结果，是经济利益的载体，营业额反映了企业的实际经营情况，通过营业额的减少来计算被保险人经济利益的实际损失，既可行又贴切。现代营业中断保险赔偿基于营业额来进行，无疑是合适的。19世纪末，Ludovig McLlellan推出的赔偿保险，奠定了英国和大部分国家的保险基础。其后，营业中断保险不断完善和发展。1906年，基于英国模式的营业中断保险被引入瑞典。1910年，德国监管当局批准机损营业中断险，标志营业中断保险从单纯的火灾营业中断保险扩展至其他营业中断保险。1956年，德国出现独立于火灾保险的营业中断保险。1938年美国出现毛收入保险单——也被称作美国模式，1986年，ISO推荐将毛收入保单替换为营业收入保险，后者也是今日美国最常用的保单格式。1939年，英格兰和爱尔兰出现营业中断保险标准条款——被称作英国模式。1989—1991年，ABI（英国保险家协会）出版了新的营业中断保险条款推荐格式。至19世纪末，营业中断保险基本形成两个保险体系，即英国体系和美国体系。英国体系又称营业中断保险，美国体系又称营业收入保险。关于这两个体系的特征，我们在其后的章节中通过对其代表性条款的学习和比较来了解。

利润损失保险在我国开办时间不长。20世纪70年代末，我国实行经济开放政策，出现了中外合资、中外合作、外商独资"三资"企业。这些具有外资背景的企业，在投保财产险的同时，往往要求投保利润损失保险，以保障其投资和预期利润。因此，国内的经济特区首先开办了这项业务，20世纪80年代初，随着改革开放的发展、外商投资的升温，中国人民保险公司借鉴国外做法正式开办了利润损失保险。1994年，中国人民银行下发了利润损失险、机损利损险条款，并从1995年1月1日起实施。目前，国内保险公司开办的利润损失保险一般都使用此条款。

国内利润损失保险目前主要有两个险种：利润损失险、机损利损险。机损利损险与利润损失险的保障范围与除外责任是一致的，唯一区别是责任范围基础不同，利润损失险是以财产保险的责任范围为基础，机损利损险是以机器损坏险的责任范围为基础。

利润损失险与机损利损险承保的特点：以拥有物质财产险保单为前提和基础。因为，如果在发生物质损失时没有财产保险来补偿，"营业中断"的时间将会延长和难以确定，假如，上例中化工厂发生火灾或主要设备在意外事故中损坏，若没有投保财产险或机器损坏险，修复和重置资金将很难筹措，保险人对营业中断的时间负责将会延长，而这是保险人所不愿意的。因此，被保险人是否拥有财产险、机器损坏险保单是利润损失保险承保的必要条件。

利润损失险承保以拥有财产险保单为基础，目前，国内财产险主要有财产基本险、财产综合险、财产险、财产一切险四个险种。上述险种的保障对象主要是企业的有形财产。被保险人必须具有可保利益，即为被保险人所有的，或与他人共有而由被保险人负责的财产；由被保险人经营管理或替他人保管的财产；其他具有法律上承认的与被保险人有经济利害关系的财产，包括房屋、建筑物、装修及其附属设备、机器设备等固定资产和在建工程；原材料、在产品、半成品、产成品或库存商品等流动资产。

财产基本险、财产综合险条款是中国人民银行于 1996 年制定下发的，并于 1996 年 7 月 1 日起实施。投保对象主要是国内中资企业，因此，又被称为国内财产险。责任范围主要为保单列明的意外事故和自然灾害。财产基本险责任为火灾、雷电、爆炸、飞行物体和其他空中运行物体坠落等意外事故，主要保障火灾和意外事故造成的保险标的损失，属于基本保障。财产综合险责任范围是在基本险的基础上增加了暴雨、洪水、台风、暴风、龙卷风、雪灾、雹灾、冰凌、泥石流、崖崩、地面突然塌陷、突发性滑坡等自然灾害，即责任范围扩展至自然灾害。

财产险、财产一切险条款是中国人民银行于 1994 年制定下发的，并于 1995 年 1 月 1 日起实施。当时的承保对象主要为中外合资、合作或外商独资企业等涉外机构，因此又称涉外财产险。财产险承保保单列明的自然灾害和意外事故造成的保险标的损失，而对于人为因素造成的损失，如盗窃、疏忽、恶意行为等事故属除外责任，保障范围与财产综合险基本相似，另外，增加了水箱、水管爆裂责任。财产一切险是承保除保单列明的除外责任以外的任何自然灾害或突然的不可预料的事故并造成保险标的损失。保障范围不仅涉及意外事故、自然灾害还涉及盗窃、疏忽、恶意行为等人为事故。

机损利损险承保以拥有机器损坏险保单为基础。机器损坏险条款是与涉外财产险条款同时下发和实施的。机器设备是企业重要的生产资料，企业通过投保上述企业财产险使机器设备获得保险保障。但是，企业财产险只承保被保险机器设备因火灾、意外事故和自然灾害造成的损失，例如，机器在火灾中损毁，遭洪水浸泡生锈，遭偷窃等损失，而对于机器设备由于安装错误、工人操作失误、电气故障等机械和人为原因引起的损失，即非外力引起的本身损失是不负责赔偿的。举个简单的例子：用于均浆的纸机配件"飘片"在火灾中受损，财产险是负责赔偿的，但如果"飘片"由于离心力引起断裂，对于这种非外力引起的本身损失财产险是不负责赔偿的，即被排除在企业财产险承保责任之外。对被保险人来说，机器设备在日常的操作和维修保养中发生的这些机械和人为事故同样是突然的、不可预料的，但其损失却不能在企业财产险项下得到赔偿。而且，有的设备不仅价格昂贵，还是企业依赖其产生经济效益的重要生产资料。事故发生后，被保险人由于得不到补偿而不堪重负或一蹶不振。因此，被保险人希望能对机器设备由于机械和人为原因引起的本身损失也予以保障。机器损坏保险正是为满足企业这一保险需求而产生的。最初的机器损坏险是作为企业财产险的附加险来承保的。目前，一般作为一个独立的险种单独承保。

机器损坏险主要承保保单列明的除外责任以外的由于机械和人为原因引起的突然的、不可预料的意外事故造成的损失，包括：设计、制造或安装错误、铸造和原材料缺陷；操作失误或恶意行为；离心力引起的断裂；电气事故（超负荷、超电压、碰线、电弧、漏电、短路、大气放电、感应电及其他电气原因）等。机器损坏险是从普通财产险中分离出来并加以扩展的一个险种，与国内财产险、涉外财产险的主要区别在于：责任范围仅限于机械和人为因素即意外事故造成的机器损坏。但不包括由于自然灾害和一般意外事故造成的机器损坏。可见，机器损坏险与财产险的保障范围是相互排斥又互为补充的。

机损利损险主要保障企业机器设备在遭受意外事故损失时，由于重置或修复受损机器设备而造成"营业中断"由此带来的利润损失。例如，企业的一台主要生产设备由于工人误操作损坏，企业投保了机器损坏险，机器设备的修复和重置费用可以得到赔偿。但是机器设备修复和重置需要时间，机器设备重新启动和运行需要时间，机器设备的生产能力恢复到出险时状态需要时间。其间，营业将会中断，原本可以赚取的毛利润将会丧失，如果这台机器设备的运行与否关系到企业的生存，那么就会给企业带来灾难性的打击，而通过投保机损利损险可避免上述风险。这也是营业中断保险从最初的火灾营业中断保险——保障由于火灾造成财产损坏致使营业中断的损失，扩展到机器营业中断保险——保障由于机器损坏致使营业中断损失的个中缘由。

第八章　中国保险产业发展：市场绩效

结合现阶段中国保险产业发展的实际情况，本章从宏观的产业总体绩效和微观的资源配置效率两个主要方面来研究评价中国保险产业效率。通过产业效率与组织要素关系的分析可以进一步证实：我国保险产业现阶段的高速增长是一种效率较低的"贫困式"增长，组织要素方面的非有效竞争模式是产业低效率的重要原因。

第一节　中国保险产业总体绩效分析

评价保险产业总体绩效的指标一般有保险业务增长速度、保险密度、保险深度以及保险总体业务规模等，这些指标主要是从宏观的角度衡量一国保险产业的总体经济运行效率。

一、保险业务增长速度分析

保险产业的保险业务增长速度主要是通过其保费收入增长率指标来反映，表8-1的相关数据表明，仅看这一指标我国的保险业务增长速度极快。

表8-1　1990—2020年中国GDP、保费收入、保险深度与保险密度[①]

年份	GDP（亿元）	保费收入（亿元）	保险深度（%）	保险密度（元）
1990	18872.87	178.50	0.96	15.76
1991	22005.63	239.70	1.11	20.93
1992	27194.53	378.00	1.42	32.71
1993	35673.23	525.00	1.52	45.03
1994	48637.45	630.00	1.35	52.57
1995	61339.89	683.00	1.17	56.39
1996	71813.63	776.00	1.14	63.40
1997	79715.04	1080.00	1.14	87.36
1998	85195.51	1261.55	1.61	101.12

---

① 数据来源：根据历年《中国统计年鉴》和《中国保险年鉴》整理计算。

续表

年份	GDP（亿元）	保费收入（亿元）	保险深度（%）	保险密度（元）
1999	90564.38	1444.52	1.76	114.84
2000	100280.1	1599.68	1.79	126.21
2001	110863.1	2112.28	2.20	168.98
2002	121717.4	3054.15	2.98	237.64
2003	137422.0	3880.40	3.33	287.44
2004	161840.2	4318.10	3.41	332.19
2005	187318.9	4927.30	2.71	375.64
2006	219438.5	5640.34	2.61	429.09
2007	270092.3	7036.21	2.64	532.53
2008	319244.6	9784.24	3.10	736.75
2009	348517.7	11137.30	3.27	834.57
2010	412119.3	14528.00	3.70	1083.44
2011	487940.2	14339.25	3.04	1064.26
2012	538580.0	15487.93	2.98	1143.83
2013	592963.2	17222.24	3.03	1265.67
2014	643563.1	20234.81	3.18	1479.35
2015	688858.2	24282.52	3.60	1766.49
2016	746395.1	30904.16	4.16	2235.04
2017	832035.9	36577.77	4.42	2631.58
2018	919281.1	38013.39	4.22	2724.46
2019	990865.1	42644.8	4.3	3046.07
2020	1015986.2	45257	4.45	3233

根据这些数据绘制的1990—2020年中国保险产业保费收入增长率与同期GDP增长率的比较趋势（见图8-1），我们更直观地看到：除1994年、1995年、2000年、2004年、2005年、2006年、2011年、2012年和2018年这几年外，保险产业保费收入增长率均高于GDP增长率，说明我国保险产业在总体增长率方面具有突出的优势。

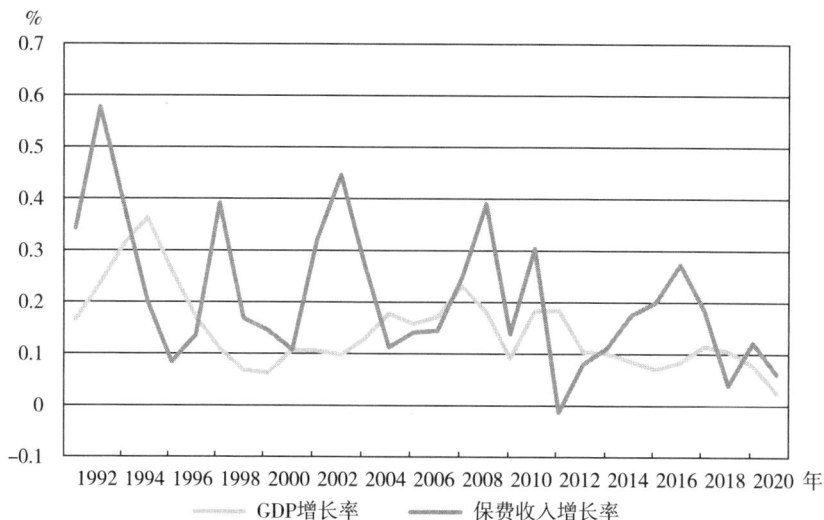

图 8-1　1992—2020 年中国保险产业保费收入增长率与同期 GDP 增长率的比较趋势①

二、保险深度分析

保险深度是指一国保费收入占当年国内生产总值（GDP）的比重。这一比重越高，说明该国保险产业越发达，这是衡量一国保险产业发达程度和产业总体绩效的重要指标。

表 8-2　2001 年中国与世界主要国家和地区保险深度、保险密度排名比较②

项目	中国	美国	日本	瑞士	英国	韩国	新加坡	中国香港	中国台湾
保险深度排名	56	7	4	3	5	2	23	29	17
保险密度排名	73	4	2	1	3	21	19	20	25

在表 8-1 中我们可以看到，中国保险产业的保险深度在不断提高，从 1980 年的 0.1% 提高到 1990 年的 0.96%，2000 年达到 1.79%，2004 年进一步提高到 3.41%，2005 年又有所回落，这一指标离世界平均水平还有相当的差距，与同期各国该指标比较，也排在偏后的位置。2001 年的数据显示，世界保险产业的平均保险深度为 7.83%，而我国仅为 2.20%，世界排名第 56 位（见表 8-2）。

三、保险密度分析

保险密度指一国平均每个国民当年购买保险的支出，即人均保费收

---

① 根据表 8-1 数据绘制。

② 数据来源：历年《中国保险年鉴》及相关网络数据。

入，保险密度越高说明一国保险产业的总体效率越高。从保险密度看，中国保险产业1990年只有15.76元，到2000年提高到126.21元，2005年进一步提高到375.64元，2017年迅速提高到2631.58元（见表8-1）。从趋势图8-1中我们还可以估计到尤其是近年来增高趋势更甚。但是这一指标国际比较的结果却不容乐观，2001年世界人均保费393.3美元，而中国仅为20美元，该项世界排名是第73位。

以上三个指标的实证分析说明：中国保险产业的总体产业绩效呈逐年上升趋势，发展态势是较好的，但是与世界平均水平相比仍有较大差距，同保险产业发展水平相对较高的发达国家相比更是明显落后。这种状况一方面说明我国的保险产业由于发展处于初级阶段，一些要素的质量和利用效率较低等因素制约了保险产业绩效的快速提高；另一方面也表明我国保险产业有着极大的发展空间，只要找准症结之所在就能快速提高产业总体绩效。

第二节　中国保险产业的资源配置效率

产业的资源配置效率侧重于从较微观的角度来衡量产业发展的市场绩效，一般度量这方面的指标包括产业的净资产收益率、价格—成本收益率和价格的相对变化率等，结合中国保险产业的实际情况，本节将从我国保险产业的承保业务绩效、投资业务绩效、盈利能力和偿付能力几个方面来具体分析。

一、承保业务绩效

承保业务绩效反映的是保险企业的市场开拓能力、产品与服务满足市场需求的程度、市场支配力等方面。衡量的指标主要有保费收入增长率、资产增长率、所有者权益增长率、市场占有率及其增长率等，这些指标越高，反映保险企业的承保业务能力越强，效率越高[1]。

表8-3　1990—2020年中国保险产业承保绩效概况[2]

年份	资产总额（亿元）	资产增长率（%）	保费收入（亿元）	收入增长率（%）
1990	241.23	—	178.50	—
1991	367.63	52.40	239.70	34.29

---

① 江生忠. 中国保险产业组织优化研究［M］. 北京：中国社会科学出版社，2003：91.
② 数据来源：根据历年《中国保险年鉴》计算整理。

年份	资产总额（亿元）	资产增长率（%）	保费收入（亿元）	收入增长率（%）
1992	510.55	38.88	378.00	57.70
1993	646.84	26.69	525.00	38.89
1994	770.21	19.07	630.00	20.00
1995	951.89	23.59	683.00	8.41
1996	1276.06	34.06	776.00	13.62
1997	1733.24	35.83	1080.00	39.18
1998	2144.69	23.74	1261.55	16.81
1999	2749.62	28.21	1444.52	14.50
2000	3445.79	25.32	1599.68	10.74
2001	4673.89	35.64	2112.28	32.04
2002	6494.93	38.96	3054.15	44.59
2003	9122.84	40.46	3880.40	27.05
2004	11853.55	29.93	4318.10	11.28
2005	15225.97	28.45	4927.30	14.11
2006	19704.19	29.41	5640.34	14.47
2007	28912.78	46.73	7036.21	24.75
2008	33418.83	15.58	9784.24	39.06
2009	40634.75	21.59	11137.30	13.83
2010	50481.61	24.23	14528.00	30.44
2011	59828.94	18.52	14339.25	-1.30
2012	73545.73	22.93	15487.93	8.00
2013	82886.95	12.70	17222.24	11.19
2014	101591.47	22.56	20234.81	17.49
2015	123597.76	21.67	24282.52	20.00
2016	151169.16	22.30	30904.16	27.27
2017	167489.37	10.80	36581.01	18.37
2018	183308.92	9.45	38013.39	—
2019	205600	12.16	42644.8	12.18
2020	232984	13.32	45257	6.13

表 8-3 数据表明，我国的资产增长率和保费增长率从 1990 年以来一直保持在较高水平，27 年来的资产增长率平均达到 27.79%，保费收入平均增长率也高达 22.47%。

在总体承保业务绩效较好的同时，我们也应该注意到不论是资产增长率还是保费收入增长率呈现不稳定增长状态，表现为波幅较大，这一点从图

8-2 的两项指标走势可以清楚地看到，说明了我国保险产业的增长处于非成熟阶段，各生产要素的效能没有稳定发挥，承保业务绩效的稳定性较差。

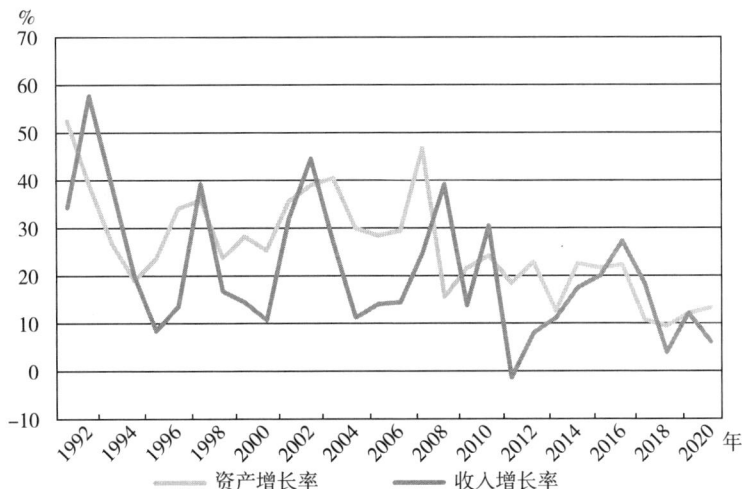

图 8-2　1992—2020 中国保险产业资产增长率与保费收入增长率走势①

二、投资业务绩效分析

保险资金的合理有效投资一直以来都是中国保险产业必须解决的重大课题，从保险理论和国际保险产业发展的实践来看，保险资金的合理投资是保险产业得以盈利和实现自身稳定的重要渠道，而中国保险业虽然早在20 世纪 80 年代中期就已经开始尝试保险资金的运用，但是结果却很不理想，不仅反映在保险投资的渠道窄、限制多，而且也反映在投资收益较低甚至出现亏损方面。

表 8-4　1996—2003 年我国保险产业主要保险企业投资比重及收益②

年份	1996	1997	1998	1999	2000	2001	2002	2003
投资比重（%）	12.07	12.64	22.66	25.72	26.56	30.12	41.78	38.15
投资收益率（%）	3.52	5.41	3.26	2.95	2.64	1.76	1.33	2.01

从表 8-4 数据中我们看到从 1996 年到 2002 年，我国保险产业主要企业的投资比重和收益率虽然一度呈上升趋势，但由于 2002 年出现一些投资项目的重大亏损，使得相关部门不得不重新调整保险资金运用的战略方

---

① 数据来源：根据本书表 8-3 数据绘制。
② 数据来源：根据历年《中国保险年鉴》整理计算。主要企业包括人保、人寿、太保、华泰、新华、兵保、永安、天安等。

针，故 2003 年的投资比重下降，思考保险资金的投资风险。这些状况说明我国保险投资业务绩效较低。

三、盈利能力分析

盈利能力是指企业获利的能力，也就是一个经济实体最基本的追求其利润最大化的能力。具体到保险企业，衡量的指标主要有利润总额、保费利润率、资产利润率、所有者权益利润率和资金运用收益率等，以下我们将选取其中主要指标对中国保险产业的盈利能力作详尽分析。

表 8-5 1990—2011 年中国保险产业盈利能力概况①

年份	资产总额（亿元）	利润（亿元）	保费利润率（%）	资产利润率（%）
1990	241.23	35.29	23.75	14.63
1991	367.63	23.50	12.60	6.39
1992	510.55	25.77	10.37	5.05
1993	646.84	24.43	7.29	3.78
1994	770.21	21.56	5.04	2.80
1995	951.89	24.91	4.34	2.62
1996	1276.06	17.70	2.21	1.39
1997	1733.24	27.57	2.54	1.59
1998	2144.69	26.53	2.13	1.24
1999	2749.62	27.33	1.96	0.99
2000	3445.79	42.34	2.65	1.23
2001	4673.89	46.21	2.45	1.14
2002	6494.93	45.56	2.74	1.33
2003	9122.84	42.11	2.11	1.26
2004	11953.68	−27.26	−0.63	−0.23
2005	15286.44	37.95	0.77	0.25
2006	19704.19	96.13	1.70	0.49
2007	28912.78	633.43	9.00	2.19
2008	33418.83	−175.27	−1.79	−0.52
2009	40634.75	530.59	4.76	1.31
2010	50481.61	831.25	5.72	1.65
2011	59828.94	668.54	4.66	1.12

① 数据来源：根据相关网络数据及历年《中国保险年鉴》整理计算。

表 8-5 的数据表明了以下几个典型事实。

第一，1990—1999 年，保费利润率和资产利润率下降态势明显。在资产规模和利润迅速增长的同时，保费利润率和资产利润率基本呈下降趋势，分别从最高的 23.75% 和 14.63%，下降到最低的 1.96% 和 0.99%，并呈现台阶式下降，1990—1992 年，保费利润率均维持在 10% 以上。1993—1994 年，保费利润率均维持在 5% 以上，其余五年均在 5% 以下。

第二，2000—2011 年，保费利润率变动不平稳。保费利润率个别年度间差距较大，最高年度与最低年度相差 10.79%。资产利润率相对较稳定，最高年度与最低年度相差 2.71%。

第三，资产利润率的变动趋势与保费利润率基本相同。保费利润率较高时资产利润率也相对较高，1990 年保费利润率是 21 年来的最高值，相应的 1990 年的资产利润率也是 21 年来的最高值。保费利润率较低时资产利润率也相对较低，2008 年的保费利润率是 21 年来的最低值，相应的 2008 年的资产利润率也是 21 年来的最低值。

以上的典型事实表明：一方面，保险产业利润水平的下降意味着社会福利的提高。我国保险市场在由垄断型向竞争型的转轨过程中，随着竞争程度的提高、保险价格的下降，主要由垄断利润构成的生产者剩余逐年减少，消费者剩余逐步提高，社会的资源配置效率得以提高。而且，保险业利润的下降是行业利润逐步社会平均化的必然过程。在一个开放型市场，行业利润过高，必定导致进入者的增加，包含价格和非价格手段的市场竞争加剧，最后使得行业的利润水平接近社会平均水平，实现利润水平的社会平均化。但另一方面，利润率下降的现象也揭示了我国保险业的价格偏高、管理成本偏高和投资收益率低、盈利能力低的"两高两低"问题。长期以来，我国保险业的利润结构单一，主要依靠承保利润，这与国际上大型保险公司承保亏损、投资收益弥补的现状大相径庭。2005 年我国三大产险公司的赔付率分别为：人保 53.15%、太保 46.38%、平安 44.15%，有较高的承保盈余。我国保险业的投资占总资产的比重较小，投资收益率低，我国 2005 年 7 家保险公司的投资占总资产的比重仅为 26.56%，投资收益率只有 2.64%。而美国早在 1994 年保险产业投资占总资产的比重已为 80.5%，投资收益率达 5.94%。另外，我国保险产业的管理成本（包括营业费用、佣金/手续费、保费税等）也相对偏高，我国 2005 年保险业的营业费用和手续费率约为 28%，如果再加 8% 的营业税，就达到 36%。而美国 1994 年销售及管理费用约占保费的 23.4%，我国台湾地区 2003 年保险产业的佣金及承保费支出、业务及管理费用占保费的比例为 26.58%。比较说明，我国保险产业的成本大大超过国际水平。由于我国保险市场费率偏高、保险公司的管理成本偏高，造成行业的盈利能力较差，利润来源单一。

四、偿付能力分析

偿付能力体现了保险公司经营的最本质内容，是反映保险产业绩效的核心指标，所以也应该是各国保险监管的重点。但是，中国保险产业在高速发展的过程中，偿付能力不足的问题却日益突出，表8-6中的数据显示了2003年我国保险产业的总体偿付能力。

表8-6 2003年中国保险产业偿付能力一览①

项目	金额（亿元）
总资产	9122.84
应扣减项目	697.49
实际资产＝总资产-应扣减项目	8428.35
所有者权益	272.68
实际负债＝总资产-所有者权益	8850.16
偿付能力＝实际资产-实际负债	-421.81
最低偿付能力标准	237.89
偿付能力不足差额＝最低偿付能力标准-偿付能力	659.70
不足差额/最低偿付能力标准	277%

从表8-6中的数据来看，2003年中国保险产业偿付能力为负421.81亿元，反映保险产业偿付能力的核心指标偿付能力不足差额2003年竟然达到了659.70亿元，不足差额与最低偿付能力标准的比值居然是277%，难怪有学者指出："中国未来金融稳定的三大威胁，第一个便是保险业的支付危机。"细思量，形成这一可怕状况的诱因首先是我国保险公司过分追求市场份额、盲目扩大代理人队伍的情况已经司空见惯；其次，也有盲目上新险种而不顾保障能力的原因，如2000年寿险的分红投资连结保险的紧急叫停则说明了我国保险业的投资回报率过高而无法实现；最后，我国保险产业的欺诈行为和过度竞争的恶行也屡见报端。这些都说明我国保险产业所面临的偿付危机已经不远了。

第三节 中国保险产业效率与组织要素的关系

我国现阶段的保险产业效率，不论是产业的总体绩效方面还是产业的

---

① 数据来源：根据《中国保险年鉴2004》数据整理计算。

资源配置效率方面都存在低效率的问题，笔者认为，这样的状况和本节研究的中国保险产业组织要素质量方面的规模效应、市场结构各因素的非有效竞争模式有直接的关系。

一、保险产业效率与规模效应的关系

产业规模效应包括规模经济和范围经济两个方面，产业实现规模经济和范围经济的过程是其追求产业自身效益最大化，同时实现产业高效率的过程，所以从这个意义上讲，产业效率与规模效应应该是正相关的。保险产业同其他产业一样，在实现产业规模经济和范围经济的过程中，产业的总体效率和资源配置效率也应该达到较高的水平。

在前文中国保险产业规模效应的分析当中，我们得出的结论是：中国保险产业的规模从整个产业市场规模层面来看，20多年间发展极为迅速，但是从衡量其规模效益来看，产业的规模经济并不明显，整个产业规模处于长期平均成本曲线的上升部分，通过计算1999—2004年的保险产业产出弹性也可以看到不论是各年的产出弹性还是平均的产出弹性均小于1，实际的产出弹性就更小，这说明了中国保险产业的整体产业规模经济效益不明显。在范围经济方面，现阶段保险产业的分业经营也成为影响保险产业实现范围经济的重要原因。所以说我国现阶段保险产业规模效应的缺失在很大程度上决定了保险产业的低效率，同时也是保险产业无法形成有效竞争模式的重要原因。

二、保险产业效率与市场结构因素的关系

按照产业组织的有效竞争理论，产业实现高效率的市场结构应该是充满竞争活力的，其中市场集中度和市场壁垒应该相对较低，产品差别度相对较高，下面我们来分别说明。

（一）保险产业效率与集中度的关系

按照产业组织理论的一般逻辑，集中度对规模经济的形成有一定的正效果，而高集中度往往会通过获取高额利润从而形成垄断，对整个产业效率来说是一种负效果。

1. 集中度与规模经济的关系

市场集中度是市场容量与规模经济的"函数"，在市场容量不变的情况下，产业的规模经济越显著，该产业的市场集中度也越高；而在规模经济不变的情况下，市场容量越大，则该产业的市场集中度越低。由于保险业是经营风险的特殊产业，其经营的基本准则是"大数法则"，保险产业具有

规模经济的内在要求。所以，保险市场的集中度在许多国家都相对较高。一般来讲，市场集中度达到了一定程度，整个产业就会形成规模经济，这一点已为很多国家的保险产业发展实践所证明。但是市场集中度是衡量市场竞争程度的重要指标，过高的市场集中度会抑制竞争活力，从而形成垄断，但是我国如此之高的集中度却并不是市场因素造成的，所以这样的集中度并未对我国保险市场的有效竞争造成很大的影响，因此在确定现阶段有效竞争的中国保险产业集中度时，应更多地考虑它对规模经济的影响方面。从上一章的实证分析我们可以看到我国保险产业虽然具有极高的市场集中度，但是产业的规模经济却并未形成。所以对于中国保险产业而言，集中度与规模经济之间的关系是无法确定的。

2. 集中度与利润率的关系

市场集中度作为市场结构的一个重要因素对企业行为和经济绩效有很大的影响。市场集中度越高，大企业的市场支配力越强，从而行业的利润率越高，市场的竞争程度就会降低。丹姆斯茨认为，在集中度为10%—50%的区间内，任何资产规模的报酬率（即资产利润率）不仅不随集中度增加而上升，反而会下降；只有集中度超过50%以后，行业间的报酬率与集中度的正相关才开始出现。这意味着集中度与利润率的正相关不是无条件的，而是要求集中度达到一定的高度。

西方经济学家尼达姆（1978）经实证研究得出结论，集中度与利润率之间存在这样一种关系：

$$\frac{p-mc}{p} = \frac{1}{Ed} = \frac{Sf}{(Ed+Es)\ Sr} \qquad (8.1)$$

其中，p 为价格，mc 为边际成本，Ed 为产品的价格需求弹性，Es 为竞争对手在价格上的反应程度，Sf 为企业的市场份额，Sr 为竞争对手的市场份额。该公式的经济含义是：企业的利润率与自身的市场份额成正比，与价格弹性和竞争者的市场份额成反比。厂商的利润率与自己的市场份额成正比，与商品需求的价格弹性和竞争对手的市场份额成反比，而市场份额和集中度不过是同一问题的两个方面。集中度越高，厂商对市场的支配力越强，获取高额利润的能力也越强。

按照这一思路贝恩将市场类型具体划分为五种（见表8-7）。

表8-7　贝恩的市场结构分类①

市场结构类型	集中度CR4（%）	集中度CR8（%）
寡占Ⅰ型	CR4≥75	—
寡占Ⅱ型	75>CR4≥65	CR8≥85
寡占Ⅲ型	65>	85>CR8≥75
寡占Ⅳ型	50>CR4≥35	75>CR8≥45
寡占Ⅴ型	35>CR4≥30	45>CR8≥40
竞争型	30>CR4	40>CR8

　　根据前文计算出的现阶段我国保险产业的市场集中度数值，我国保险市场结构应属于寡占Ⅰ型，相应地应该获得极高的垄断利润。然而，我国保险市场的高集中度却并未形成超额垄断利润，2004年《中国保险年鉴》统计公布了58家保险公司的损益表，其中29家公司的净利润为负数，中国保险业的垄断利润据测算仅有2%~3%，甚至普遍低于国内许多竞争性行业，与其高度集中的市场格局不相匹配，这主要是因为，我国的保险产业市场垄断的主要原因是行政方面的，在我国保险市场上，大保险公司由于在资金、技术、信息及管理等方面具有优势，所以对市场具有较强的支配力。但是我国目前的监管部门对主要险种的费率实行管制，使得保险产品的价格不是由保险公司和市场决定，而是由监督管理部门决定，所以大的保险公司难以从产品的高定价中获取高额利润。

表8-8　1991—2011年中国保险市场集中度与绩效关系一览②

年份	保费利润率（%）	资产利润率（%）	CR4（%）
1991	12.60	6.39	99.60
1992	10.37	5.05	99.59
1993	7.29	3.78	99.54
1994	5.04	2.80	99.29
1995	4.34	2.62	98.51
1996	2.21	1.39	98.20
1997	2.54	1.59	96.59
1998	2.13	1.24	96.77
1999	1.96	0.99	96.52
2000	2.65	1.23	95.97

---

① 资料来源：作者根据杨公朴、夏大慰主编《产业经济学教程》第158页内容整理所得。

② 数据来源：作者根据历年《中国保险年鉴》内容整理计算而得。

年份	保费利润率（%）	资产利润率（%）	CR4（%）
2001	2.45	1.14	95.45
2002	2.74	1.33	94.22
2003	2.11	1.26	90.47
2004	−0.63	−0.23	90.23
2005	0.77	0.25	74.94
2006	1.70	0.49	75.84
2007	9.00	2.19	71.60
2008	−1.79	−0.52	77.38
2009	4.76	1.31	69.06
2010	5.72	1.65	65.21
2011	4.66	1.12	95.45

高的市场集中度难以换取高的利润率，两者之间并不存在确定的相关关系。根据我国保险市场发展的有关数据（见表8-8），近年来我国保险产业市场集中度基本保持稳定，但保险产业的利润率在外部环境作用下却出现不确定的下降趋势。

（二）保险产业效率与市场壁垒的关系

保险市场上要形成维护有效竞争的市场结构及其存续条件，就必须有保证保险企业能有序进入与退出的良好机制，任何新企业作为新进入者能够自由参与市场竞争，不存在人为市场壁垒，不存在国家对市场人为的行政性保护。在这样的机制下能够使得产业生产各要素达到最优配置，从而提高整个产业的效率。所以说，市场壁垒越低，产业效率越高。

通过上文的实证分析，我们得出的结论是：现阶段我国保险产业市场壁垒较高，其中非经济性进入壁垒是中国保险产业进入壁垒的主要形式，在我国保险市场上，政策法律制度造成的壁垒在各种形成进入壁垒的因素中是最明显和最主要的。在一个新保险企业进入保险市场时，除了必须获得经营许可证外，对公司设立的形式也有限定，如我国《保险法》规定保险公司的设立应该采取国有独资公司和股份有限公司的形式，虽然规定并没有明确限制投资主体的所有制，但事实上，各保险公司基本上是国有股"一股独大"，私人资本几乎无法涉足。另外，进入资金的筹措也要受到政策制度多种制约等，这些壁垒是难以用降低成本、广告宣传等办法来克服的。在对待外资市场准入方面，存在许多的关税及非关税壁垒，一向采取较严格的限制市场准入原则。所以，较高的市场壁垒成为制约我国保险产业提高效率的主要原因。

（三）保险产业效率与产品差别度的关系

有效竞争理论研究表明，有效竞争使得需求与成本的长期曲线比短期曲线更为平缓，从而能够在很大程度上提高产业的效率，其中的重要原因在于产品（尤其是具有紧密替代关系和具有高技术含量的产品，如保险服务）的适度差异性，从这意义来看，要提高保险产业效率必须使得保险产品和服务具有一定的差别度。

从前文的分析来看，我国保险产业的产品差别度很低，大多数产品雷同，其中服务的创新极低，已经成为抑制保险市场竞争活力的关键因素。一般来说，产品差别度低则市场集中度就低，相应地产业垄断程度较低，但我国保险产业的实际却是市场集中度很高，市场进入壁垒很高，垄断程度也很高。这主要是由于非市场的因素在起作用，我国保险产业在长期高度行政垄断情况下，企业缺乏竞争意识和激励机制，没有产品和服务创新的内在动力，使得各保险公司产品和服务的差别度较低，这种状况对保险产业的竞争活力还会产生很多负面影响，主要表现在：第一，由于产品差异小，容易形成各企业在相同险种上的低水平重复投入，无法形成各公司的比较优势，导致本来就有限的保险资源得不到合理的配置和利用，造成我国保险资源的极大浪费。第二，导致了保险市场的过度竞争，由于不能在产品和服务上形成竞争优势，各保险公司为了扩大市场份额，往往会用高手续费和高返还率来吸引客户和中介人，而这样的做法属于不规范竞争的市场行为，一旦形成恶性循环，不仅会损害保险产业的整体利益和各保险公司的利益，还会造成保险市场的过度竞争。第三，中国保险市场是世界公认最具保险潜力的市场，其中最重要的原因就是这个市场的保险需求是巨大的，不仅表现在对保险产品量的需求上，同时更重要的是对产品种类的需求日益呈多样化趋势，如果中国保险产品和服务的差别度依然如此之低的话，势必无法满足保险需求的发展，从而影响到中国保险产业的长期发展和产业效率的提高。

三、非有效竞争模式是中国保险产业低效率的重要原因

根据现代产业组织的有效竞争理论，结合前文的分析，本书得出的结论是：造成中国保险产业低效率的重要原因是保险产业组织不合理，产业内没有形成有效竞争模式，即没有形成将规模经济和竞争活力有效的协调起来，从而有利于长期均衡的竞争格局。

从以上分析可以看到，我国保险产业长期以来只有规模而没有规模经

济和范围经济效应。保险产业市场结构缺乏竞争活力，基本上是行政垄断和过度竞争并存的二元结构：近60%的市场份额集中在中国人民保险公司一家手中，并且这种过高的市场集中度不是追求规模经济等经济内在机制的必然结果，而是特定历史条件的产物，并且由于高度的国有垄断使得国家信用被微观信用置换，从长期来看将积累大量的宏观风险直至转化成无法估量的社会信用危机；中型股份制公司中只有太平洋、平安两家公司成长较快，但实力仍然难与人保匹敌；CR4始终持续在90%以上，其余的60多家新兴保险公司与外资保险机构争夺不足10%的市场份额。此外，由于市场壁垒过高，保险公司数量虽然在逐年增长，但总量上远远低于成熟保险市场的平均水平。在这种特定的市场结构下，公司之间为了争夺市场份额，片面强调保费收入最大化，相当一部分风险意识薄弱的经营主体甚至不惜采用不正当竞争手段排挤对手，市场竞争秩序非常混乱。所以，现阶段我国保险产业的竞争格局是一种既缺乏竞争活力又没有充分利用规模经济的竞争态势，正是这样的状况加之我国保险市场法规体系不健全、保险中介体系不发达、监管机构管理经验和管理力度不足等问题，造成我国保险业产业效率较低。另外，从保险产业的特殊性来看，当前中国保险产业的发展也陷入了"规模"与"竞争"的两难境地：一方面，生产集中发展到一定阶段可能走向过度垄断，较高的市场壁垒也导致经济缺乏竞争活力，产品的同质化是传统完全竞争理论的基本条件；另一方面，保险产品及保险企业的特殊性要求企业具备一定规模，产业应该考虑宏观的稳定性，因而较之其他产业应有较高的市场集中度和适度的市场壁垒，同时保险需求的发展也要求保险产品提高其差异化程度。因而如何选择一种比较适合我国目前经济运行状况的保险产业有效竞争模式，从而改变我国保险产业的组织要素低效率状况是下一章将要探讨解决的问题。

第九章　中国保险产业发展：组织政策

保险产业既是现代服务产业的重要组成部分，也是经营风险的特殊行业，是国民经济的软基础产业，其发展不仅具有普遍的中观产业意义而且具有宏观经济保障和社会稳定的效能，因此，制定科学合理的产业政策，不仅是保险产业实现产业组织优化，达到有效竞争状态的需要，也是促进整个经济体稳定运转和持续健康发展的需要。保险产业组织政策是保险产业政策中的一项重要内容。本章在概述保险产业组织政策的基础上，全面分析保险产业组织政策的目标、内容以及政策实施途径，并重点分析中国的保险产业组织政策的发展实践。

第一节　保险产业组织政策概述

本节首先介绍产业组织政策和产业组织政策体系的一般含义，在此基础上分析保险产业组织政策的特点和作用，最后介绍主要经济体的保险产业组织政策及发展趋势。

一、产业组织政策的一般含义

产业组织政策是产业政策中的一项重要内容。

所谓产业政策，是指一国政府规划、干预和诱导产业形成和发展的一种政策，其目的是引导社会资源在产业部门之间及产业内部的优化配置，建立高效均衡的产业结构，促进经济的持续、稳定、协调发展。

产业政策包括产业结构政策、产业组织政策、产业技术政策和产业布局政策等。这些产业政策相互交叉、相互联系，它们之间只有大致的分类，没有十分明确的界限。其中，产业组织政策是指为了提高市场绩效，由政府制定一系列干预和调整市场结构和市场行为的政策。

二、产业组织政策体系的一般含义

在一定时期内，一国政府为优化产业组织，追求产业的有效竞争而采取的各种相互联系的政策，构成一国的产业组织政策体系。根据各国的产业组织政策实践，产业组织政策体系包括①以下几个方面。

1. 企业兼并政策。政府为了抑制产业中企业间过度竞争，形成规模较大企业，提高市场集中度以实现规模经济的一系列政策措施。

2. 企业联合政策。也是政府实行产业规模经济的手段。企业联合的目的是使得企业竞争从无序到有序、从分散到集中；把过度竞争变为适度竞争，从而实现规模经济。

3. 经济规模政策。经济规模政策为许多国家普遍采用的产业政策。这一产业政策的基本目的是保证产业内企业能充分利用规模经济，降低单位产出成本。该产业政策一般是通过政府制定最小经济规模标准，当企业达不到这一标准时就不得进入该产业，对于产业内原有的规模偏小的企业则要求其通过企业兼并或企业联合的方式来扩大其规模。所以这种产业政策的主要功能是设置行政和法规进入壁垒，抑制企业盲目进入某一产业，以防止形成过度竞争，影响规模经济。

4. 直接管制政策。政府实施这一产业政策的目的也是设置一定的进入壁垒，避免出现过度竞争，实现规模经济。该产业政策主要是用于消除在社会基础部门（如金融、运输、通信、能源、公共事业等）所出现的自然垄断及过度竞争，而在价格、进入、退出、合并、投资、财务等方面进行直接干预的行为。

5. 反垄断政策。该产业政策的基本目标是通过控制产业的市场集中度，以防产生垄断力量。对于这一政策在实践中各国的标准各异。

6. 中小企业政策。对于产业内中小企业实施一定程度的保护和政策支持。从产业的市场结构来看，大量中小企业的存在有利于保持较低的市场集中度，使市场充满竞争活力，从而在一定程度上抑制垄断，使市场竞争效率提高。

三、保险产业组织政策的特点和作用

（一）保险产业组织政策的特点

保险产业属于金融产业，其产业特征有其明显特殊性，保险产业的技术经济与其他产业显著不同，但是作为一个特定的产业，其产业发展与其他产业一样必须依赖于政府制定的产业政策。虽然由于国情不同，不同国家具有不同的保险产业政策，同一国家在不同时期其保险产业政策的重点也不相同，但在各国保险产业的发展实践中，保险产业政策都起到了重要

① 江生忠. 中国保险产业组织优化研究 [M]. 北京：中国社会科学出版社，2003：176-177.

的作用。由于保险产业的特殊性，保险产业政策与一般的产业政策相比，具有自身的特点：

1. 保险产业要求受到更加严格的政府监管

保险产业是经营风险的特殊产业，其产业风险比较其他产业更甚。因此，在保险产业与政府的关系中，政府监管具有特别重要的意义。在主要国家的产业政策发展实践中，许多产业政策都经历了自由放任到政府干预，而后又回到弱化政府职能、推崇自由竞争的过程，但是，保险产业政策却始终未沿着这一轨迹发展，而是始终坚持政府严格监管。就总体而言，各主要国家保险产业组织政策始终强调政府监管的作用，这也使得人们会把保险产业组织政策与保险监管等同起来，事实上，保险产业政策和保险监管还是有差别的。从各国保险监管实践看，保险监管中的某些内容和指导思想确实又能够体现产业政策，如对保险公司进入、退出的规定，对保险费率、条款批准的规定等内容，都能体现鼓励竞争、反垄断、政府管制、提高竞争力等不同的产业政策。但保险监管与保险产业政策无论在内涵还是外延上都有明显区别。

2. 保险产业组织政策是保险产业政策的核心内容

按照产业政策的一般理论，保险产业政策可以分为保险产业结构政策、保险产业发展政策、保险产业组织政策等，但是由于保险产业的特殊功能意义，它与一般经济产业部门不同，它的社会保障功能使得其产业政策核心内容更多地体现在产业组织政策上。比如实现保险产业有效竞争，提高保险产业市场绩效，政府制定一系列干预和调整保险市场结构和市场行为的产业政策，其内容多是产业组织政策的内容和政策手段。所以本书研究的保险产业政策一般是指保险产业组织政策。

3. 保险产业组织政策的核心内容是追求规模经济

保险产业的经济技术特性使得保险产业成为特殊的自然垄断产业。一方面，保险产业具有规模经济和范围经济的效应，过度竞争会导致资源的浪费；另一方面，保险产业涉及国家的稳定和金融安全，过度竞争不仅可能损害被保险人的合法利益而且可能扰乱金融秩序危及社会稳定。所以，在一些国家的反垄断法中，保险产业属于被豁免或部分豁免的产业。所以，保险产业组织政策的核心内容更多地体现在引导保险产业形成规模经济，实现有效竞争，防止过度竞争方面。所以，保险产业组织政策往往既鼓励保险产业如同其他产业那样实行公平、正当竞争，同时又允许保险产业部分垄断，鼓励企业兼并与联合。

（二）保险产业组织政策的作用

保险产业组织政策的职能使得其具有引导保险产业实现产业组织优化

和有效竞争的基本作用。主要体现在以下几个方面：

1. 鼓励和保护市场竞争

企业要具有自我改造和自我发展的能力，除了使其具有内在的动力、即自身的利益外，还得有外部的压力。这个压力就是企业间的市场竞争。在商品经济条件下，竞争是企业间进行比较和竞赛的一种经济活动，也是企业间最基本的经济关系之一。通过适当的产业组织政策，可以保护和促进企业竞争，使企业通过竞争不断提高自身素质，同时淘汰那些落后的、没有生命力的企业，从而提高整个国民经济的发展水平。例如，为保护竞争可以制定反垄断法，降低市场上卖者的集中度，或者降低新企业进入市场的障碍程度、禁止对不同销售对象实行差别价格、禁止企业间企图实行市场垄断的合谋等。这些都可以说是产业组织政策中鼓励企业竞争的内容。

2. 促进企业间的协调和提高企业的规模经济利用水平

在保护企业竞争活力的同时，充分利用规模经济。这是产业组织政策所要解决的基本问题之一。而实现企业规模扩大化的一个有效途径就是专业化协作。马克思早就指出过专业化协作可以创造新的生产力。他指出"由协作和分工产生的生产力，不费资本分文。这是社会劳动的自然力。"只有进行专业化协作，才能充分有效地利用社会劳动的自然力，扩大生产规模，提高企业规模经济的利用水平。

3. 调整产业结构及促进产业结构高度化的实现

面对科学技术不断发展和市场需求不断变化，原有的产业结构必须不断调整，才能保证不断采用新技术，开发新产品，适应市场的需要，实现产业结构的高度化。而产业结构的高度化，又有赖于产业组织的合理化，有赖于合理的产业组织政策，可以引导社会资源的投入方向，实现资源的重新优化组合，促进产业结构向高度化转换。

第二节　保险产业组织政策的目标

保险产业的特殊性，使其产业组织政策目标有别于其他产业的产业政策目标，本章将根据保险业微观、中观、宏观不同层次的作用，对其产业组织政策目标进行分析。产业组织政策是指政府为优化产业内资源的合理配置，处理产业内企业间的关系，实现资源的有效利用，从而推进产业发展所采取的政策的总和。产业组织政策的目的主要是：在产业内形成有效的竞争环境，用竞争促进企业提高经济效益，从而提高产业的整体效益。保险产业组织政策的目标是政府为实现保险产业内资源的合理配置，处理保险产业内企业间的关系，实现资源的有效利用，推动保险产业发展，并在此基础上为保险助力于经济发展提供理论与政策依据。实际上由于保险产业的特殊性，保险产业组织政策目标包括微观、中观和宏观三个层次（见表9-1）。微观层面的组织目标与其他产业的组织目标相同，即实现产业内的有效竞争，用竞争促进保险企业提高经济效益，进而实现保险产业整体效益的提高。微观保险产业政策只将保险业当成一个普通的产业，强调保险产业内的有效竞争和由此产生的整体产业效益。保险业的中观功能是实现保险资源的合理配置，从而实现社会资金由有余单位向不足单位的顺畅流动，这一功能是保险业存在的基本原因，也是一个国家保险产业组织结构是否合理的最主要标志。保险业的宏观功能是保险产业作为国家稳定和社会保障的辅助体系，辅助国家实现稳定及长治久安。所以，保险产业的宏观组织政策目标是指保险产业组织结构应为国家宏观经济政策的顺利实施提供组织保障。

表 9-1　保险产业组织政策的目标层次

项目	目标层次	目标内容	考核标准
保险产业	保险产业组织宏观政策目标	为宏观调控提供载体，为宏观经济政策顺利实施提供组织保障	国家宏观经济稳定和可持续发展
组织政策	保险产业组织中观政策目标	实现保险资源合理配置、社会资金融通顺畅	经济发展、保险资源充分使用
目标	保险产业组织微观政策目标	实现产业内的有效竞争，进而实现整体产业效益	保险企业微观效益、保险产业的整体效益

一、微观效益与整体效益：保险产业组织微观政策目标

（一）有效竞争

实现保险产业组织合理化，就要在产业内形成有效竞争秩序，既保持充分的市场竞争活力，又充分利用规模经济。

市场竞争，主要指保险企业之间为了争取各自的经济利益所采取的相互抗衡、较量、各尽所能的行为和过程。竞争是市场经济存在的现象，竞争作为市场上一般外在的强制力量，促使保险企业革新金融技术，改善经营管理和按照市场需求组织协调比例关系，促进经济的发展。竞争还使保险企业优胜劣汰，实现资源利用效率的优化。

有效竞争要求必须维护市场的竞争环境。产生市场竞争的基本条件有两个：一是提供同类保险产品的企业不止一个；二是每个企业都追求各自经济利益最大化。市场上的保险企业越多，企业之间就越难以协调和保持

长久的一致性，为了各自的经济利益，互相竞争就成为保险企业必然的行为。因此，市场上有多个提供同类保险产品的企业分散存在是形成竞争和维持竞争的前提。另外，由于竞争强度不仅与现有金融企业的数量有关，而且与是否存在潜在的竞争企业有关。所以，维持竞争必须消除人为的阻碍资源流动的限制。还有，充分竞争的市场应该是透明的，每个竞争者都能够了解其他竞争者的技术和成本，了解市场的发展方向，消费者也应当有丰富的知识，可以准确地评价商品，经济地定位自己的选择。

（二）组织的经济性

有活力的竞争迫使保险企业尽可能地按照最优组合方式利用经济资源，以便达到一定产出条件下的投入最小化。保险产业组织政策应保障市场在向需求倾斜配置和向效率倾斜配置的同时，实现企业组织经济性。

1. 追求规模经济

在市场经济条件下，具有独立经济利益的金融企业必然要通过扩大规模追求规模经济和范围经济。企业充分利用了规模经济和范围经济，比其他竞争者有更高的效率，才可以把更大的收益转为积累，然后通过内部成长和外部成长进一步扩大规模。也就是说，市场配置使最有效率的企业获得和占有了更多的资源，因而可以更快地发展起来。保险企业规模扩张的过程也是淘汰低效率企业的过程。

2. 追求范围经济

保险企业为获取范围经济而拓展经营领域时，往往向产品的市场相关领域或技术相关领域发展。这样，保险企业在一个产品或市场上的投入效应，可以被其他的产品借用，从而改变了相关产业市场的竞争条件。如果一个企业向产品相关领域发展，那么，它在一个产品上获得的技术成果，可以扩散应用到新产品上，使新产品在平均技术成本方面更具有竞争优势。不论开发市场的成本还是技术成本的"共同分摊"，都会增加实现范围经济的保险企业在竞争中的有利条件。

（三）"马歇尔困境"与"有效竞争"

马歇尔在1890年发表了《经济学原理》一书，其认为产量的增加会引起企业规模扩大，而扩大企业规模会增加内部经济和外部经济，取得规模经济效益。同时，马歇尔也认识到追求规模经济过程中会出现垄断。而垄断使价格受到人为因素的控制，扼杀他所一贯推崇的自由竞争，从而使经济运行缺乏原动力，企业缺乏竞争活力，使社会资源不能在价格机制作用下得到合理配置。这样，在马歇尔看来，规模经济和垄断就成了一对难分难解的矛盾，也就是说，规模经济和竞争活力成为两难选择，这就是所谓的"马歇尔困境"。

在一个较长的时期里，经济学家对如何克服"马歇尔困境"，把规模经济与竞争活力两者有效地协调起来进行了积极的探索。在此过程中，人们不是偏重规模经济的作用，就是突出市场竞争活力的地位，两者往往顾此失彼。直到1940年6月，克拉克在总结前人观点的同时，通过大量的调查研究，发表了《有效竞争的概念》一文①，他在该文中指出，短期均衡是一种静态概念，它依靠在现有生产条件下，通过价格的自动调节以实现供需均衡；而长期均衡则是一种动态概念，它随着产业成长、经济规模发展而使长期成本下降和长期供给能力提升，以实现长期供需均衡。他认为，短期均衡和长期均衡这两者的实现条件往往不协调，为谋求现实条件下缩小这种不协调的途径，首先要明确"有效竞争"的概念。所谓有效竞争，是指将规模经济和竞争活力两者有效地协调起来，从而形成有利于长期均衡的竞争格局。但他未能论述实现有效竞争的客观条件和标准问题。

从有效竞争的概念可知，有效竞争的两个决定变量是规模经济和竞争活力。规模经济，是指随着企业规模的扩大而使单位产品成本降低+收益增加的一种经济现象，它是实现社会资源优化使用，提高经济效益的手段和途径；而竞争活力的经济意义表现为它与价格机制、供求机制综合作用，发挥市场机制的自组织功能，实现社会资源的优化配置，从而提高经济效益。可见，规模经济和竞争活力在优化配置和有效使用社会资源、提高经济效益上达到了统一，即规模经济和竞争活力是以不同的途径谋求同一目标。

然而，规模经济和竞争活力又具有相互排斥性，特别是在那些规模经济比较显著的产业，两者的排斥性就表现得更加明显。其表现形式是随着企业规模的扩大就会引起生产集中，而生产集中发展到一定阶段，就自然而然地走到垄断。垄断则是对市场竞争的否定，它会导致经济缺乏竞争活力。因此，有效竞争是作为兼顾规模经济和竞争活力、两者相互协调的一种理想状态，其协调点是合理界定规模经济和竞争活力的"度"，其协调目标是规模经济和竞争活力所发挥的综合作用使社会经济效率最大化。由此可得：有效竞争问题就是经济效益问题，有效竞争的实质就是追求较高的经济效益。

---

① Clark, J. M., 1940, Towarda Concept of Workable Competition, American Economic Review, Vol. XXX, pp. 241-256.

二、保险发展与经济发展：保险产业组织中观政策目标

保险产业组织中观政策目标是研究金融产业组织在促进经济发展中所应实现的目标，即将保险产业放在整个国民经济这个大系统中进行分析时，保险产业所应实现的组织政策目标。

保险业是一个特殊的产业，它本身所提供的服务并不直接满足人类生存和发展的需要，但在人类的经济交往、商业往来和生活中，保险业的作用确实是非常大的。保险业对经济发展的保障与支持作用表现为"抑退性"力量和"促进性"力量的叠加，它既可通过发挥风险配置功能抑制灾害和事故损失对经济发展的负面影响，也可通过改善经济发展的各种要素和制度发挥对经济发展的助推作用。保险业对经济发展的保障与支持作用源于其所具有的各种功能。保险业对经济发展的保障与支持作用与其自身的规模正相关。保险业增长越快，所形成的规模越大，对经济发展的保障与支持作用就越大。其一，保险业增长能够增强一国的风险偿付能力。在经济发展过程中，风险是客观存在的。为有效管理这些风险，保证经济的稳定增长，需要一定的风险保障机制。风险保障机制包括政府机制、市场机制、社会互助机制和个体机制等。在市场经济社会，市场机制通常占主导地位，保险业的规模越大，就意味着社会的总偿付能力越强、风险保障水平越高。其二，保险业增长能够提高一国的资金融通能力。保险公司通常将可运用资金通过适当方式投入经济建设中去，服务于经济发展对资金的大规模需求。显然，一个国家保险业的规模越大，积累起来的可运用资金余额越多，能够投资于经济建设的资金就越多。其三，保险业增长能够增强一国的社会管理能力。保险业具有重要的社会管理功能，这种社会管理功能不同于国家对社会的直接管理，而是一种辅助性社会管理手段，是对政府部门行政性社会管理的必要补充。保险业的规模越大，其参与社会管理的力度相应就会越大，就越能够促进社会的有序运转。其四，保险业增长能够提高一国金融体系的稳定性。在金融混业经营趋势下，保险业与银行、证券之间的界限日益模糊。混业经营可以使各行业内蕴的风险在行业间得以扩散，进而增强金融业的整体抗风险能力。保险业的规模越大，其资产和综合实力越强，与其他行业的融合度就越高，在金融系统内承纳和分散风险的能力就越强。其五，保险业增长体现了第三产业的发展水平。

对于保险在实质经济中的作用，目前已有的研究成果，是按照两种思路展开的：一种思路集中在保险中介机构存在意义的分析上，另一种思路则侧重研究保险发展与经济发展的关系。下面我们仅从保险产业组织政策目标的角度对这两种思路进行分析。

（一）保险中介机构存在和发展的原因

要明确保险产业组织的中观政策目标，我们应首先分析保险中介组织存在的经济原因。保险中介机构之所以能够存在和发展，主要是因为保险中介机构在融资过程中具有以下特点：

1. 资金融通的功能

资金融通的功能，是指保险中介机构将形成的保险资金中的闲置部分重新投入到社会再生产过程中。保险人为了使保险经营稳定，必须保证保险资金的增值与保值，这就要求保险人对保险资金进行运用。保险资金的运用不仅有其必要性，而且也是可能的。一方面，由于保险保费收入与赔付支出之间存在时间差；另一方面，保险事故的发生不都是同时的，保险人收取的保险费不可能一次全部赔付出去，即保险人收取的保险费与赔付支出之间存在数量差。这些都为保险资金的融通提供了可能。保险资金融通要坚持合法性、流动性、安全性、效益性的原则。

2. 社会管理的功能

社会管理是指对整个社会及其各个环节进行调节和控制的过程。目的在于正常发挥各系统、各部门、各环节的功能，从而实现社会关系和谐、整个社会良性运行和有效管理。

①社会保障管理：保险中介机构作为社会保障体系的有效组成部分，在完善社会保障体系方面发挥着重要作用。一方面，保险中介机构通过为没有参与社会保险的人群提供保险保障，扩大社会保障的覆盖面；另一方面，保险通过灵活多样的产品，为社会提供多层次的保障服务。

②社会风险管理：保险公司具有风险管理的专业知识、大量的风险损失资料，为社会风险管理提供了有力的数据支持。同时，保险公司大力宣传培养投保人的风险防范意识，帮助投保人识别和控制风险，指导其加强风险管理、进行安全检查，督促投保人及时采取措施消除隐患，提取防灾资金，资助防灾设施的添置和灾害防治的研究。

③社会关系管理：通过保险中介机构应对灾害损失，不仅可以根据保险合同约定对损失进行合理补充，而且可以提高事故处理效率，减少当事人可能出现的事故纠纷。由于保险中介机构介入灾害处理的全过程，参与到社会关系的管理中，改变了社会主体的行为模式，为维护良好的社会关系创造了有利条件。

④社会信用管理：保险以最大诚信原则为其经营的基本原则之一，而保险产品实质上是一种以信用为基础的承诺，对保险双方当事人而言，信用至关重要。保险中介机构实际上就为社会信用体系的建立和管理提供了

大量重要的信息来源，实现社会信息资源的共享。

总之，保险中介机构的存在，其意义恰恰在于它为经济生活提供风险保障和经济补偿及资金融通平台，也即保险机构存在的原因主要是社会经济意义的，这是保险业与一般产业的区别所在。正是这一点决定保险业组织政策除了具有与其他产业相同的微观政策目标以外，还具有其他产业不具备的中观政策目标。

（二）保险发展与经济发展的关系

严格地说，保险发展理论所要研究的是一切有关保险发展与经济发展关系的理论。所谓保险发展，主要包括保险资产的增长、保险机构的发展及保险市场的发展；而所谓经济发展，则是指各种实际经济因素的发展，如物质财富的增加、生产技术的进步及经济制度的健全等。在保险发展与经济发展的关系分析上，研究的角度主要有三个：一是保险在经济发展中的地位与作用；二是经济对保险市场供求的影响；三是保险与经济的相互影响和关联。

1. 保险在经济发展中的地位和作用

在国外，迄今所见文献中对这一问题最为系统的论述，当属小哈罗德·斯凯博等（Harold D. Skipper, Jr）在《国际风险与保险：环境—管理分析》一书中的分析。小哈罗德·斯凯博认为[1]，在经济发展过程中，保险可提供7种主要服务，分别是：保险促进金融稳定，减轻焦虑；保险可以替代政府社会安全保障；保险推动贸易和商务；保险激活储蓄；保险促进风险的有效管理；保险鼓励减损；保险推进资本有效配置。

国内一些学者对这一问题也有阐述。如孙祁祥教授在《体制转轨时期的中国保险业》一书中写到[2]，保险业发展对国民经济的发展能起到积极的促进作用，主要表现在以下几个方面：促使资源得到最优配置，提高经济效益；为其他部门经济的发展提供大量资本；增加厂商的竞争力，扩大产品市场；促使科技转化为现实的生产力；促进国际贸易的发展；为经济发展创造稳定的社会环境；提供大量的就业机会。

2. 经济对保险市场供求的影响

对这一问题的研究主要体现在保险供求理论中。这方面，国内外都有许多论述。其中，小哈罗德·斯凯博等（Harold D. Skipper, Jr）在《国际风险与保险：环境—管理分析》一书中对西方的研究成果做了较为详尽的

---

① ［美］小哈罗德·斯凯博，等. 国际风险与保险：环境—管理分析［M］. 荆涛、高蒙、季燕梅等译，北京：机械工业出版社，1999.

② 孙祁祥，等. 体制转轨时期的中国保险业［M］. 北京：中国财政经济出版社，1999.

总结，具体如下。

第一，保险需求的性质与决定因素。（1）寿险需求。Yaari（1965）第一个用家庭消费和储蓄的生命周期模型模拟了寿险需求。Fischer（1973）、Campbell（1980）、Pissarides（1980）、Karnie 和 Zilcha（1985、1986）、Bernheim（1991）以及 Outreville（1990）所做的工作增进了对寿险的理解。他们所做的理论模型认定寿险是减少一个家庭未来现金流量不确定性的一种手段。几项研究考察了用于解释国内市场和国际市场上寿险需求的多种因素。Hakansson（1969）、Cummins（1973）、Diacon（1980）和 Damhoeri（1992）认为，一国收入水平一直是影响寿险投保水平最重要的因素。瑞士再保险公司（1993）发现总体（包括寿险和非寿险）的收入弹性是 1.35。Zelizer（1979）、Wasow（1986）以及 Browen 和 Kim（1993）认为，文化、宗教和人口的年龄结构可以对寿险需求产生强烈的影响。Beenstock、Dickinson 和 Khajuria（1986）以及 Kim（1988）发现，政府广泛提供保障计划会抑制寿险需求。Beenstock、Dickinson 和 Khajuria（1986）以及 Wasow（1986）认定，政治经济不稳定会影响和抑制保险需求。价格是保险供求的一个重要决定因素。瑞士再保险公司（1993）考察了美国团体寿险需求的价格弹性，得到的结果是 -0.7。Babbel（1985）对终身和定期寿险价格进行了小范围的考察，发现价格和需求之间存在预期的负相关关系。Boose 和 Karahan（1995）发现在定期寿险中存在价格和需求量的负相关关系，但在终生寿险中这种关系并不显著。不同的研究人员发现，各国存在的与寿险需求正相关的因素包括：城市化程度（Kim，1988）、工业化速度（Kim，1988）、扶（抚）养率（Hammond、Houston and Melander，1967；Burnett and Palmer，1994；Browne and Kim，1993）、教育水平（Turett，1990）、非垄断的市场（Outreville，1996）、一国人口出生时的预期寿命（Outreville，1996）；而通货膨胀侵蚀寿险价值，因此与寿险保险需求负相关（Babbel，1981；Outreville，1996）。寿险需求也因险种与投保人的性质和特点而有所不同，但对这个问题研究得很少。由于寿险投保人往往信息不灵，因此，所有的险种主要向在当地展业的公司投保，跨境保险的金额几乎可以忽略不计。（2）非寿险需求。相对于寿险来说，人们对非寿险需求的性质和特点的了解较少。研究一致发现，收入是解释国内非寿险消费水平最重要的因素。Grace 和 Skipper（1991）的研究结果表明，发展中国家和发达国家非寿险的收入弹性分别是 1.14 和 1.75，表明随着一国的经济发展，非寿险的相对重要性逐步提高。其他被视为影响非寿险消费的因素包括：一是教育水平，国民的教育水平或识字率越高，非寿险需求越大（Outreville，1990）；二是宗教，比如，伊斯兰教占主导的国家比其他国家投保的非寿险少（Grace and Skipper，1991）；三是公民自由，给予公民较大民事自由的国家对非寿险的需求比其他国家更多（Damhoeri，1992）；四是私有财产，民众私有财产较少的国家或财产权不完善的国家对财产保险的需求也较少（Skipper，1991）。当然，价格也是解释非寿险需求的一个重要因素，但衡量单位问题困扰了这方面的研究。瑞士再保险公司（1993）的一项研究报告探讨了不同国家不同险种的需求价格弹性问题，结果是价格对非寿险需求有重要影响。在考察非寿险投保的性质时，Skipper 等注意到，由于信息不完全和政府强制保险等原因，个人汽车、屋主以及其他个人性质的险种几乎全部倾向于向本国保险公司购买，这与典型的寿险消费相似。而一般的商业保险消费者由于比一般的个人险种消费者掌握更完全的信息，更善于保护自己的利益，因此，在投保时面向本土公司的程度往往较低，而且如果这些企业认为保险人提供的条件或价格不理想，他们还将考虑成立自保公司。大公司运用保险是一个有争议的问题，理论上股东持股的分散化使得股权高度分散的公司缺少投保的必要。即使如此，由于保险有助于企业降低税收和交易成本，也有助于减轻道德风险和逆向选择，因此，股份公司仍然会选择投保。

第二，保险供给的性质与决定因素。人们对保险供给的性质和决定因素了解得很少。在任何情况下，保险供给都无法进行直接的测算，因为保险产出无法进行精确的定义或衡量。不过，保险供给无论如何定义都与保险人的风险承担能力正相关，而风险承担能力反过来又取决于保险人资本和盈余承保能力（McCabe and Witt，1976）。这样，一国市场的承保能力是投资人愿意拿出来承担风险的总资本和资本承担风险的密度的某种函数。如果投资者不愿提供额外的资本或经理人员不愿让出一定的资本承担额外的风险，会产生所谓的承保能力危机（或困境）。非寿险领域每隔一段时间就会出现一次这样的危机，结果有些险种变得稀缺乃至绝迹——所谓的卖方市场。随着这种市场状况的深化，保险公司可以提价，利润上升，于是买方市场出现，而通常 5—8 年后又会出现一个卖方市场。

3. 保险与经济的相互影响和关联

关于这一问题，国内许多学者进行了探讨。刘茂山教授（1991）在《保险经济学》一书中[①]，从保险经济与国民经济四个环节之间的关系出发，系统论述了保险经济与国民经济的关系。孙祁祥教授（1996）在《论保险业与国民经济协调发展》一文中，从国民经济发展对保险业的决定作用及保险业对国民经济的促进作用两个方面探讨了保险业与经济的相互关系。中国保监会主席吴定富主编的《中国保险业发展改革报告（1979—

---

① 刘茂山. 中国保险发展需要重点协调的十大关系［J］. 上海保险，2004（10）.

2003）》，对经济全球化、经济增长、体制改革等经济环境变化给保险业造成的影响进行了分析。江生忠教授主编的《中国保险业发展报告（2003）》就开放时代世界经济一体化、区域经济合作、新技术及世界保险业发展走势、中国经济体制改革和经济发展状况等经济环境对保险业的影响进行了阐述。肖文教授（2001）的《中国保险费收入增长的模型分析》一文，以1980—1998年的数据为依据，建立了一个简单的计量模型，就保费收入与GDP增长之间存在的正相关关系及中国政府扩大保险市场开放度、降息对保险业发展的影响进行了分析。

综合以上分析，笔者认为保险发展与经济发展的密切关系是可以肯定的。因此，一个组织健全、机制完善的保险体系对一国的经济增长即使不能起推动作用，但至少是提供了稳定增长的保证。所以，保险产业组织政策目标，就不应仅仅局限于保险产业本身，而必须或主要兼顾保险产业对经济增长的影响。正是这一点，决定了保险业组织政策目标除了注重产业内有效竞争的微观政策目标以外，还必须或主要考虑保险产业对社会经济影响的中观政策目标。

（三）保险产业组织中观政策目标

保险产业组织的中观政策目标，强调保险产业组织提高保险资源的利用效率和对经济发展的推动作用，即什么样的保险产业组织结构更有利于经济社会的可持续发展。如果说保险产业组织微观政策目标强调的是保险产业组织内在效率的话，则保险产业组织中观政策目标更注重的是保险产业组织结构的外在效率。所以，保险产业组织的中观政策目标可以概括为：保险产业结构应有利于保费规模的增长，有利于保险资源的合理配置，有利于社会经济的可持续发展。

为了实现这一中观政策目标，保险产业组织结构除了应具备微观政策目标所要求的"有效竞争"和"组织的经济性"两个目标以外，还要具备保险产业组织结构的"完整性"和"稳健性"。也就是说实现保险产业组织中观政策目标的要求比实现微观政策目标的要求还要严格，约束条件更多，而这些增加的约束条件恰恰是由保险产业在国民经济中所承担特殊的任务和责任所决定的。

为了实现保险产业组织的完整性，一国的保险产业组织结构就应该是健全的，这种健全是指保险产业组织结构应适应和满足经济生活所有的有效要求，如应有一个健全的保险市场。

为了实现稳定性，一国的保险产业组织就应该是自律性和他律性兼备的市场。就自律性而言，要求保险企业有健全的内控机制和完善的管理和治理结构。就他律性而言，要求该国的保险监管措施、手段、体系是完备的。为了实现上述两点，该国应有健全的法律基础和会计基础、透明的可供监管的信息披露机制和法律规范。同理，为了国民经济的稳定增长和可持续发展，保险产业的市场进入和市场退出就不可能是无限制的，保险业特殊的进入和退出壁垒，特别是要求严格的进入壁垒和非常谨慎地退出壁垒，正是为了实现保险业运行的稳定和由此带来的国民经济运行的稳定。

三、风险保障与社会、国民经济总体的效应：保险产业组织宏观政策目标

一国政府稳定宏观经济的辅助手段主要是保险，在市场经济条件下，使用最多、效果更为灵活的风险转移手段主要是保险。保险在本质上主要是风险转移与分散。保险在宏观经济中的作用是保险的职能发挥对全社会和国民经济总体所产生的经济效应。

（一）保障社会再生产的正常进行

社会再生产过程由生产、分配、交换和消费四个环节组成，它们在时间上是连续的，在空间上是均衡的。也就是说，社会总产品的物质流系统和价值流系统在这四个环节中的运动在时间上是连续的，在空间上的分布是均衡的。但是，再生产过程的这种连续性和均衡性会因遭遇各种灾害事故而被迫中断和失衡，这种情况是不可避免的。比如，一家大型钢铁厂因巨灾损失而无力及时恢复生产，社会正常的价值流系统和物质流系统因该厂不能履行债务和供货合同而中断，其连锁反应还将影响社会再生产过程的均衡发展。保险经济补偿能及时和迅速地对这种中断和失衡发挥修补作用，从而保证社会再生产的连续性和稳定性。

（二）推动商品的流通和消费

商品必须通过流通过程的交换才能进入生产消费或生活消费，而在交换行为中难免存在交易双方的资信风险和产品质量风险的障碍，保险为克服这些障碍提供了便利。比如，出口信用保险为出口商提供了债权损失的经济补偿责任；履约保证保险为债权人提供了履约担保；产品质量保证保险不仅为消费者提供了产品质量问题上的经济补偿承诺，而且还为厂商的商品作了可信赖的广告。可见，保险在推动商品流通和消费方面的作用是不可低估的。

（三）推动科学技术向现实生产力转化

"科学技术是第一生产力。"在各种经济生活中，采用新技术比采用落

后技术显然具有更高的劳动生产率。当代的商品竞争越来越趋向于高新技术的竞争，在商品价值方面，技术附加值比重越来越大。但是，对于熟悉了原有技术工艺的经济主体来说，采用新技术就意味着新的风险。保险则可以对采用新技术风险提供保障，为企业开发新技术、新产品以及使用专利壮胆，促进先进技术的推广运用。

（四）有利于财政和货币收支平衡的顺利实现

财政收支计划和货币收支计划是国民经济宏观调控的两大资金调控计划。相对资金运动来说，物质资料的生产、流通与消费是第一性的，所以，财政和信贷所支配的资金运动的规模与结构首先决定于生产、流通和消费的规模与结构。毫无疑问，自然灾害和意外事故发生的每次破坏，都将或多或少地造成财政收入的减少和银行贷款归流的中断，同时还要增加财政支出和信贷支出，从而给国家宏观经济调控带来困难。在生产单位参加保险的前提下，财产损失得到保险补偿，恢复生产经营就有了资金保证，生产经营一旦恢复正常，就保证了财政收入的基本稳定，银行贷款也能得到及时的清偿或者重新获得物质保证。同时，受灾单位由于得到了保险赔偿，也就减轻甚至无须要求财政和银行的支持。可见，保险确实对财政和信贷收支的平衡发挥着保障性作用。此外，保险公司积蓄的巨额保险基金还是财政和信贷基金资源的重要补充。

（五）增加外汇收入，增强国际支付能力

保险在对外贸易和国际经济交往中，是必不可少的环节。按国际惯例，进出口贸易都必须办理保险。保险费与商品的成本价和运费一起构成进出口商品价格的三要素。一国出口商品时争取以到岸价格计价，即由己方去本国保险公司投保，就可以赚取保险外汇收入。相反，在进口商品时争取以离岸价格计价，即由己方负责保险，则可减少保险外汇支出。此外，当一国进入世界保险市场参与分出入再保险业务时，应保持保险外汇收支平衡，力争保险外汇顺差。保险外汇收入是一种无形贸易收入，对于增强国家的国际支付能力起着积极的作用，历来为世界各国所重视。

第三节　保险产业组织政策的内容

从保险产业组织政策的内容和政策手段来看，保险产业组织政策与金融产业组织政策的内容与政策手段相似，金融产业组织政策包括反垄断政策、合并与兼并政策、中小金融企业政策、公正竞争政策等。实际上金融产业的特殊性，使金融产业组织政策的内容远比其他产业的政策内容要丰富和复杂。金融产业是所有产业中政府干预最为强烈，产业政策最为特殊的行业。

一、垄断与效率的理论分析

垄断也称"独占"，是指对市场的控制以及对竞争过程的阻滞。人们认为，在市场组织资源配置的环境中成长起来的垄断势力，会削弱市场价格机制发挥作用。垄断企业提高和改变市场价格，会影响资源的配置方向，也会对资源的配置效率产生影响。

一般来讲，垄断企业所在的市场具有限制资源流动的障碍，而且，垄断企业的产品往往与其他企业的产品之间有较大的差异，没有可以密切替代的其他产品。这两个条件保证使垄断企业可以在一定的价格范围内作为唯一的供给者存在。因此，垄断企业所面临的需求曲线是向右下方倾斜的需求曲线。

模型分析表明，垄断市场的价格高于竞争性市场的价格，产出低于竞争性市场的产出，社会需求不能得到最大限度的满足。按照帕累托最优的标准分析，如果有的需求不能得到满足，就存在供给过剩的方面，资源的配置效率就没有达到最大化，也就是说存在资源配置的低效率。

除了资源配置的损失以外，垄断还会导致资源利用的低效率。

经济学分析垄断或竞争的市场效率时，假设企业是根据生产函数和成本函数确定产量。生产函数是在一定技术条件下，一组投入与最大产出之间的函数关系。成本函数是产量与成本之间的函数关系。依据生产函数，企业投入一组确定的要素，就可以得到最大产出。依据成本函数，企业的产量一经确定，成本水平也就确定了。但是有些经济学家发现：有的企业规模非常大，但是，成本水平并不是按照理论成本函数实现了最低生产成本；也有的企业只要将内部组织进行一些调整，企业的产量就会增加。这些现象表明，企业中存在某种导致低效率的因素，在没有弄清是什么性质的低效率时，姑且称为"X 非效率"。

莱宾斯坦（Leibinstan）率先提出了"X 非效率"的概念，他经过调查指出，现实中企业没有达到利润极大化。许多企业的生产率和成本水平都没有达到应当达到的水平，企业没有按照边际分析的方法经营；企业内部存在低效率，只要将内部组织作简单的变动，就能增加它们的产量；存在着劳动和资本以外的某种东西影响着增长率。

"X 非效率"理论认为，生产活动不只是可以定量描述的一种技术决定关系，而是在一定程度上与集体的努力行为，与激励和压力有直接的关系。

罗杰·弗朗茨（Roger Frants）指出：竞争对企业成员会产生更大的压力。这个效应是通过市场或价格机制产生的。在竞争性市场上，如果一家企业降低价格，那么所有的企业就必须跟着降低价格，不然就会被淘汰。企业必须尽可能降低成本以维持生存，它不但要利用所有的规模经济，而且还要能在长期平均成本函数（曲线）上进行生产。竞争减少了包括专断的、草率的、官僚主义的、傲慢的和不作为行为的机会。但是在垄断的条件下，由于企业可以通过制定较高的价格获得超额利润，所以成本增加不会威胁到垄断企业的生存。垄断企业的管理者之所以会允许平均成本水平上升，是因为降低成本要付出代价。因此，抑制企业规模过大导致的效率低下和对竞争的阻碍成为产业组织政策的重要内容之一。

二、抑制保险垄断的政策

各个国家反垄断措施可以分为控制保险市场组织结构和控制保险市场行为两方面。

（一）控制保险市场组织结构的垄断因素

主要是降低过高的金融市场集中度或抑制集中度上升；降低进入壁垒或制止其上升；在产品差别化特别显著时，采取降低措施等。

（二）控制保险市场行为

例如，禁止限制交易的契约、结合与合谋；禁止垄断或企图垄断的结合与合谋；禁止对不同销售对象实行差别价格、签订搭配合同和排他性的交易协定；禁止采取不公正的竞争方法、不公平的甚至欺骗性的行为。从更广的范围上说，反垄断措施还包括制定行之有效的反垄断法，采取事后处理和预警性的事前处理等。依据我国的现实情况，也需要制定保险业反垄断措施，采取各种办法解决保险业中存在的国有集中垄断的现象。

三、合并与兼并政策

产业组织在实现促进有效竞争的目标时，要重视过度竞争导致的削弱企业国际竞争力和影响规模经济利用问题，重视实现企业组织的效率。

保险企业规模结构是影响技术进步与金融创新的重要因素。较大规模的企业有能力承担资金需求量大、周期长的研究开发项目，较强的技术创新能力又可以使企业保持在产业中的先进地位，获得更大的盈利，加快资本积累速度。在世界市场上，规模优势除了可以为保险企业带来规模经济和科研开发规模经济的成本优势以外，还可以带来市场地位优势。大保险企业对市场价格有较强的支配力，能够在一定程度上保持价格的独立性，从而保证保险业的后续发展。

实行市场经济的国家都公认竞争机制对保险资源有效配置的作用以及对推动经济增长的作用。当保险企业的竞争关系主要在国内市场展开时，国内市场集中度是政府反垄断机构的关注对象，经济发达国家的政府一般都对导致高度垄断的金融企业合并有所限制，力求保持有活力的保险市场环境。但是，当保险的竞争扩展到世界市场的范围时，尤其当保险企业的竞争对手主要是国外企业时，保险企业的经济利益就等同于国家竞争利益。在不断扩大的世界市场上，竞争主要围绕少数强者展开。世界级的竞争需要世界级的企业。竞争层次的提升和竞争范围的扩大，要求国家的保险产业组织政策，从注重市场竞争的外部经济性转向兼顾国内市场竞争环境和国际竞争能力，转向支持保险企业选择最经济、最具有竞争力的组织形式，助推本国保险企业大规模进入国际金融市场。

具体的合并与兼并政策包括：组织重点企业合并与兼并，放松对合并与兼并的限制等。中国加入世界贸易组织以后，随着保险市场的逐步开放，面对的竞争局面将是严酷的。我国保险业在并购政策上与发达国家相差了一个时代，发达国家是在竞争中走向并购的，而我国保险企业的竞争问题尚未解决，在这种情况下，盲目制定新的并购政策，显然是不合时宜的。

四、中小保险机构政策

中小保险机构政策是指影响中小保险机构发展的一系列方针、措施和规定。中小保险机构政策分为限制政策和支持政策两大部分。由于中小保险企业机构与大保险企业相比，在保险发展中处于相对不利的地位，所以，中小保险企业机构政策的重点是制定和扶持中小保险企业发展的方针措施。

（一）制定中小保险机构政策的依据

制定中小保险企业政策是为了实现保险产业组织合理化，形成大保险企业与中小保险企业之间既有分工又有协作的企业规模结构，使保险资源得到有效利用，其具体依据是：

1. 中小保险机构的不可替代性

首先，中小保险机构所需资本金小，经营灵活，更容易适应顾客保险消费的变化。其次，中小保险机构主要面对的是城乡广大居民群众，主要是为中低收入的家庭提供保险产品，为中小企业提供多样化服务，因此与最广大的社会群体息息相关。特别是在中国农村，居民是中国人口的绝大多数，他们的保险消费主要靠广大的中小保险机构来实现的，中小保险机构经营和管理的现状直接影响着中国最大多数人民的利益。最后，中小保险机构主要是向保险产品需求者供应保险产品，中国的中小企业在国民经济中的意义和作用十分巨大，可以说没有中国的中小企业就没有中国今天的改革成就。因此，办好中小保险机构是中国经济改革的需要，也是中国经济可持续发展的需要。

2. 中小保险企业的不利地位

中小保险企业与大保险企业相比处于不利地位，是由它在人力、物力、财力以及由此决定的信息获取与使用能力等方面的不同造成的。中小保险企业人、财、物等方面的能力相对较弱，由此造成的社会环境对中小保险企业也不利，如融入资金困难和资产不稳定等。如果不对中小企业采取恰当的保护性政策措施，中小保险企业的发展将十分艰难。当然，由于中小保险企业的不可替代性，即使没有政策扶持，最终也会有一批中小保险企业在社会中生存下来并发挥作用，但这样一种自然发展的过程，往往伴随着激烈的竞争而造成资源浪费甚至会引起一系列社会问题。为此，需要针对其存在的困难采取一定的扶持性措施，帮助其增强实力。例如，帮助培养人才、提供信息，在中小保险企业与大保险企业的竞争中，采取限制大保险企业的市场支配能力的政策和提高中小保险企业对抗能力的组织政策等。

3. 保持保险产业组织内部的竞争活力

在保险产业内部，保持一定数量中小保险企业的健康发展，使大、中、小保险企业并存，有利于增强产业组织内部的竞争活力。问题在于中小保险企业在同大保险企业的竞争中，由于自身条件的限制，一般总是处于不利地位。在这种情况下，仅仅引进竞争原理而不改善中小保险企业活力的劣势，不可能形成一个有效的竞争环境。因此，中小保险企业政策除了鼓励中小保险企业努力改善自身的经济劣势，从而具有与大保险企业竞争的能力外，还应积极利用政府的力量，为中小保险企业提供各种援助，给予中小保险企业在市场上得不到的经济条件，利用中小企业的特点，寻求和保护中小保险企业利于生存的空间，并帮助中小保险企业创造一个与大保险企业在平等基础上进行竞争的环境，从而通过中小保险企业的发展，使保险产业组织内部保持竞争的活力。

（二）中小保险机构政策的内容

支持中小保险企业政策的内容包括：（1）劳动政策。中小保险机构的员工一般都素质较差、业务水平较低。因此，保险管理当局可采取措施，专门组织中小保险机构的员工进行业务培训，学习和熟悉现代保险企业的管理办法，学习不断出现的各类衍生保险产品，以便增强使用和管理保险产品及其风险的能力。(2) 税收政策。通过减轻中小保险企业法人纳税负担，使中小保险企业在竞争中保持可持续发展的能力。(3) 信息政策。保险企业从本质上说是经营信息产品的行业，中小保险机构在市场上获取信息的能力和途径都无法与大保险机构相比，因此国家应专门制定有利于中小保险企业的信息优惠政策。(4) 货币政策。对中小保险机构的准备金政策、利率政策、业务范围政策等都可以根据国家宏观保险产业政策进行调整。

五、公正竞争政策

公正竞争政策包括排除过度竞争政策和制止不公正竞争政策。

（一）排除过度竞争政策

保险业对国民经济和国家的宏观调控影响巨大，过度竞争可能使保险企业的风险增加，因此，世界各国在制定保险产业政策时，都非常注意保险企业的竞争状况，这表现在市场进入的限制、业务范围的限制、产品价格的限制、机构设置的限制等方方面面。

（二）制止不公正竞争政策

所谓不公正竞争，也称不公平竞争，指那些欺骗性的、不正当的或有害的竞争方法，这既包括垄断性交易行为，如价格合谋、搭配销售、约束买主、价格区别对待等，也包括一般的欺骗行为，如广告欺骗等。在市场经济条件下，只要存在市场，便有产生不公正竞争行为的可能，不公正竞争行为的出现，意味着公正竞争受到阻碍，商业道德和社会需要受到损害，从而直接损害保险市场机制和保险市场运行效率，在一定程度上导致保险市场失灵。所以，制止不公正竞争是维护和促进有效竞争的一个重要的政策措施。

第四节　保险产业组织政策的实施

保险产业组织政策主要是通过一系列政策措施完成的，包括法律措施、经济措施、政府管制等，具体产业政策主要表现为法律措施和政府管制。

一、国外保险产业组织政策的实施

法律措施指以法律手段影响保险市场行为和保险市场结构，从而影响保险产业组织的变化。如美国政府 1890 年通过的全国性的反托拉斯法——《谢尔曼法》，以及后来的各种修改法和豁免法。这些法令在一定程度上，在各个不同时期影响着美国金融和保险产业的市场结构。如 1981 年里根政府的"经济复兴计划"中，包括了放宽对反托拉斯法限制的法律措施，从而导致 20 世纪 80 年代美国兴起了新的企业兼并高潮。

许多国家都有明确的反垄断法。为了避免受到反垄断法限制而影响对规模经济的利用，可以通过一些例外原则，通过其他监管制度的执行来推行必要的政策措施。

（一）日本保险市场监管制度

日本保险市场的政府监管行政机构，因日本保险组织和经营形式的不同而各异，涉及有关行政机构较多。私营保险属于大藏省管理，简易人身保险和邮政保险属于邮政省的管理范围，农业保险由农林省管辖，出口信用保险等属于通产省管理，社会保险则由厚生省和劳动省共同管理。总之，日本保险市场的行政管理机构比较多，这是日本保险市场监管的主要特点。

政府对私人或者民营保险机构实行许可制，私人保险或者民营保险的最高行政管理机关是大藏省，大藏省对私人保险或者民营保险的监管相当严格，对保险业的发展及其经营形式都有严格的限制，如保险公司的设立、保险条款的制定和修改等都必须取得大藏大臣的批准。而日本的私人保险机构的形式主要是股份制保险公司和相互保险公司，前者被称为"营利法人"，后者被称为"中间法人"。在日本保险市场上还存在"公益法人"，这就是民间保险团体协会等，如"保险法律精算会"。除私人或者民营保险机构外，其他保险组织由其他政府部门管理。

日本的"公益法人"也参与保险市场监管，这些机构或者团体主要有保险审议会、日本损害保险协会、日本生命保险协会、损害保险费率算定会、汽车保险费率算定会、日本保险协会等。它们从不同的角度，在不同的保险市场领域内，不同程度地协助政府管理保险市场。

日本保险市场管理的基本指导思想是三条行动原则：一是公正与公平原则；二是信用与诚实原则；三是社会协调原则（指与国际社会、国民经济、地方社会以及市场等协调行动）。强调保险企业经营的最大稳定与持续，以"权利与义务均等"和"收支相等"为基本的经营理念，这是日本保险市场监管又一特色。

（二）美国保险市场监管制度

在联邦制下，美国保险市场的政府监管分属于各个州。各州的政府管理机关是保险局。各州都具有立法权，因此，各州都根据自己的实际情况，制定了有关政府管理的行政法规。这些法规对保险公司的创立、注册、准备金、业务范围、保险内容、投资等都有严格的规定。任何保险公司要在州内从事保险业务，都必须取得该州的营业许可证，而且，不能以该许可证进行跨州业务活动，只能在所注册的州内经营。如果要跨州经营，则必须取得跨州业务许可证。具有跨州业务许可证的保险公司，如果没有在所跨州设立分支机构，则必须通过当地的保险代理人进行业务拓展。对于没有跨州业务许可证的保险公司，可以通过当地的保险公司代售保险单。

各州保险局对保险公司的监管内容比较广泛，对于从事直接业务的保险公司，都规定有保证金制度，即必须按照保费收入的一定比例向所在州的保险局交纳保证金，这个比例一般为各种保险费总和的0.5%—2.8%。政府期望以此来保证保单持有人的利益。自20世纪80年代以来，美国保险公司直接业务亏空较大，赔付率高达100%，不时出现保险公司破产，因而各州提高了保证金的数额，尽管美国保险公司的赔付率居高不下，但是，美国保险市场仍然有较大发展，其基本的原因是保险公司的投资业务弥补了承保亏损。政府对保险公司的投资业务进行了比较严格的管理，规定了可以投资的对象和领域。对保险市场活动的管理是各种政府监管的重要内容，包括市场费率、市场展业行为等。例如，美国所有的州都制定了费率法规。而且，美国对保险市场活动管理特别细，如为保护投保人的利益，州政府要求保险公司的保险单必须通俗易懂，易于投保人了解，并定期出版有关保险刊物向投保人介绍险种等。州政府有权制止保险公司的不正当市场行为并予以各种经济、行政处罚，直至收回营业执照。

协助政府管理保险市场的组织，主要有：（1）美国保险协会（AIA），该协会的主要任务是维护成员公司在经济、法律和宣传上的利益，并负责协调保险会计手续、统一保险法律等。（2）美国国际保险团体（AIG），它是保险业的协调机构，该机构总部在纽约，于1969年设立，其联系了许多美国人身保险公司和财产保险公司以及与保险有关的其他企业，并在130多个国家和地区设有办事机构。（3）美国保险代理人协会（NAIA），其是美国保险代理人的团体组织，负责相互交流法律和展业知识。该协会是财产保险代理人的专业协会。（4）美国寿险业务员协会（NALU），其是寿险业务员的联谊团体，其基本任务是对寿险业务员进行教育训练和谋求提高福利待遇等。

（三）英国保险市场监管制度

英国保险市场监管制度是以"公开性自由"为原则的监管制度。市场管理体制是议会立法、金融服务监管局全面监督管理和保险同业公会自我管理相结合的管理体制。政府主要监管保险人的偿付能力，即只要保险公司能够达到法定偿付能力水平，就可以在保险市场上自由竞争。保险费率、保险单的内容、文字以及公司的所有权等，政府一般不加以问津。但是，英国保险公司法（1982）曾一度强化政府对保险公司的监管力度，该法赋予了贸工部广泛的权力，增加了政府对保险公司的监管内容，但是，对保险公司的日常监督的重点仍然放在偿付能力方面，并设立了保证基金制度，保险公司必须提留保证基金至法定偿付能力水平，对欧盟以外的保险公司在英国开设分公司则必须缴存一定数额的保证金。

英国的行业自律是保险市场管理不可忽视的重要力量，有的行业性组织还具有特殊的地位，如劳合社会员在英国开展业务，则无须向政府申请就可以直接开展保险业务。由此可见，英国的保险行业团体组织在保险市场管理中的重要地位。英国的保险行业协会众多，其中行业自律组织包括劳合社理事会、英国经纪人委员会、保险仲裁人协会（Insurance Ombudsman Bureau）等。

二、中国保险产业组织政策分析

（一）关于市场准入的法律问题

新金融机构进入市场会带来竞争，提高金融业效率，但也会增大金融风险。在市场需求没有很大增长的情况下，新机构的过量设立亦会导致行业的平均利润水平降低，从而使抗风险能力减弱。如果让不符合进入市场条件的机构进入市场，则会在金融体系中埋下严重的风险隐患。因此，对金融机构市场准入的控制是有效金融监管的首要环节。我国有关法律法规对市场准入有较为原则性的规定，如《中华人民共和国保险法》第三章"保险公司"中的规定，从法律上规定市场准入的条件是为了在金融机构市场环节上对整个金融体系实施有效的控制，保证银行、保险、证券、信托及其他金融机构的数量、结构、规模和分布符合国家经济金融发展规划和市场需要，并与当局的监管能力相适应。

目前，中国市场准入方面突出的问题是：（1）非法设立保险机构和非法从事保险活动的问题还相当严重。社会乱办保险，严重冲击了正常的保险市场秩序。一些地方和部门置国家法律于不顾，越权审批和擅自乱设保险机构、直接从事或变相从事保险活动，如人身保险、财险、再保险等业务，几乎遍布全国各地。这类组织实际上已办成了保险机构。从法律角度而言，一些地方和部门在防范保险风险的第一道防线——市场准入上就留下了很大的隐患。（2）非国有保险机构的市场准入控制过严，特别是民营保险公司的设立，国家始终没有放松的意向，这对中国形成产权合理的保险市场组织结构产生了深远的负面影响。

（二）关于市场退出的法律问题

从法律角度而言，加强金融监管本身不能也不应绝对保证不出现金融机构的倒闭。《中华人民共和国中国人民银行法》《中华人民共和国商业银行法》《中华人民共和国保险法》《中华人民共和国证券法》等对金融保险类机构的市场退出监管方面做出了原则性的规定。如《中华人民共和国保险法》（2015 修订版）第八十九条中规定了保险公司因分立、合并需要解散，或者股东会、股东大会决议解散，或者公司章程规定的解散事由出现，经国务院保险监督管理机构批准后解散。经营有人寿保险业务的保险公司，除因分立、合并或者被依法撤销外，不得解散，保险公司解散，应当依法成立清算组进行清算。第九十条中规定了保险公司有《中华人民共和国企业破产法》第二条规定情形的，经国务院保险监督管理机构同意，保险公司或者其债权人可以依法向人民法院申请重整、和解或者破产清算；国务院保险监督管理机构也可以依法向人民法院申请对该保险公司进行重整或者破产清算。

当前，我国地方性保险机构的风险问题十分突出。相当一部分城市地方性保险机构，严重违规经营，内部失控，资不抵债，甚至出现挤提存款，濒临倒闭。这些问题如果不及时解决或处理不当，很容易造成连锁反应，引发地区性金融危机和社会震荡。对严重资不抵债、不能支付到期债务，已经或即将引发群众挤提的，要坚决依法关闭或破产，即采取市场退出的措施。

保险机构市场退出的问题关键在于保险机构市场退出后的债权债务的处理，我国现有立法在这方面的规定是很薄弱的。建议尽快抓紧保险市场退出制度立法。要借鉴国际通行做法，结合我国实际，处理好保险机构市场退出后的债权债务问题，注意保持社会稳定。

（三）中国保险产业组织政策的改革方向

中国保险产业组织结构的基本问题是国有垄断，这从两方面影响了中国保险市场的运行效率，一方面是垄断造成的低效率，另一方面是国有性质带来的低效率。前者属于产业组织政策的范畴，后者属于体制改革的范畴，但这两者的解决思路却是可以统一考虑的。实际上垄断是我国保险企业产权改革停滞不前的重要原因之一。垄断使中国的金融风险高度集中于大保险公司，风险的高度集中使产权改革失去了缓冲的空间，保险机构达到了改革决策者无法下决心实施改革方案的地步。因此，解决了垄断问题，实际上就会为产权改革奠定分散风险的基础。从这个意义上讲，中国保险业的国有垄断问题和产权问题，实际上是一个问题的两个方面，解决了垄断问题，产权问题也就有了解决的环境，产权问题是建立在垄断基础上的，解决产权问题必须首先解决垄断问题。关于中国的保险产业政策，前面已详细述及，这里概括如下：

迅速放松民营保险机构的市场进入限制，为市场营造更多的竞争主体。

迅速建立存款保险机构，为保险企业的退出，也为不同所有制性质的保险公司参与市场竞争营造公平的环境。

对国有保险公司实行分拆和股份化改造方案，改造后的保险公司以民营控股为重。

对保险公司不再实施旧有体制复制式的并购，如有并购，也应推行股份化、民营化并购。

第五节　中国保险产业组织政策与保险监管

一、对保险公司偿付能力的监管

2008 年 7 月 11 日，中国保监会颁布了《保险公司偿付能力监管规定》。此规定在多个环节做出修改和完善，有助于提高行业预防、发现和处置风险的能力，有利于降低风险的积聚和传递，增强保险市场稳定性；有利于提高保险市场甄别优劣公司的能力，进而提高全行业经营效率，有助于促进保险市场公平、有序竞争；有利于推动保险市场对外开放，为我国保险企业参与国际市场竞争和保险市场与国际金融市场对接创造有利条件。

在偿付能力监管上，此次出台的新规首次引入了资本充足率概念，并改变了以往的分类标准，根据偿付能力状况将保险公司划分为不足类公司、充足 I 类公司和充足 II 类公司，其中不足类公司偿付能力充足率低于100%，充足 I 类公司偿付能力充足率为 100%—150%，充足 II 类公司偿付能力充足率高于 150%，对这三类公司将分别采取不同的监管措施。对偿付能力充足率低于 100% 的公司规定了统一的九类监管措施，不再将偿付能力不足公司按照原来 30% 和 70% 两个临界点分为三类并分别规定不同的监管措施。并且新规不再设置监管指标，不再规范最低资本和实际资本的具体计算规则，只对最低资本、实际资本的定义和确定依据做出原则规定，具体评估方法将由偿付能力报告编报规则进行规范。

二、对保险公司次级定期债务的监管

2011 年 10 月 6 日，中国保监会下发了《保险公司次级定期债务管理办法》。此办法对保险公司次级债务的申请、募集、管理、偿还、信息披露以及保监会的监督管理细节进行了详细的规定，对公司次级债务的管理起到了积极的促进作用。

此办法规定：保险公司募集次级债所获取的资金，可以计入附属资本，但不得用于弥补保险公司日常经营损失，计入附属资本的次级债金额不得超过净资产的 50%。对于募集次级债的申请，此办法规定：保险公司偿付能力充足率低于 150% 或者预计未来两年内偿付能力充足率低于 150% 的，可以申请募集次级债。保险公司申请募集次级债应当符合以下条件：①开业时间超过三年；②经审计的上年度末资产不低于人民币 5 亿元；③募集后，累计偿付的次级债本息额不超过上年度末经审计的净资产的 50%；④具备偿债能力；⑤具有良好的公司治理结构；⑥内部控制制度健全且能得到严格遵循；⑦资产未被具有实际控制权的自然人、法人或者其他组织及其关联方占用；⑧最近两年内未受到重大行政处罚。对于次级债务的募集，此办法规定：募集人应当在中国保监会批准次级债募集之日起六个月内完成次级债募集工作，募集工作可以分期完成。对于次级债的管理和偿还，此办法规定：募集人应当对次级债募集的资金实施专户管理，严格按照可行性研究报告中募集资金的用途和次级债管理方案使用募集资金。对于次级债募集的信息披露，此办法规定：次级债招募说明书中应包括的内容：①次级债募集的规模、期限、利率；②募集方式和募集对象；③募集资金的用途；④本息偿付的法定条件、时间、程序、方式；⑤次级债的转让和赎回；⑥募集人和次级债债权人的违约责任；⑦中介机构及其责任。对于次级债的监督和管理，此办法规定：募集人应当在每年 4 月 30 日之前向中国保监会提交次级债专题报告，内容包括已募集但尚未偿付的次级债的如下信息：①金额、期限、利率；②登记和托管情况；③募集资金的运用情况；④本息支付情况；⑤影响本息偿付的重大投资、关联交易等事项。

三、对人身保险公司保险条款和保险费率的监管

2011 年 12 月 30 日，中国保监会下发了《人身保险公司保险条款和保

险费率管理办法》。此办法对人身险条款和费率的设计与分类、审批与备案、变更与停止使用、总精算师和法律责任人的责任做出了较为详细的规定，以促使保险公司公平、合理拟定保险条款和保险费率，维护投保人、被保险人和受益人的合法权益。

对于设计与分类，此办法明确规定人身保险分为人寿保险、年金保险、健康保险、意外伤害保险，并对各项险种进行了详细的解释和条款设计规定。

对于审批与备案，此办法不仅规定了审批的流程和完成时间，还对保险公司应上报的审批表做出了制式的规定，方便了公司的材料整理，也有利于中国保监会对保险业进行有效监管。

对于变更与停止使用，此办法明确规定了保险公司需要提交的各项材料，对所涉及的保险条款和费率进行严格审查，并对保险公司后续服务内容进行监督。

对于总精算师和法律责任人，本办法明确规定了总精算师和法律责任人应承担的各项责任，对法律责任人任职和离职审核的各项材料也做出了明确规定，加强了对保险公司高级任职人员的监管。

四、对保险销售从业人员的监管

2013年1月6日，中国保监会下发了《保险销售从业人员监督管理办法》（以下简称《办法》），对保险销售人员的从业资格、执业管理、法律责任以及保险公司的管理责任做出了明确的规定，较之前的管理办法，此办法对保险销售从业人员的要求有所提升。

（一）学历要求从初中提高到大专

此《办法》规定，凡从事保险销售的人员，应通过中国保监会组织的保险销售从业人员资格考试取得《保险销售从业人员资格证书》。有资格报名参加资格考试的人员，应当具备大专以上学历和完全民事行为能力。

对比2006年中国保监会发布的《保险营销员管理规定》发现，该规定仅要求报名参加资格考试的人员应当具有初中以上文化程度。而目前全国保险销售人员有300多万人，其中学历低于大专水平的不在少数。

中国保监会相关人士表示，将保险销售从业人员的学历要求提高到大专，既是回应社会关于提升保险从业人员素质的呼声，也符合目前保险营销人员中高中及以上学历人员占比近90%的决策判断。

（二）"红线"范围从 3 类扩大到 7 类

《办法》规定，中国保监会不予受理报名申请的情形包括以下 7 大类：①隐瞒有关情况或者提供虚假材料的；②隐瞒有关情况或者提供虚假材料，被宣布考试成绩无效未逾 1 年的；③违反考试纪律情节严重，被宣布考试成绩无效未逾 3 年的；④以欺骗、贿赂等不正当手段取得资格证书，被依法撤销资格证书未逾 3 年的；⑤被金融监管机构宣布禁止在一定期限内进入行业，禁入期限未届满的；⑥因犯罪被判处刑罚，刑罚执行完毕未逾 5 年的；⑦法律、行政法规和中国保监会规定的其他情形。

对比 2006 年发布的《保险营销员管理规定》发现，当时规定不予颁发《保险销售从业人员资格证书》的情形仅为以下 3 类：①因故意犯罪被判处刑罚，执行期满未逾 5 年的；②因欺诈等不诚信行为受行政处罚未逾 3 年的；③被金融监管机构宣布在一定期限内为行业禁入者，禁入期限仍未届满的。

（三）违规处罚从 1 万元提高到 3 万元

《办法》规定，大部分保险销售从业人员违规行为罚款最高限额提高至 3 万元。其中，未取得资格证书和执业证书的人员从事保险销售的，由中国保监会责令改正，依据法律、行政法规对该人员及相关保险公司、保险代理机构给予处罚；法律、行政法规未做规定的，由中国保监会对相关保险公司、保险代理机构给予警告，并处违法所得 1 倍以上 3 倍以下的罚款，但最高不超过 3 万元，没有违法所得的，处 1 万元以下的罚款，对该人员给予警告，并处 1 万元以下的罚款。

而在 2006 年发布的《保险营销员管理规定》中，针对保险销售从业人员违规行为的罚款限额最高为 1 万元。

从总体上看，《办法》之所以提高保险销售人员入行门槛，有很大一部分原因是为了避免、杜绝销售乱象和理赔纠纷。不过要根治这些市场乱象，除加强监管、提高门槛外，还应加强用工体制、薪资管理制度的改革。同时，还可以对目前的营销模式进行改革，借鉴其他国家的经验，实行独立代销制。此外，消费者也要树立正确的消费观念。

五、对保险经纪从业人员、保险公估从业人员的监管

2013 年 1 月 6 日，中国保监会下发了《保险经济从业人员、保险公估从业人员监管办法》（以下简称《办法》），对经纪从业人员和公估从业人员的任职资格、执业管理、禁止行为以及法律责任做出了明确规定，加强

了对保险经纪机构从业人员、保险公估机构从业人员的管理，保护了投保人、被保险人和受益人的合法权益。

《办法》规定，保险经纪从业人员、保险公估从业人员应当符合保监会规定的资格条件，通过保监会组织的资格考试并取得资格证书。此外，这些人员在执业前还需取得所在保险经纪机构、保险公估机构发放的执业证书。

《办法》中明确规定，报名参加资格考试的人员，应当具备大专以上学历和完全民事行为能力。有下列情形之一的，不予受理报名申请：一是隐瞒有关情况或者提供虚假材料的；二是隐瞒有关情况或者提供虚假材料，被宣布考试成绩无效未逾 1 年的；三是违反考试纪律情节严重，被宣布考试成绩无效未逾 3 年的；四是以欺骗、贿赂等不正当手段取得资格证书，被依法撤销资格证书未逾 3 年的；五是被金融监管机构宣布禁止在一定期限内进入行业，禁入期限未届满的；六是因犯罪被判处刑罚，刑罚执行完毕未逾 5 年的；七是法律、行政法规和保监会规定的其他情形。

在执业管理方面，《办法》规定保险经纪机构、保险公估机构应当对从业人员进行培训，使其具备基本的执业素质和职业操守。培训内容至少应当包括业务知识、法律知识及职业道德。此外，《办法》严禁从业人员以捏造、散布虚假信息等方式损害其他机构或个人的商业信誉，并规定从业人员不得以虚假广告、虚假宣传或者其他不正当竞争行为扰乱保险市场秩序。

我国保险产业正处于快速发展时期，在此阶段出现问题也在所难免，但随着相关政策的制定和监管的加强，保险产业会逐渐走向正轨，充分发挥其经济补偿和社会管理的功能，为中国经济发展保驾护航。

六、保险产业监管的目标

保险产业监管的目标，是指在一定的时期内对保险产业的管理所要达到的要求或者结果。政府对保险产业的监管目标有：

（一）维护保险产业的效率

产业效率取决于产业的竞争状况。无序的竞争，必然损伤产业对保险资源的有效配置，引起产业失灵。例如，过度的费率竞争，必然殃及保险人的稳健经营。而产业本身不可能完全阻止产业的过度竞争。保险经营的特殊性决定了保险产业必须以一定的方式和方法来矫正产业失灵，以保证产业的有效运行。因此，对保险产业监管的首要目标是维持保险产业有效、高效运行，使保险产业主体的产业行为规范进行，保证产业竞争有序。鉴于此，世界各国对保险产业都进行了较为严厉的监管，即使在历史上一直以放任产业发挥作用著称的西方保险强国，现在也放弃了产业绝对自由的政策主张。从世界范围来看，为了保证保险产业的产业效率，各国都制定了有关产业竞争规则的法律和法规。

（二）防止保险产业发生剧烈震荡

保险产业由保险人、保险中介人和投保人等构成。因此，影响保险产业竞争的因素多而复杂，剧烈的竞争可能导致非正常的产业行为，对保险产业的冲击可能引起保险产业发生剧烈的震荡。而对保险产业监管的目标之一就是要维护保险产业的稳定，在稳定中求发展，例如，防止保险公司的频频倒闭给保险产业造成震荡等。因此，世界各国都把保险供给方的偿付能力纳入监管的范围。

（三）最大限度地发挥保险产业的社会经济效益

保险产业的有效性直接关系到社会经济秩序。对保险产业的监管目标就是要最大限度地发挥保险产业的社会经济效益。通过对保险产业的有效监管，提高保险资源的有效配置，并据此来维护社会经济秩序的稳定。在保险业中，适度的规模经营可以减少资金占用，扩大保险公司的承保面，从而提高保险公司的经营积极性，从而使保险资源得到充分的运用。另外，对于社会危害大的风险，可以通过严格的监管来实现社会效益的最大化。如汽车第三者责任保险，由于其风险性，决定了必须纳入政府严厉管理的范畴，采取强制干预的方式或者直接介入的方式，干预产业活动。

（四）维护产业公平竞争

有限度的产业竞争有利于保险产业的高效运行。公平竞争是产业有效率运行的前提条件，因此，对保险产业的监管目标之一就是要维护保险产业的公平竞争，为产业主体营造一个公平的产业环境。而公平竞争主要体现为保险公司的税收负担的公平性以及产业费率的公平性和稳定性。正因为如此，世界各国对不同性质的保险公司都采取了统一的税收政策，同时，对外资保险公司一般采取国民待遇。

第十章　中国保险产业演进：数字经济时代的保险产业演化

伴随数据成为一种新的生产要素（2019年10月，中共十九届四中全会首次提出），一场数字化革命创生了数字经济时代（Digital Economy）。数据的非竞争性、正外部性和数据复制的零边际成本等特征从一开始就注明了数字经济的特质，数字经济的发展实践也一再证明了它的特殊意义。数字化技术也深刻地影响传统金融，两者的结合产生了金融科技。金融科技的核心在于以数据作为生产要素，以消费者价值创造为动力，从需求端为消费者创造定制化的金融产品与服务，以数字技术化的方式进行信用的风险定价（易宪容等，2019）。金融本来就是基于信息的服务。数字技术带来的这种降本、提效从根本上改变了金融服务的触达能力和风险甄别能力。金融科技的实质就是要促使金融服务的大众化、普惠性及民主化，以此来提升整个社会的经济效率及增加每一个人的社会福祉（易宪容等，2019）。2019—2020年，金融科技的发展上了一个新台阶。金融科技逐渐成为经济增长的新动能，各国在金融科技关键底层技术布局进一步加快（中关村互联网金融研究院，2020）。金融科技催生了所有金融产业的主动或者被动化演化，也让保险产业演进到数字保险时代。

第一节　数字技术与数字经济

一、数字技术的一般含义

数字技术是一种通过比特币来处理、存储、传输、呈现信息的通用目的技术，随着互联网的发展，数字技术应用得以快速普及且表现形式越发多元化，包括硬件技术、软件技术、互联网、人工智能、大数据、云计算、区块链等（Goldfarb等，2019；邢小强等，2019）。疫情经济下，数字技术正在加速渗透到社会经济中每一个领域，从劳动力市场到自动化和机器人技术，再到资本市场和价值创造、电子商务和金融科技、医疗教育、科学研究等。但实际上，我们对数字技术的经济影响并不了解。长期以来，我们只关注了传统经济表现指标，对数字经济产生的福利和影响则缺乏系统化的衡量。数字化是社会发展的新阶段，它在带来社会变革的同时，也带来社会问题。以色列诺贝尔化学奖得主丹尼尔·舍特曼指出：在数字化过程中，"数字变革既是创新的原因，也是它的推动器"。可以看到，人工智能、区块链、云计算、大数据等技术，正在成为我们时代的基础性技术，成为推动社会变革的杠杆。新信息技术不仅促进了生产要素、商业模式的巨大改变，而且在不断地改变社会和人本身，形成数字化颠覆。目前，商业领域在积极、主动地应对数字颠覆并形成了良好方案。在理念上，主张主动顺应数字化趋势、打造数字化能力、实施"数字跃迁"战略，使组织跃迁到新的轨道上进而实现伟大的变革。在策略上，运用"数字化矩阵"来实现数字化转型；通过提升成本价值、体验价值和平台价值开展数字化赋能，以应对数字化时代的竞争。由于经济利益直接冲击人的行为模式，商业领域对数字化的研究将越来越成为热点。但是，对数字化所引发的"人的问题"的研究还很不足。目前，一些文献探讨了人的隐私权和遗忘权等问题，但没有达成一致意见。有文献认为信息泄露、恶意营销、人肉搜索等网络暴力，对争议的误读、对隐私权的践踏，不仅对人造成了伤害，而且挑战了法律和伦理。"人脸识别""算法监控"等对人带来的损害还未普遍，直接有效的法律管制还没形成；数据流动对数字经济的重要性，还有文献担忧被遗忘权的确立会减损自由。从历史进程看，农业化形成了农业社会，形塑了农民；工业化形成了工业社会，形塑了工人。按照这一逻辑，数字化必定会形成数字社会，那么，数字社会的处境怎样，人类将成为数字人、人机融合的"新物种"抑或"新奴隶"？目前看来还无法确定。汤普森指出，在工业化过程中，工人阶级成为造反密谋、生活剧烈动荡的历史牺牲品。笔者认为，数字化对人的解析必然带来社会治理难题。由于具有复杂性的人是社会的行动者、社会秩序的建构者和破坏者，数字化所带来的"人的问题"也将成为最难应对的问题，所以，数字社会要优先关注人的数字化问题。进一步而言，如果将人的数字化视为数字社会"认识人"的方式，那么，这一个特殊的过程就与人类发展史上那个久远的哲学命题——"认识你自己"——密切有关。基于这样的视角，本书借鉴涂尔干在《社会分工论》中的分析模式，探究数字技术解析人的社会功能和社会失范，主要分析三个方面的问题：其一，探究数字技术解析人的社会现象；其二，考察数字技术解析人的社会功能；其三，分析数字技术解析人带来的社会失范。希望引起人们对数字化过程中"人的问题"的关注。科学技术是推动经济社会发展的核心动力，不断提高社会工作的效率、促进经济增长。两次工业革命实现了技术的突飞猛进，技术革命实现了经济飞速增长。1817 年，李嘉图在《政治经济学及赋税原理》

中指出机器生产时代，一方面节约了劳动，另一方面提高了技术生产率。马克思在《资本论》中也表达了对技术的相关认识，其指出技术变革是经济增长的驱动力，也是决定经济体制的主要因素，基于这种认识，马克思提出"生产力决定生产关系，经济基础决定上层建筑"。从该视角可知，技术决定了社会制度。韦伯关于工业技术对组织和管理制度影响的研究，奠定和引领了当代的科层制研究——也正是工业技术将人类的基本组织制度从家族制转型为科层制。而涂尔干则从人际互动规则和联结机制等相对微观层面逐渐上升到社会团结制度，探讨了工业技术的深刻影响。马克思批判的资本主义制度、韦伯刻画的科层制组织、涂尔干分析的有机团结，不仅探讨了工业技术在社会制度、组织制度和互动规则等方面的深层影响，更是由此奠定了社会学、经济学等相关学科关于技术与制度研究的基础。

这是因为数字技术的覆盖领域太大了，导致"极端多维度复杂性"（Radical Multidimensional Complexity）谜题的出现，让我们很难将研究课题聚焦。目前在数字转型和技术渗透等方面已经有数千个指标，涵盖医疗、教育、协作等，可以帮助我们全面了解数字影响的广度和深度。因此我们的长期目标不是纠结于数字技术是否能提升生产率，而是要了解到，数字技术对人类福利有哪些影响，不论利弊。

二、数字经济的一般含义

数字经济这个词最早出现在 20 世纪 90 年代中期，当时的相关讨论主要集中在数字技术和互联网应用领域。但是随着数字技术发展，数字经济的内涵也在不断演进，这让数字经济至今没有形成一个被广泛接受的定义。在文献中，对数字经济认可度较高的一种刻画方法是按其组成划分成三个层次进行诠释。数字经济的第一层叫核心层，包括硬件、软件以及信息和通信技术（ICT）等。第二层叫狭义的数字经济，还包括基于数据、信息网络和数字技术应用的新商业模式，如数字服务、平台经济，以及共享经济、零工经济等价于平台经济和传统经济之间的模式。狭义的数字经济中包含了最具代表性的平台经济，它也是数字经济最核心的商业模式。第三层是广义的数字经济，覆盖的范围还涉及了与传统的制造业、服务业的数字化相关的电子商业，还包含了新出现的万物互联（IoT）、工业 4.0、精准农业等，反映了经济生活的各个层面所参与的数字化转型。数字经济的三重层次划分反映了数字经济的结构性特点，同时也提供了一个从行业领域切入分析数字经济的视角。核心层对应着数字技术基础设施行业，是数字经济发展的底层建筑，决定了狭义和广义数字经济发展的深度和广度，而狭义和广义数字经济的发展需求又会引领核心层的发展方向。与传统经济截然不同，数字经济的成本结构是高昂的固定开发或创新成本，以及极低甚至为零的边际成本。这种成本结构能使经济实体大规模扩张，因为需要相对较少的劳动力和有形资产。采用这种结构的"超级明星企业"拥有庞大的无形数字资产和数据相关业务，进入 21 世纪，数字经济迅速发展，并以在线交易、物流跟踪、移动支付、远程交流等多种形式便利着人们的生产生活，在国民经济中的重要性越来越高。数字经济目前还没有被广泛接受的定义，笼统地讲是指基于数字运算和信息通信技术的经济活动。按照美国经济分析局（BEA）统计，美国数字经济从 1998 年到 2017 年的平均年增速高达 9.9%，而同期 GDP 增速只有 2.3%。根据中国信通院的估算，中国数字经济占 GDP 比重从 2005 年的 14.2% 上升到 2019 年的 36.2%，2018 年全球 47 个主要国家中，有 38 个国家的数字经济增速高于同期的 GDP 增速。可以说按一般使用的统计口径，数字经济在全球 GDP 中占比整体多呈现上行的趋势。2020 年初，新冠肺炎疫情的暴发更加速了这一趋势。疫情期间，为了控制新冠肺炎病毒传播，各国政府几乎都对人员的流动和聚集进行了不同程度的限制。高峰时，全球同时有接近 1000 个城市实施社交隔离，有超过 250 个城市采取了封城的举措。在社交接触受限的情况下，许多企业被迫将与员工和客户的互动转移到线上进行，数字化运营成为这些企业维持业务至关重要的方式。为了拓展生存空间，许多企业更显著加速了它们的数字化战略布局。一项针对全球 2569 家企业的调研发现，本次疫情将全球的数字化进程至少提前了 5—7 年。

　　笔者强调的"多维度"是指避免使用单一方式来衡量数字经济。单一维度唯一可能有效的情况是，所有指标的变动差不多同步，因为指标之间存在高度相关性，所以可以选择使用其中任何一个。刚刚起步的发展中国家往往会采用这种方式：GDP 和收入增长明显是实现各种经济和社会发展目标的必要条件，所以只采用这一指标完全合理。但笔者认为真正的挑战是，记录经济和社会中各环节和领域的数字化发展过程纵然重要，但更重要的是，该如何衡量数字技术对民众关切的影响。举例来说，斯坦福大学的几位年轻研究人员，与顶级皮肤科医生和谷歌合作，来确定一项 AI 驱动的图像识别技术能否检测出不同类型的皮肤癌。他们的测试取得了不错效果，假阳性和阴性之间微小的差异都能检查出来。这项技术也可以使用手机相机拍摄的图像，所以在福利方面的影响就出现了两极分化现象：住在斯坦福、加利福尼亚州、伦敦或杭州等富裕国家城市的人获益有限，因为他们可以去看皮肤科医生，但对贫穷国家，特别是偏远和落后地区的人来说，他们可能受益颇多。这些地方的人根本就没有初级医疗和诊断的保障，因此技术能发挥重要作用，避免延误诊断。所以在这一层面上，技术具有普惠意义，对人类幸福的影响体现在健康方面，但对 GDP 指标的影响则为零。疫情中加速发展的远程医疗和这个例子有异曲同工之处，只不过涉及领域更广。

与传统经济截然不同，数字经济的成本结构是高昂的固定开发或创新成本，以及极低甚至为零的边际成本。这种成本结构能使经济实体大规模扩张，因为需要相对较少的劳动力和有形资产。采用这种结构的"超级明星企业"拥有庞大的无形数字资产和数据相关业务，在中国，数字经济并没有只让少部分人受益，而是促进了普惠性增长。罗汉堂的首份研究报告《数字技术与普惠性增长》指出，中国的数字技术加速了电子商务、移动支付和金融科技（信用评估、资产管理、保险）领域的增长，妇女、穷人、少数民族和残障人士等弱势群体，在数字经济中获得赋能并享受技术带来的低成本或免费服务，不发达和偏远地区也能在市场进入方面缩小与发达地区的差距。受数字技术影响的领域不仅限于此，比如疫情之下，医疗和教育行业都有效利用了数字技术，可以远程提供服务，为大众带来普遍性社会和经济福利。

三、数字技术的作用

数字技术能够提高制度变革的潜在收益，新技术在提高经济效率、创造收益的同时，也增加了制度变革的潜在利润，从而诱使制度变革。戴维斯和诺斯发现，技术创新往往会提高效率、增加经济利润。但在现有经济安排状态下，这些利润往往又是无法获得的，它们就像是处于公共领域的"外部利润"。而这种外部利润就是诱致制度变革的重要动因。他们还认为这种外部利润大多来自规模经济、外部性、风险和交易费用等。其中，规模经济和技术水平密切相关。就像 19 世纪 70 年代的石油精炼业，新技术的出现导致了一个较大范围的产出报酬递增。不过，尽管新技术能够创造数量更大、价格更低的精炼石油，但采用新技术的精炼工厂不仅更加复杂、精细，也要求更加大额的前期投资——规模经济要求工厂增加资本、扩大规模，以达到新技术条件下的最优规模，并获取最高利润。而传统的独有制和合伙制则不再满足这种对资金的大量需求，因而也就面临对企业组织形式进行制度变革以吸纳更多资金的压力。戴维斯和诺斯认为，正是在这种新的技术条件下，股份制成为一种有利可图的企业制度。同理，新技术也影响外部性、风险偏好和风险控制、交易费用，进而改变现有制度条件下的成本与收益，因而可能会促使制度变革抑或是稳固原有的制度设计。"使信息成本迅速降低的技术发展，使得一系列旨在改进市场和促进货物在市场间流通的安排革新变得有利可图。"拉坦的研究也发现，如果新技术改变了要素与产品的相对价格或是带来了经济增长，可能会导致对制度变革的需求。可见，技术创新往往就是制度变革的诱因。同样地，当前数字技术的应用也常通过提高了经济效率，诱使制度变革。基于数字技术的互联网平台就通过汇集更多数据，利用云计算等技术，显著提高了供需匹配的精确度和效率，也能够提高了闲置或未充分使用的资产、技能、时间等资源的利用率。典型如基于互联网平台的网约车等分享经济为消费者带来了价格更低、质量更好、更贴合需求的出行等服务，打破了出租车行业长期以来的垄断状态，降低了司机空驶率和碳排放量，通过互联网评价机制有效改善了司机服务治理，缓解了城市打车难等问题，创造了巨大的社会与经济效益。很多研究发现，分享经济除了创造经济效益外，还能提高福利和社会效益，节约资金、空间和时间，结识朋友、提高社会信任度，减少浪费、促进环境保护等。分享经济甚至还能够促进社会公平和正义，增加就业机会、减少就业压力，增强社会整合度。但在数字技术及其新经济形态刚兴起时，在旧制度环境下，鲜有个人和组织能够合法地获得新技术所创造的收益。新技术所创造的收益也就成为公共领域的"外部利润"。如在传统出租车监管制度下，无论是优步还是滴滴的私家车主还是平台本身都不是合法合规的经营者，他们起初都没有合法身份获得新技术所创造的收益，因而时常遭到罚款、查封等惩罚和抵制。由此可见，数字技术提高了经济和社会效率，创造了新增收益；而新增收益就成为制度变革的诱因。那些想要合法获得数字技术所创造的新增收益的个人和组织，也就有动力去推动制度变革。简言之，数字技术所创造的新收益，使得制度变革有利可图。

降低制度变革的相对成本，改变交易成本，也是新技术推动制度变革的重要路径。虽然，在新制度经济学那里，制度更多地与交易成本相关联，而技术主要影响企业的内部生产成本，但随着分析的拓展和深入，这一界限逐渐模糊。人们逐渐认识到，技术创新不仅能够改变组织的内部成本（包括生产成本），还将对交易成本带来颠覆性影响。威廉姆森就指出，交易的不确定性、交易频率和资产专用性程度影响着交易成本，进而影响治理结构。虽然，威廉姆森并没有明确指出技术与交易成本的关联，但显然，技术影响到交易属性，进而影响交易成本。比如，基于数字技术的电子商务显著减少了交易中介、简化了交易流程，有利于增进信任、增加交易频率；数字化的互联网平台还通过信息汇集和电子搜索等方式扩大了交易选择面而有利于降低资产专用性；交通运输技术的发展更是降低了基于地缘的资产专用性程度。新技术通过影响交易成本和组织内部制度

（如治理结构），进而对产权安排、合约行为等组织外部制度产生影响。甚至，随着新技术显著降低某些交易成本，终将改变市场与组织的边界，重新定义市场与计划的界限。如在传统工业技术的条件下，由于中央计划者不可能掌握给定时空里的特定情形的知识，因而需要将部分决策权留给"在场的人"。而且，即便一个人掌握了协调经济的所有必要信息，他也不可能对所有这些信息进行加工从而指挥经济。况且，具体情况还会一直变化。据此，哈耶克认为对大规模经济行为进行集中协调根本就是不可能的。因此，解决方案只能是能够有效整合并应对经济中每个个体所掌握的所有局部知识的去中心化机制。哈耶克认为解决办法就是价格体系——一种用于登记变化的机器，相当于是信息的原始计算器。哈耶克认为这个机器使得个体生产者通过监控少数几个指示器的动态，就能理解大范围的经济状况。价格就是关键指标，生产者通过价格波动能够理解并选择经济行为。而计算机的出现及发展意味着有了能够快速解决复杂的联立方程的设备，并终将催生一个更为集中化的经济体系。而随着计算机技术的飞速发展，以及互联网和云计算等技术的革新，市场与组织的边界将会受到越来越多的挑战。新技术不仅可能提高了维持、执行旧制度的成本，使得旧制度难以为继；还可能降低制度变革的操作成本，从而便利了制度变革。典型的、知识的积累加速了社会和技术信息的广泛传播，以及与工商业和政府机构的发展密切相关的统计资料储备的增长，从而减少了与制度变革相关的成本。比如，借助互联网的资料汇集、查询等功能，各方主体对制度变革的态度也能够得到更快速、充分的展示、交锋、汇总等，从而能够以更低成本为制度变革提供更全面客观的民意反馈。基于数字技术的互联网，已经显著降低了诸多领域的沟通和协调成本，也显著缩短了平均立法时间。

　　技术红利分配构建制度变革的社会基础。在人类发展历史上，数字技术等各类新技术极大地推动了生产力的发展，不断创造更丰裕的物品，提高人类的生产生活效率，创造更多更大的经济收益。而潜在收益的提高和相对成本的下降，也正是诱发制度变革的推拉力。不过，我们仍需清醒认识到：这只是为制度变革提供了诱因，或是奠定了经济基础，并不等同于制度变革一定会发生。很多时候，人们只是通过违规违法行为获取新技术所创造的收益，而没有通过改变旧制度的方式来获取潜在收益。这是因为制度变革不仅需要付出成本，还需要有相关主体加以推动。而推动制度变革，不仅意味着需要克服其中的"搭便车"困境，还往往面临各类反对和抵制。因为，新技术在提高效率的同时，往往也带来利益格局的调整。实际上，尽管新技术可能提高效率、创造更多收益，但往往并不会带来帕累托改进——更不会自动实现。这就涉及技术红利（新增收益）分配问题。其实，李嘉图在强调机器能够节约劳动、促进经济增长的同时，就已经指出技术创新会带来失业问题。尽管李嘉图认为技术所创造的就业机会能够缓解其所带来的失业问题，但也指出这个过程非但不会自动完成，而且会是长期的、充满苦痛的过程。实际上，早在18世纪末，蒸汽机等机器的使用已经引发了大面积的失业。劳工集团和市民组织反对机器的行为并不鲜见。如在1811年，担心新技术（纺织机）会抢走他们工作的英国纺织工人爆发了破坏机器的运动。反对机器、反对技术变革的勒德主义运动也由此兴起。时至今日，仍有不少人抗拒新技术，新勒德主义者甚至认为只有放弃技术革新和经济增长才能彻底解决失业问题。

四、数字经济的特点

数字经济的深入推进正深刻地改变着保险企业的内外部环境，数字化战略转型成为保险企业发展必然选择。本节首先从外部环境推动和内部能力重塑拉动两方面剖析了保险企业数字化战略转型的动因，随后对保险企业数字化战略转型的内涵和特征进行阐释，在此基础上构建了保险企业数字化战略转型的"转型动因—转型过程—转型成效"的实现框架。建议保险企业从客户交互端、业务运营端以及支持保障端三大层面及九大维度着手进行变革转型，试图对企业数字化战略转型的理论研究和管理实践有所启示。

随着大数据、云计算、人工智能、物联网、区块链等数字新技术的广泛运用，现代企业在生产经营中产生的大量信息与数据已成为其最重要的核心资产，为企业赋能并创造价值。保险业本身是以数据为生产资料的企业，"大数法则"和概率论是其经营发展的科学理论基础。产业竞争格局的改变、经济发展方式的转变和技术经济范式的变革对保险业提出了新的要求。保险企业需要紧跟经济发展的趋势，推动数据化战略转型。近年来，我国保险业取得了长足发展，国内的保险公司基本上完成了以客户需求为导向的战略转型。目前，国内一些大型保险企业开始涉足数字化转型。但是，数字化战略转型如何实现则需要深入研究。安联保险集团经济研究团队（2015）重点调查了发达国家的个人客户，结果显示，保险行业的未来将取决于数字化的客户服务和互动，响应快速、节奏紧凑的消费者互动将揭示来自新消费群体的消费需求，保险企业必须进行快速的技术创新和保险产品调整以满足客户迅速变化的需求。在"互联网+"时代背景下，以数据为基础、具有经营风险的保险业可能会受到巨大的冲击，大数据带来的风险识别和定价能力的显著提高将增强保险公司的核心竞争能力。保险公司可利用大数据在风险评估、产品精准定价、客户细分等方面进行价值提升。李琼等（2015）研究表明互联网对传统保险营销渠道的影响以替代效应为主，投保人可以从该渠道获取更全面的信息。万琦（2013）认为保险企业可以通过对大数据的分析与洞察，绘制精准的客户脸谱，洞见精细的客户需求，找准营销渠道，以此推动保险行业的变革创新。以往研究初步阐述了数字经济时代给保险企业带来的机遇与挑战，以及保险企业实现数字化转型的一些战略举措，但是从企业战略角度对保险企业在数字经济时代下如何实施数字化战略转型及转型路径的研究较少。本书重点关注保险企业的数字化战略转型，首先探讨了保险企业数字化战略转型的动因，随后对企业数字化战略转型的内涵和特征进行阐释，最后，在此基础上构建了保险企业数字化战略转型的实现框架，以期对保险企业数字化战略转型的理论研究和管理实践有所启示。

进入数字经济时代，我国保险企业面临的内外部环境都发生了重大变化。受到外部环境的推动——产业竞争格局的改变、经济发展方式的转变、技术经济范式的变革，以及内部能力重塑拉动——营销能力、创新能力、风险管理能力，保险企业应跟随经济社会发展形势及规律，充分把握数字经济带来的机遇，实施数字化战略转型，对企业进行重塑，这对提升保险企业的核心竞争力与价值创造能力，促进保险企业向内涵式高质量发展具有重要意义。

从区域发展的角度来看，中国数字经济具有两个鲜明的特点。

第一，全国广义数字经济发展并不均衡，经济越发达的省份，数字经济发展越活跃。根据中国信通院的数据测算，2019 年全国各省广义数字经济增加值占 GDP 的比例为 16%—53%，经济越发达的地区，数字经济占 GDP 的比重越大。整体来看，东部沿海经济带和长江经济带数字经济的比重要大于中西部和东北地区。而在东部地区，长三角和粤港澳地区各省的数字经济发展相对均衡，但京津冀地区的数字经济活动则主要集中在北京和天津。

第二，全国各省数字经济核心层 GDP 占比分化较大，但非核心层分布却相对均衡。如果将广义的数字经济分解为核心层数字经济和非核心层数字经济，从图中可以看到，数字经济核心层占 GDP 比重与各省经济的发达程度密切相关，各省差异较大。但非核心层增加值占 GDP 比重在各省分布则相对均衡。这个特点与数字经济各层次不同的发展要求密切相关，或许可以为欠发达地区如何侧重发展数字经济提供指引。就数字经济核心层而言，它是数字经济中的"重资产"层，与数字技术的基础设施研发和制造密切相关。发达地区在发展核心层上先天具备更好的基础设施支持，容易形成竞争优势。但数字经济非核心层对传统"重资产"要素依赖度较低，反而是欠发达地区的一些具有差异性和创新性的"轻资产"要素，相对稀缺，更容易形成竞争优势。利用这些要素，欠发达地区可以缩小与发达地区数字经济发展方面的差距，甚至还能实现局部反超。

从国际发展角度来看，特别跟美国相比，中国数字经济整体还呈现"中间强，两头弱"的特点。中、美是数字经济规模最大的两个经济体，其数字经济发展各具特色。相比较而言，美国在核心层和广义数字经济方面占据优势，但中国部分数字平台的发展更快。根据联合国贸易和发展会议估算，2017 年中国数字经济核心层总量占 GDP 比重为 6%，低于美国的 6.9%，规模上每年少了近 7000 亿美元，这可能反映了美国在数字经济核心层研发方面的优势。但是在电商以及数字金融等平台经济方面，中国的发展则快于美国。2019 年中国电子商务交易额达 5.1 万亿美元，是美国的 8.4 倍。从增速来看，2011 年至 2019 年，中国电商平台交易规模年复合增长率 23.3%，远高于美国的 14.7%。中国的移动支付规模也大于美国，2018 年中国移动支付规模为 4140 亿美元，而美国仅为 640 亿美元，不到中国的六分之一。笔者认为这可能反映了中国在数字经济的商业应用上，具有应用场景多、市场规模大、创新阻碍小的优势。

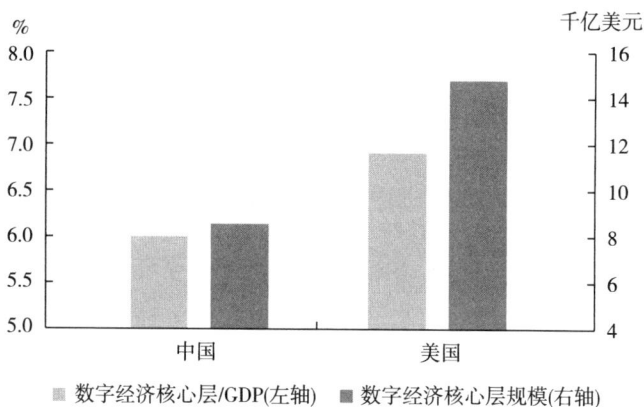

图 10-1　数字经济核心层示意

不过根据中国信息通信研究院的测算，中国的广义数字经济规模却远小于美国。2018 年，中国广义数字经济占 GDP 比重为 34.8%，而美国达到了 60.2%；从数字经济的内在结构来看，美国非核心层数字经济规模达 10.8 万亿美元，高于中国的 3.8 万亿美元；同样美国非核心层数字经济占广义数字经济比重为 87.7%，也高于中国的 76.5%。这说明美国各行业与数字化融合的程度较好，同时也说明中国在广义范围的数字经济中，还有较多的发展潜力。

使用三重划分方式刻画数字经济，可以从生产方式的视角，较为准确地把握数字经济的分类特征。不过与传统经济相比，数据作为新的生产要素，是数字经济生产的基础。数据有着迥异于传统生产要素的属性，这会决定数字经济的宏观形态。因此要理解数字经济的宏观表现，我们有必要探究数据在数字经济中所扮演的角色。数字经济时代，在资本和劳动力之外，数据也成为新的生产要素。2019年10月，中共十九届四中全会也在官方正式文件中首次提出数据是新生产要素。作为生产要素，数据对数字经济生产有三个层面的含义：一是同传统生产要素一样，数据质和量的提升可以提高数字经济产品的质量和数量；二是数据同传统要素一样，不仅本身可以参与产出分配，同时还会影响各要素之间的替代关系，进而改变劳动与资本间的收入分配关系；三是数据具有迥异于传统要素的属性，这构成了数字经济区别于传统经济特征的微观基础。数字经济时代，在资本和劳动力之外，数据也成为新的生产要素。

第二节　数字经济时代保险产业的演进

数字经济是继农业经济、工业经济等传统经济之后的新经济形态和发展范式，其快速演进带来了经济社会系统发展形态和运行方式的全面变革。响应数字经济发展趋势，系统研究其演进逻辑、发展过程和特征，是构建与之契合的新型国家产业体系、创新体系、政策体系等的基础性工作，具有重要的现实意义。当前关于数字经济的研究主要集中在四个方面。一是数字经济的内涵及测算，例如，Don Tapscott 将数字经济描述为"利用比特而非原子"的经济；2016年《G20数字经济发展与合作倡议》将数字经济定义为以使用数字化的知识和信息作为关键生产要素、以现代信息网络作为重要载体、以信息通信技术的有效使用作为效率提升和经济结构优化的重要推动力的一系列经济活动。二是数字经济在我国以及其他国家的发展现状及趋势。三是数字经济的作用，包括对经济增长、创新能力、就业等的影响。四是发展数字经济的相关策略和建议，主要集中在技术、产业、政策等层面。总体来看，现有文献主要侧重研究分析数字经济的内涵、测度和趋势等，关于数字经济的演进逻辑和特征的研究成果相对匮乏。部分学者从经济系统局部出发，形成了有意义的研究成果，例如，唐杰将数字经济发展分为数字建设阶段、数字生产阶段、数字网络阶段和数字社会阶段；黄群慧、贺俊从技术经济范式转变视角，讨论了"第三次工业革命"。然而，这些研究未涉及数字经济的系统性演化发展逻辑问题。本书从技术经济范式演进视角深入分析数字经济的演进历程和特征，以期推动相关理论发展。

数字经济的演进特征。从演进动力看，工业经济为能源、土地、劳动力等有限物质要素的增长，数字经济为智慧、知识、数据等非物质要素的更新，是创新驱动的经济形态；从演进速度看，数字技术簇群迭代升级的速度更快，从技术变革扩散到产业和制度变革的周期也更短；从演进路径上，数字经济呈现"三二一"产业逆向渗透趋势；从演进机制看，工业经济为"实现规模经济的要素驱动机制"和"基于大企业的产业链的纵向合作机制"，数字经济为"实现范围经济的创新驱动机制"和"基于平台的产业生态系统的网络协同机制"；从演进格局看，工业经济时代分工明确，不同产业间界限分明，影响范围主要聚焦在重点区域（大城市或产业园区）、重点行业，而数字技术的渗透性基本不受产业和地理的限制。

数字经济自身的系统性特征。从技术系统看，数字技术簇群具有更强的自演化性、交叉渗透性，相较于工业技术，人工智能等数字技术可自我学习、自我迭代、自我进化，而且可与各个行业场景深度融合，具有高渗透性。从产业系统看，虚拟性、可持续性、智能性、开放共享性、普惠性等特征明显，一是智慧、数据等生产要素是虚拟的、可再生的，而且根据梅特卡夫法则，网络的价值以用户数量的平方速度增长，网络又具有外部性，因此数字经济具有虚拟性、可持续性；二是研发、生产、交易、产品和服务的智能化，形成了泛在联结的智能化经济网络，单向、封闭的经济状态向开放、共享的状态发展；三是范围经济快速发展，为"长尾市场"创造了机会和盈利空间，并在拓展市场宽度和深度方面具有重要作用，数字经济更具普惠性和包容性。从制度系统看，互动性、平等性、自组织性特征突出，消费者的话语权提高，改变传统的供给方决定模式；组织平台化、生态化，改变了大小企业间的主从关系、企业与员工间的单纯雇佣关系，平台企业与其他参与者以及员工之间是自发聚散的柔性共同体；社会形成多方参与、集体协作、协同治理的新型机制，具有更强的自组织性。

一、技术经济范式导入期

数字技术是一种基于二进制计算的计算机信息处理技术。从 20 世纪 50 年代数字技术诞生到 20 世纪 90 年代为新范式的导入期。范式导入期的主要特征是科学理论推动，数字技术实现突破，数字产业萌芽。

（1）数字技术实现突破

科学革命奠定理论基础。发源于 1900 年并持续修正和深化的量子论揭示了微观物质世界的基本规律，为原子物理学、固体物理学、核物理学以及现代信息技术奠定了理论基础。相对论反映了物体高速运动的客观规律，打破了牛顿以来传统的绝对时空观。量子论与相对论一起，构成了现代物理学的基本理论框架，弥补了经典力学在认识宏观世界和微观世界方面的不足，也改变了人们认识世界的角度和方式。20世纪中期，信息论、控制论和系统论快速发展，进一步为计算机技术、微电子技术、通信技术、网络技术的发展提供了理论原理。计算机、通信、网络技术兴起。当科学理论出现重大突破时，一系列新技术随之产生。1946年第一台电子计算机诞生，并经历了电子管数字机（1946—1958），晶体管数字机（1959—1964），中、小规模集成电路计算机（1964—1970）到后来的大规模集成电路数字计算机（1970年至今）等阶段，计算机运算速度、存储空间和服务功能不断提高。同时，数字技术也开始应用于通信领域，20世纪中期数字程控交换机、通信卫星等出现。此外，第一代互联网即军事和科研阿帕网（ARPANET）于1969年诞生，20世纪70年代到80年代，电子邮件、TCP/IP协议、计算机公告牌系统CBBS、调制解调器等为网络发展奠定基础的各种技术和设备应运而生，但这时期的互联网主要是用于公共部门的内网，总体还是专业人员的专利。

（2）数字产业开始萌芽

随着计算机、通信、网络技术的发展，生产电脑、手机以及相关配套设备的企业快速崛起，并在产品的技术路线上进行了不同的探索和尝试，如IBM、康柏、惠普、摩托罗拉等，其中IBM的商用科学计算机、高速计算机等大型计算机应用广泛，苹果、英特尔等公司处于快速成长阶段。该阶段的数字技术主要应用领域从军事、科学计算，拓展至事务管理、工业控制，再到文字处理、图形图像处理等，相关产业主要为电子信息制造产业、基础软件产业、集成电路产业等。整体来看，数字产业处于萌芽期，1978年全球数字产业增加值占GDP的1.5%，而我国的数字产业刚处于起步阶段。该时期，经济系统的关键生产要素为石油为主的廉价能源和大工业机器设备，产业体系呈现出农业占比快速下降、工业内部结构加快调整、服务业逐渐兴起的趋势，主导产业为石油化学工业，航空航天、汽车等装备制造产业。电子信息制造作为新兴产业，在自身快速发展的同时，开始小范围嵌入其他产业，尤其是制造业，工业控制技术迅速发展，出现了"柔性制造系统"（FMS），自动化大规模生产成为主要的生产方式，以丰田为代表的精益制造和自动化技术成为企业的核心竞争力。

（3）旧范式制度占据主导

计算机作为一种工具，实现了部分信息的数字化，以及信息基于比特形态的存储和计算，在局部范围内改变了部分劳动者的生产活动方式，但影响相对有限，总体上旧范式的制度系统还占据主导地位。从消费模式看，主要是生产推动式和实地购物式，消费者处于被引导地位，消费的时间、范围、区域受到较大限制。从企业组织管理看，大型企业和跨国公司是经济系统的核心组织，"金字塔"式的科层制企业管理模式仍占据主导地位，企业内部上级和下级之间更多强调集中控制。产业竞争的重点也聚焦在对基于工业经济形成的供应链体系的管理。从产业政策看，政策的制定主要围绕工业系统的发展展开，条块和门类划分清晰，通过制定产业规划以及税收减免、政府购买等政策促进重点产业的发展，政策制定一方面缺乏系统性和关联性；另一方面不同部门各自为政，部门间壁垒严重。此外，由于产业技术的可预测性强，政府更多地采用"选择赢家"的方式支持单体企业做大做强，带动产业链上下游发展。该阶段除少数领先国家以外，大部分国家对数字技术和产业的发展关注较少。

二、技术经济范式拓展期

20 世纪 90 年代至今是新范式的拓展期，包括两个阶段，1990 年至 2012 年为 PC 互联网阶段，2013 年至今为移动互联网阶段。范式拓展期的主要特征是数字技术群体性突破及大规模商业化，数字产业快速发展，数字经济作为经济系统的局部而存在，新制度开始萌芽，尤其是单体企业的变革较快。

（1）数字技术群体性创新及广泛应用

基于个人计算机的万维网于 1990 年诞生，网络开始从学术后台走向产业化应用。自此，计算机设备不再单单具有存储和计算功能，还具有了跨时空通信功能。个人电脑运算速度、存储容量和网速几何级增长。与此同时，通信技术也快速发展，2000 年移动通信和互联网技术相融合，移动互联网萌芽，但 2G 和 3G 时代（1990—2012 年），受限于信息传输速度，移动互联网普及较慢。2013 年之后，随着 4G 等移动通信技术的投入使用，智能手机的普及，移动互联网时代随之而来。各项衍生技术也快速发展，云计算从 2016 年开始进入全面爆发期，云服务应用已经深入各行各业；大数据技术也渗透到多个领域；物联网从碎片化、孤立化应用为主迈入规模化、融合化、集成化阶段；人工智能从感知、记忆和存储进一步向认知、自主学习、决策与执行发展。通信技术方面，5G 移动通信技术孕育兴起，将提供前所未有的用户消费体验和物联网连接能力。该阶段数字技术实现群体性创新，成为渗透到经济系统的重要技术。

（2）数字相关产业快速发展

随着数字技术的广泛应用，催生了众多的新兴业态，并且通过快速的纵向和横向的产业分化，形成庞大的业态群落。PC 互联网阶段，微软、思科、英特尔等企业引领发展，亚马逊、雅虎、网景等互联网新星出现，我国则诞生了搜狐、新浪和网易等门户网站。此时段，计算机硬件和软件产业、解决信息需求的综合信息服务业快速发展。移动互联网阶段，移动应用场景得到极大丰富，新兴业态不断涌现，尤其集中在智能终端、电子商务、社交网络、共享经济、数字内容等领域。智能终端领域，苹果、华为、小米等成为行业龙头；电子商务领域，阿里巴巴、京东爆发式发展；社交网络领域，Facebook、Twitter、腾讯等将世界连接；共享经济领域，Airbnb、Uber、滴滴等快速崛起；数字内容领域，网络视频、网络直播、VR/AR 等新业态频现。数字产业从解决信息需求向解决娱乐、商务和社交需求延伸。此外，数字技术不断向物流、金融、汽车、装备制造、生物等其他行业渗透。数字产业不是作为单一产业形态推进，在革新大众信息渠道和内容载体的同时，从研发设计、加工制造、运输、销售等各方面加快重构传统产业的服务链条。数据开始成为重要的生产要素作用于经济系统，降低交易成本，提高生产效率，扩大经济活动范围和提升边际收益，数字经济成为经济系统的重要部分。从产业规模看，2000 年全球数字产业增加值占 GDP 的 3.4%，2015 年达到 22%；2002 年我国数字经济规模为 1.22 万亿元，占 GDP 的 10.3%；2015 年达到 18.6 万亿元，占 GDP 的 27.5%；2019 年已达 35.8 万亿元，占 GDP 的 36.2%。从产业体系看，集成电路、大数据等动力产业，智能终端、软件与信息服务、电子商务、社交网络、数字内容等先导产业快速发展；IPV6 网络、IDC、物联网、卫星通信、5G 通信网络、工业互联网等基础设施产业也蓬勃兴起。然而，整体来看，由于通信技术、存储技术、计算技术以及相关规制等的限制，该阶段数字技术的主要应用是信息服务、内容消费、消费零售、生活服务等，核心是数字技术的产业化，而对其他行业的改造总体还在探索之中，尤其在实体产业层面，目前更多是通过 OA 与 ERP 等系统，将企业业务体系化、流程化，而工业互联网的构建还在起步阶段。相较于数字产业的蓬勃发展，传统产业由于要素成本的不断上升，发展规模和盈利空间出现下降。

参考文献

1. ［美］丹尼斯·卡尔顿：《现代产业组织》，上海人民出版社，1998。

2. ［瑞士］汉斯·马里希·德瑞克：《全能银行：未来的银行类型》，中国金融出版，2003。

3. ［英］洛伦兹·格利茨：《金融工程学》，经济科学出版，1998。

4. ［日］北尾吉孝：《电子金融的挑战》，商务印书，2000。

5. ［美］奥利弗·正·威廉姆森：《资本主义经济制度：论企业签约与产业签约》，商务印书馆，2002。

6. ［英］多纳德·海，等：《产业经济学与组织》，经济科学出版，2001。

7. ［美］刘易斯·卡布罗：《产业组织导论》，人民邮电出版，2001。

8. ［美］丹尼尔·F. 史普博：《管制与产业》，上海三联书店，1999。

9. ［美］理查德·L. 达夫特：《组织理论与设计》，清华大学出版社，2003。

10. ［美］托马斯·卡明斯，等：《组织发展变革精要》，清华大学出版社，2003。

11. ［美］斯蒂芬·P. 罗宾斯：《组织行为学》，中国人民大学出版社，1997。

12. ［美］斯蒂芬·P. 罗宾斯：《管理学》，中国人民大学出版社，1997。

13. ［法］泰勒尔：《产业组织理论》，中国人民大学出版社，1997。

14. ［美］保罗·萨缪尔森：《经济学》，华夏出版社，1999。

15. ［美］兹维·博迪，等：《投资学》，机械出版社，2000。

16. ［美］米什金：《货币金融学》，中国人民大学出版社，1998。

17. ［美］兹维·博迪：《金融学》，中国人民大学出版社，2000。

18. ［西班牙］哈维尔·弗雷克斯：《微观银行学》，西南财经大学出版社，2000。

19. ［德］柯武刚、史漫飞：《制度经济学》，商务印书馆，2002。

20. ［日］青木昌彦：《比较制度分析》，上海远东出版社，2001。

21. 于立主：《产业组织评论》（第一辑），东北财经大学出版社，2007。

22. 杨德勇：《金融产业组织理论研究》，中国金融出版社，2004。

23. ［美］G. J. 斯蒂格勒：《产业组织和政府管制》，上海人民出版社，1996。

24. 邹伟进、刘峥、朱冬元：《中国银行业产业组织研究》，中国地质大学出版社，2008。

25. 冯根福，等：《上市公司绩效多角度综合评价及其实证分析》，载《工业经济》，2001（12）。

26. 冯根福，等：《中国上市公司股权集中度变动的实证分析》，载《经济研究》，2002（8）。

27. 冯根福，等：《现代公司结构新分析——兼评国内外现代公司治理结构研究的新进展》，载《工业经济》，2002（11）。

28. 冯根福、王会芳：《上市公司绩效理论及实证研究评述》，载《西北大学学报》，2002（2）。

29. 李琪：《中国电子商务现状、趋势与对策研究》，载《当代经济科学》，2000（6）。

30. 李琪：《网上交易中的"柠檬"问题》，载《财经科学》，2001（5）。

31. 李琪：《电子货币对货币供求及货币政策工具的影响》，载《经济师》，2002（5）。

32. 谢志华：《竞争的基础：制度选择——企业制度分析与构选》，中国发展出版社，2003。

33. 白钦先，等：《金融可持续发展研究导论》，中国金融出版社，1993。

34. 白钦先，等：《各国进出口政策性金融体制比较》，中国金融出版社，2002。

35. 白钦先、薛誉华：《各国中小企业政策性金融体系比较》，中国金融出版社，2001。

36. 周延军：《西方金融理论》，中信出版社，1992。

37. 杨华，等：《金融风险的社会化防范与化解研究》，中国金融出版社，2002。

38. 王益，等：《资本产业》，经济科学出版社，2000。

39. 张明梁：《韩国金融体制与运作》，东方出版社，1994。

40. 唐旭，等：《金融理论前沿课题》，中国金融出版社，1999。

41. 杨培芳：《网络协同经济学》，经济科学出版社，2000。

42. 何仕彬：《银行不良资产重组的国际比较》，中国金融出版社，1999。

43. 白钦先，等：《各国金融体制比较》，中国金融出版社，2002。

44. 白钦先：《比较银行学》，河南人民出版社，1989。

45. 苏同华：《银行危机论》，中国金融出版社，2000。

46. 宋清华：《银行危机论》，中国经济科学出版社，2000。

47. 黄金老：《金融自由化与金融脆弱性》，中国金融出版社，2001。

48. 王维安，等：《网络金融学》，浙江大学出版社，2002。

49. 吴以雯：《网络金融》，电子工业出版社，2003。

50. 王维安，等：《网络金融》，高等教育出版社，2002。

51. 李洁：《银行制度创新与全能银行发展》，中国人民大学出版社，2003。

52. 吕薇：《产业重组与竞争》，中国发展出版社，2002。

53. 叶辅靖：《全能银行比较研究》，中国金融出版社，2001。

54. 苏东水：《产业经济学》，高等教育出版社，2000。

55. 上海财经大学课题组：《2006 中国产业发展报告——制造业的产业结构、行为与绩效》，上海财经大学出版社，2006。

56. 赵英：《中国产业政策实证分析》，社会科学文献出版社，2000。

57. 于立：《产业经济学理论与问题研究》，经济管理出版社，2000。

58. 钟契夫、陈锡康、刘起运：《投入产出分析》，中国财政经济出版社，1993。

59. 杨治：《产业经济学导论》，中国人民大学出版社，1985。

60. 马建堂：《结构与行为——中国产业组织研究》，人民大学出版社，1993。李悦：《产业经济学》，中国人民大学出版社，2004。于立、王询：《当代西方产业组织学》，东北财经大学出版社，1996。范金、郑庆武、梅娟：《应用产业经济学》，经济管理出版社，2004。强永昌：《产业内贸易论——国际贸易最新理论》，复旦大学出版社，2002。

61. 李悦、李平：《产业经济学》，东北财经大学出版社，2002。

62. 邬义钧、邱钧：《产业经济学》，中国统计出版社，2001。

63. 高新华、魏珊：《产业经济学》，武汉大学出版社，2001。

64. 龚仰军：《产业结构研究》，上海财经大学出版社，2002。

65. 汪斌：《国际区域产业结构分析导论》，上海三联书店、上海人民出版社，2001。

66. 石磊：《中国产业结构成因与转换》，复旦大学出版社，1996。

67. 戴伯勋，等：《现代产业经济学》，经济管理出版社，2001。

68. 李永禄、龙茂发：《中国产业经济研究》，西南财经大学出版社，

2003。

69. 魏后凯：《产业竞争、经济绩效与产业集中》，经济管理出版社，2003。

70. 王力南：《我国保险业产业结构及绩效分析》，载《经济导刊》，2004（7）。

71. 陈甬军、晏宗新：《中国银行业改革绩效与管制次序分析》，载《中国经济问题》，2003（6）。

72. 赵玉林：《产业经济学》，武汉理工大学出版社，2009。

73. 苑涛：《西方产业内贸易理论述评》，载《经济评论》，2003（1）。

74. 卫志民：《20世纪产业组织理论的演进与最新前沿》，载《国外社会科学》，2002（5）。

75. 范剑勇：《产业集聚与地区差距：来自中国的证据》，载《中国社会科学评论》，2004（1）。

76. 马刚：《产业集群演进机制和竞争优势研究述评》，载《科学学研究》，2005（2）。

77. 肖建忠、唐艳艳：《西方产业组织理论的新进展：一个文献综述》，载《江汉论坛》，2001（10）。

78. 牛晓帆：《西方产业组织理论的演化与新发展》，载《经济研究》，2003（3）。

79. 李丹、吴祖宏：《产业组织理论渊源、主要流派及新发展》，载《河北经贸大学学报》，2005（3）。

80. 余东华：《新产业组织理论及其新发展》，载《中央财经大学学报》，2004（2）。

81. 刘俊杰：《西方产业组织理论及其研究范式的演进》，载《西北师大学报》，2006（5）。

82. 李文锐：《保险产业政府规制的国际经验比较与借鉴》，载《中国行政管理》，2017（5）。

83. 李文锐：《新常态下保险产业规制问题研究》，载《经济问题》2017（4）。

84. 李文锐：《保险产业政府规制的系统分析》，载《经济问题》2017（1）。

85. 黄荣哲：《经济增长、产业集中度与保险服务贸易竞争力》，载《保险研究》，2015（8）。

86. 刘维林、徐放：《保险产业省际发展差异的影响因素与贡献测度——基于Shapley值过程的实证分析》，载《中央财经大学学报》，2014（2）。

87. 崔惠贤：《集团化、多元化对金融服务产业组织的影响——以保险产业为例》，载《产业经济研究》，2013（2）。

88. 王慧：《我国健康保险产业链研究》，载《保险研究》，2009（9）。

89. 蒲成毅、王稳：《中国保险产业发展与演化的特征及趋势》，载《保险研究》，2008（11）。

90. 何唐兵：《构建和谐共赢的保险产业价值链 努力提升保险业服务和谐社会的能力》，载《保险研究》，2007（3）。

91. 林江：《引入外资对中国保险产业组织影响的实证分析——以上海为案例》，载《财贸经济》，2004（8）。

92. 陈剖建、陶向京、蒲海成：《电子商务背景下的保险产业组织演进》，载《科学管理研究》，2003（3）。

93. 徐权：《论保险产业的结构调整》，载《管理世界》，2001（6）。

94. 丁敬平：《产业组织政策》，重庆出版社，1988。

95. ［美］斯塔夫里阿诺斯著：《全球通史——1500年以前的世界》，吴象婴、梁赤民译，上海社会科学院出版社，1999。

96. ［美］小罗伯特·B. 埃克伦德、罗伯特·F. 赫伯特著：《经济理论和方法史》（第四版），杨玉生、张风林等译，中国人民大学出版社，2001。

97. ［荷］尼尔斯·赫米斯、罗伯特·伦辛克主编：《金融发展与经济增长——发展中国家（地区）的理论与经验》，余昌淼等译，经济科学出版社，2001。

98. ［挪威］卡尔·H. 博尔奇著：《保险经济学》，庹国柱等译，商务印书馆，1999。

99. ［瑞典］瑞斯托·劳拉詹南著：《金融地理学：金融家的视角》，孟晓晨等译，商务印书馆，2001。

100. ［美］罗伯特·J. 希勒著：《金融新秩序：管理21世纪的风险》，郭艳、胡波译，中国人民大学出版社，2004。

101. ［美］小哈罗德·斯凯博（Harold D. Skipper, Jr.），等：《国际风险与保险：环境—管理分析》，荆涛等译，机械工业出版社，1999。

102. ［美］C. 小阿瑟·威廉斯，等：《风险管理与保险》（第八版），马从辉等译，经济科学出版社，2000。

103. ［美］特瑞斯·普雷切特，等：《风险管理与保险》，孙祁祥等译，中国社会科学出版社，1998。

104. ［美］肯尼斯·布莱克、哈罗德·斯基博著：《人寿与健康保险》（第十三版），孙祁祥、郑伟等译，经济科学出版社，2003。

105. ［英］尼古拉斯·巴尔著：《福利国家经济学》，郑秉文、穆怀中等译，中国劳动社会保障出版社，2003。

106. ［英］H. A. L. 科克雷尔、埃德温·格林著：《英国保险史 (1547—1970)》，邵秋芬、颜鹏飞译，武汉大学出版社，1988。

107. ［美］普拉卡什·A. 希马皮，等：《整合公司风险管理》，王瑾瑜、郑海涛译，机械工业出版社，2003。

108. ［比利时/美国］让·勒梅尔著：《欧美保险业监管》，袁卫、孟生旺译，经济科学出版社，1999。

109. 袁宗蔚著：《保险学——危险与保险》（增订三十四版），首都经济贸易大学出版社，2000。

110. 《中国保险史》编审委员会：《中国保险史》，中国金融出版社，1998 。

111. 吴定富主编：《中国保险业发展改革报告（1979—2003）》，中国经济出版社，2004。

112. 吴小平主编：《加入 WTO 对中国寿险业的影响及其对策》，中国金融出版社，2001。

113. 马永伟主编：《各国保险法规制度对比研究》，中国金融出版社，2001 。

114. 刘茂山：《保险经济学》，南开大学出版社，2000。

115. 刘茂山主编：《国际保险学》，中国金融出版社，2003。

116. 刘茂山主编：《保险发展学》，中国金融出版社，2005。

117. 魏华林、林宝清主编：《保险学》，高等教育出版社，1999。

118. 魏华林、俞自由、郭杨：《中国保险市场的开放及其监管》，中国金融出版社，1999。

119. 魏华林、李开斌：《中国保险产业政策研究》，中国金融出版社，2002 。

120. 魏华林、王文祥编著：《保险业的世贸规则及国际惯例》，中国言实出版社，2001。

121. 张洪涛主编：《做大做强中国保险业整体实力与核心竞争力》，中国人民大学出版社，2004。

122. 孙祁祥，等：《体制转轨时期的中国保险业》，中国财政经济出版社，1999。

123. 孙祁祥，等：《中国保险业：矛盾、挑战与对策》，中国金融出版社，2000。

124. 孙祁祥、郑伟，等：《中国社会保障制度研究——社会保险改革与商业保险发展》，中国金融出版社，2005。

125. 北京大学中国保险与社会保障研究中心（CCISSR）编：《经济发展与社会和谐：保险与社会保障的角色——北大 CCISSR 论坛文集·2004》，北京大学出版社，2005 年版。

126. 北京大学中国保险与社会保障研究中心（CCISSR）编：《变革中的稳健：保险、社会保障与经济可持续发展——北大 CCISSR 论坛文集·2005》，北京大学出版社，2005。

127. 江生忠：《中国保险业发展报告·2003 年》，南开大学出版社，2003。

128. 江生忠：《中国保险业发展报告·2004 年》，中国财政经济出版社，2004。

129. 江生忠：《中国保险业组织优化研究》，中国社会科学出版社，2003。

130. 唐运祥：《保险中介概论》，商务印书馆，2000。

131. 唐运祥：《中国非寿险保险市场发展研究报告（2002）》，中国金融出版社，2003。

132. 唐运祥：《中国非寿险保险市场发展研究报告（2003）》，中国经济出版社，2004。

133. 周骏、张中华、刘冬姣：《保险业与资本市场》，中国金融出版社，2004。

134. 胡炳志：《中国金融制度重构研究》，人民出版社，2003。

135. 庹国柱、王国军：《中国农村保险与农村社会保障制度研究》，首都经济贸易大学出版社，2002。

136. 马明哲：《挑战竞争——论中国民族保险业的改革与发展》，商务印书馆，1999。

137. 陈文辉：《2003 中国人身保险发展报告》，中国财政经济出版社，2004。

138. 陈文辉：《中国寿险业的发展与监管》，中国金融出版社，2002。

139. 陈文辉：《团体保险发展研究》，中央编译出版社，2005。

140. 卓志：《人寿保险的经济分析引论》，中国金融出版社，2001。

141. 裴光：《中国保险业竞争力研究》，中国金融出版社，2002。

142. 裴光：《中国保险业监管研究》，中国金融出版社，1999。

143. 石军武：《开放条件下的保险业竞争力》，中国财政经济出版社，2004。

144. 盛和泰：《保险产品创新》，中国金融出版社，2005。

145. 陆爱勤：《国际保险新论》，华东理工大学出版社，2003。

146. 刘纬:《欧盟保险市场一体化研究》，中国金融出版社，2004。

147. 赵立航:《非传统寿险的理论与实践》，中国金融出版社，2004。

148. 中国保险监督管理委员会编著:《国际保险监管研究》，中国金融出版社，2003。

149. 孟昭亿:《中国保险监管制度研究》，中国财政经济出版社，2002。

150. 英勇:《胡桃壳里的保险帝国：华人国际保险分析师谈美国保险市场》，北京大学出版社，2003。

151. 张琳、曹龙骐:《中国商业保险市场创新研究》，中国金融出版社，2005。

152. 谭崇台:《发展经济学》，上海人民出版社，1989。

153. 简新华:《产业经济学》，武汉大学出版社，2001。

154. 苏东水:《产业经济学》，高等教育出版社，2000。

155. 刘燕生:《社会保障的起源、发展和道路选择》，法律出版社，2001 。

156. 黄宪、江春、赵何敏，等:《货币金融学》，武汉大学出版社，2002。

157. 贝政新、陆军荣主编:《金融控股公司论——兼析在我国的发展》，复旦大学出版社，2003。

158. 秦国楼:《现代金融中介论》，中国金融出版社，2002。

159. 李健，等:《中国金融发展中的结构问题》，中国人民大学出版社，2004。

160. 陈金明:《金融发展与经济增长：兼论中国金融发展与经济增长》，中国社会科学出版社，2004。

161. 李木祥、钟子明、冯宗茂:《中国金融结构与经济发展》，中国金融出版社，2004。

162. 赵其宏:《商业银行风险管理》，经济管理出版社，2001。

163. 邱东、杨仲山等著:《当代国民经济统计学主流》，东北财经大学出版社，2004。

164. 吴定富:《推动保险理论创新 促进中国保险业持续健康快速发展》，载《经济科学》，2003（5）。

165. 吴定富:《牢固树立全面协调可持续的发展观，抓住机遇，加快发展，做大做强保险业》，载《保险研究》，2004（3）。

166. 刘茂山:《保险发展研究》，载《保险研究》，2000（11）。

167. 刘茂山:《中国保险发展需要重点协调的十大关系》，载《上海保险》，2004（20）。

168. 刘茂山：《论中国保险发展特色》，载《保险研究》，2004（7）。

169. 魏华林、李开斌：《论我国保险业发展的产业政策》，载《保险研究》，2001（7）。

170. 魏华林：《论人类对保险功能的认识及其变迁》，载《保险研究》，2004（2）。

171. 魏华林、潘国臣：《论我国保险企业组织形式的多元化》，载《武汉大学学报》（人文科学版），2004（5）。

172. 魏华林：《中国保险需求到底有多大》，《中国保险报》2005年4月8日；载《金融与保险》，2005（6）。

173. 魏华林、冯占军：《商业保险与社会保障协调发展的经济分析》，载《劳动与社会保障》，2004（2）。

174. 魏华林、冯占军：《当前中国寿险业面临的利率困境及策略选择》，载《经济评论》，2005（4）；《金融与保险》，2005（11）。

175. 魏华林、冯占军：《世界保险产业与经济协调发展的比较》，载《保险研究》，2005（5）。

176. 孙祁祥、李世波：《论保险业与国民经济的协调发展》，载《经济界》，1996（6）。

177. 孙祁祥、贲奔：《中国保险产业发展的供需规模分析》，载《经济研究》，1997（3）。

178. 张洪涛、郑飞虎：《保险资产管理公司发展模式与监管》，载《保险研究》，2003（10）。

179. 卓志：《论保险业的制度变革与创新》，载《保险研究》，2002（12）。

180. 卓志：《论保险职能与功能及其在我国的实现与创新》，载《保险研究》，2004（1）。

181. 李秀芳：《我国寿险业的利率风险分析及其防范》，载《南开经济研究》，2000（1）。

182. 吴振宇：《保险业对我国经济增长贡献的定量研究》，载国务院发展研究中心《调查研究报告》专刊第180期（总第356期）2004年12月3日。

183. 吴开兵、邢炜、俞自由，等：《保险深度的变化规律与我国保险市场的预测》，载《预测》，2000（3）。

184. 中国保监会山东监管局课题组：《山东省保险业对经济增长贡献的实证研究》，载《保险研究》，2005（8）。

185. Breyer, S., 1982, Regulation and Its Reform, Cambridge, MA:

Harvard University Press.

186. Brown, D. J. , and G. Heal, 1980, "Two—Part Tariffs," International Jounal of Industrial Organization 2: 105-115.

187. Comes, R. , and T. Sandler, 1986, The Theory of Externalities, Public Goods and Club Goods, Cambridge: Cambridge University Press.

188. Crew, M. A. , and P. R. Kleindorfer, 1986, The Economics of Public Utility Regulation, London: Macmillan.

189. Derthick, M. , and P. J. Quirk, 1985, The Politics of Deregulation, Washington, D. C. : Brookings lnstitution.

190. Kslt, J. P. , and M. A. Zupan, 1984, "Capture and Ldeology in the Economic Theory of Politics," American Economic Reciew 74: 279-300.

191. Bernard Wasow, and Raymond D. Hill, 1986, The Insurance Industry in Economic Development, New York and London: New Yow University Press.

192. Georges Dionne, and Scott E. Harrington, 1992, Foundations of Insurance Economics: Reading in Economics and Finance, Boston: Kluwer Academic Publishers.

193. Georges Dionne, 2000, Handbook of Insurance, Boston: Kluwer Academic Publishers.

194. D. C. Srivastava, and Shashank Srivastava, 2001, Indian Insurance Industry: Transition and Prospects, Delhi: New Century Publications.

195. Jan Mossin, 1968, "Aspects of Retional Insurance Purchasing," Journal of Political Economy, 79: 553-568.

196. Ehrlich Isaac, and Becker Garry S. , 1972, "Market Insurance, Self-Insurance and Self-Protection," Journal of Political Economy, 80: 623-648.

197. Arrow, K. J. , 1978, "Risk allocation: Some Recenttheoretical Developments," Geneva Papers on Risk and Insurance, 8: 5-19.

198. Cummins, J. D. , and J. E. Outreville, 1987, "An international Analysis of Underwriting Cycles in Property-Liability Insurance," Journal of Risk and Insurance, 54: 246-262.

199. Dionne, G. , and L. Eeckhoudt, 1985, "Self Insurance, Self Protection and Increased Risk Aversion," Economics Letters, 17: 39-42.

200. Hamsmann, H. , 1985, "The Organization of Insurance Companies: Mutual Versus Stock," Journal of Low, Economics and Organization, 1: 125-153.

201. D'Arey, S. P. , 1988, "Application of Economic Theories of Regulation to the Property-Liability Insurance Industry," Journal of Insurance Regulation, 7: 19-52.

202. Eeckhoudt, L. , C. Gollier, and H. Schlesinger, 1991, "Increase in Risk and Deductible," Journal of Economic Theory, 55: 435-440.

203. Eeckhoudt, L. , C. Gollier, and H. Schlesinger, 1996, "Changes in Background Risk and Risk-Taking Behavior," Econometrica, 64: 683-689.

204. Zcckhauser, R. , 1995, "Insurance and Catastrophes," Geneva Papers on Risk and Insurance Theory, 20: 157-175.

205. Fariborz Moshirian, 1999, "Sources of Growth in International Insurance Services," Journal of Multinational Financial Management, 9: 177-194.

206. Neil Esho, Anatoly Kirievsky, Damian Ward, et al. , 2004, "Law and the Determinants of Property-Casualty Insurance," Journal of Risk and Insurance, 2: 265.

207. André P. Liebenberg, and Robert E. Hoyt, 2003, "The Determinants of Enterprise Risk Management: Evidence from the Appointment of Chief Risk Officers," Risk Management & Insurance Review, 1: 37.